曲阜师范大学文学院第三届研究生学术论坛优秀论文集

博学精思 慎其所由

主　编　李建校

副主编　魏舒欣

山西出版传媒集团　山西教育出版社

图书在版编目(ＣＩＰ)数据

博学精思,慎其所由 / 李建校主编. —太原 :山
西教育出版社,2021.10
ISBN 978-7-5703-2578-8

Ⅰ.①博…　Ⅱ.①李…　Ⅲ.①汉语—语言学—文集②
中国文学—文学研究—文集　Ⅳ.①H1-53②I206-53

中国版本图书馆 CIP 数据核字(2022)第 092128 号

博学精思　慎其所由
BOXUEJINGSI SHENQISUOYOU

责任编辑 张　平
复　　审 邓吉忠
终　　审 康　健
装帧设计 李　珍
印装监制 蔡　洁

出版发行 山西出版传媒集团・山西教育出版社
　　　　　(太原市水西门街馒头巷 7 号　电话:0351-4729801　邮编:030002)
印　　装 山西聚德汇印务有限公司
开　　本 720×1020　1/16
印　　张 17
字　　数 252 千字
版　　次 2022 年 8 月第 1 版　2022 年 8 月山西第 1 次印刷
书　　号 ISBN 978-7-5703-2578-8
定　　价 81.00 元

目　录

《尚书》"休"字伦理美内涵探析

刘　晨

摘要："休"字是《尚书》中极具特色的美学语汇，其丰富的伦理美内涵建立在"天人合一"的哲学基础之上。自甲骨文、金文时期，"休"字就具有了伦理美内涵。其伦理美内涵主要体现在社会伦理美、以休为美德的人生伦理美、戒之以休的政治伦理美三个方面，其中社会伦理美又包含自然自觉的社会环境、各安其位的社会关系两个方面。《尚书》中"休"字的伦理美内涵体现了中华民族所特有的思维取向和价值理念。其伦理美内涵的探析对探寻华夏民族精神根源，实现中国美学民族资源的现代转化，建设独具特色的东方形态的中华美学具有独特意义。

关键词：《尚书》；休；伦理美；哲学基础；内涵

虽然中国美学这一学科起源较晚且多借鉴于西方，但早在远古时期，中华民族就已经具备了对"美"的体验能力及感知能力，并逐渐建立起中华民族独特的美学体系。在《尚书大传·略说》中，有孔子关于《尚书》"七观"说的论述，其中，"《尧典》可以观美"一说肯定了《尚书》的美学价值。《尚书》作为中国最早的一部历史散文集，蕴藏着中华民族早期对于"美"的体验及认知，阐释了大量中国传统美学思想、伦理及善的观念。

在"美"字已然成熟的年代，《尚书》中用"休"不用"美"这一现象，体现了当时"休""美"之间存在的差距。中国古典美学中美与善相统一，或者说美来源于善。伦理思想和美学思想紧密结合，更是中国美学史的一个显著特点。① 《尚书》中并非没有"美"字，"兹殷庶士，席宠惟旧，怙侈灭义，服美于人"（《尚书·周书·毕命》）。孔传："此殷众士，居宠日久，怙恃奢侈，以灭德义。"由此释可看出，此处所言之"美"，"美则美矣，未尽善焉"。而"美善合一"的伦理美即为"休"美。《尚书》中极具特色的美学语汇——"休"字就蕴含了丰富的伦理美观念。

一、哲学根基——"天人合一"

中华美学建立在天人合一的基础之上，人心与自然（天）"一气流通"（王阳明语），融为一体，无有间隔。② 《尚书》中"休"字的伦理美内涵就建立在"天人合一"的哲学基础之上。探讨"休"美、"天人合一"的美学根基，一方面，要正确认识思想与语言的关系——"思想与语言的关系，乃是互相制约，互相影响的关系"③，并以此为基础，分析"休"之原义；另一方面，要结合"休"字在具体语境中的使用情况及其内涵进行分析。

（一）从字形实例看哲学根基

"休"字的字形演变大致经过了以下过程：甲骨文"休"（合集8159），金文"休"（集成4140），战国文字"休"（新甲3·65），篆文"休"（《说文解字》），隶书"休"（《郙阁颂》），楷书"休"。从字形上看，"休"字可拆为"人"与"木"两部分。许慎《说文解字》释："休，息止也，从木依人。庥，休或从广。"徐中舒《甲骨文字典》卷六第六百五十一页释"休"为"从木从亻（人），像人倚树而息之形"。徐中舒在这里对休的解释与《说文解字》中的相同。目前学界已有的对"休"初义探析的研究成果，其分歧之处在于对"息止"状态的解释上。陈良运认为此"息止"即为人于劳动之后倚树休息——"人们在田野劳动或上山打猎，劳累之时多想停下来休息一会，如果

---

① 李翔德：《伦理美学》，《学术月刊》1981年第4期，第23—29页。

② 陈望衡：《中国古典美学史》，长沙：湖南教育出版社，1998年。

③ 徐复观：《中国人性论史·徐复观文集（第3卷）》，武汉：湖北人民出版社，2002年，第15—18页。

有烈日当头，在树荫下乘凉更是舒适愉悦"①。并以此为基础，将"休"引申为一种虚静恬淡的无为之美。张法则认为"息止"这一状态应是人凭借某种通神之器以观察、融入宇宙规律时的忘我状态，这一通神之器即为"木"。而"木"就成为解释"休"的关键所在。

许慎《说文解字》释"木"："木，冒也。冒地而生，东方之行。从屮，下像其根。"徐中舒《甲骨文字典》（卷六639—640）考释"甲骨文木字上像枝，中像干，下像根，实不从屮"。徐中舒否认了许慎《说文解字》中木从屮的说法，并且根据"木"在甲骨文资料的语境指出，甲骨文中的"木""无用作本义之例，只在从木字中，如'❋'、'❋'等字中尚保留木之本义"，而用为地名、方国名、神祇名。"木"字是由树木象形而来，却在使用中不用其原义而用作地名、方国名、神祇名。这说明在远古语境中，"休"字中之"木"并非可供人休息乘凉之普通树木。理解"木"，应当"回到远古的氛围，这木既与立杆侧影的中杆有关，又与社坛与稷坛起源的圣树相连"②，"休包括了远古仪式中的仪式之人和仪式之物"③。它与天地宇宙相连，象征着万物生生不息之规律。释"休"的分歧之处"息止"之原义也一目了然——"息止，回到初义，乃人在仪式中面对中杆和圣树之时，忘掉（息止）自己的日常身份，进入仪式中的角色，达到与天合一的境界"④。据甲骨文以及相关的文字训诂资料考证，在对"木"的解释上，张法将其释为通神之器，将"息止"释为"人木合一"的状态，从而将"休"之原义释为"天人合一"的境界是更为恰当的。

（二）从文献实例看"休"之哲学根基

"休"不仅是一个字，它更是一个内涵深厚的概念，一个在历史发展过程

---

① 陈良运：《"休"——一个起源于远古的美学观念》，《文史哲》2002年第2期，第103—107页。

② 张法：《〈尚书〉〈诗经〉的美学语汇及中国美学在上古演进之特色》，《中山大学学报（社会科学版）》2014年第4期。

③ 张法：《〈尚书〉〈诗经〉的美学语汇及中国美学在上古演进之特色》，《中山大学学报（社会科学版）》2014年第4期。

④ 张法：《〈尚书〉〈诗经〉的美学语汇及中国美学在上古演进之特色》，《中山大学学报（社会科学版）》2014年第4期。

中不断发生演变的语原。徐复观在《中国人性论史》中讲到"语原的本身，也并不能表示它当时所应包含的全部意义，乃至重要意义"①。对"休"字"天人合一"哲学根基的分析，不能够只局限于字形本身及其初义这些方面，同时也要结合"休"字的具体用例进行佐证。

《尚书·洪范》有"曰休征：曰肃，时雨若"。传曰："叙美行之验。君行敬，则时雨顺之。"疏《正义》曰："既言五者次序之事"，"曰美行致以时之验"。天人合一是"一种自先秦以来即普遍存在的、主张天和人之间既相互区别又相互关联、感通、影响的思维方式，强调从天人同构的关系框架内考虑所有的问题"②。上述"休征"意为天感人事后所降之祥兆。这种以人事感召天意的人神互感正是天人合一的重要表现。《诗经》中也有与此相类的用法，如"受小球大球，为下国缀旒，何天之休"（《诗经·商颂·长发》）。郑玄笺："缀犹结也。旒，旌旗之垂者也。休，美也。汤既为天所命，则受小玉，谓尺二寸圭也。受大玉，谓琬也，长三尺。执圭搢琬，以与诸侯会同，结定其心，如旌旗之旒縿著焉。担负天之美誉，为众所归乡。"此句中的"休"表示天降美誉，而天降美誉的前提是汤行德政，同样也是天人互感的表现。

二、《尚书》"休"字伦理美内涵

《尚书》中"休"字的伦理美内涵并不是突然出现的，而是在历史发展过程中逐渐积累的结果，是有源头可寻的。"休"字在诞生与使用之初，即甲骨文、金文时期就具有了美、善的伦理美内涵。

《甲骨文字典》中对"休"的解释有以下两种：一为地名，庚子卜，宾贞，王往休；（《甲骨文合集》8155）一疑为美善之义，壬寅卜，古贞，王

---

① 徐复观：《中国人性论史·徐复观文集（第3卷）》，武汉：湖北人民出版社，2002年，第15—18页。

② 曹峰：《先秦时期"天人合一"的两条基本线索——兼评余英时的两重"天人合一"观》，《北京师范大学学报（社会科学版）》2019年第1期，第106—113页。

休。(《甲骨文合集》8162)《金文形义通解》中释"休"有七义。一为息止。二为恩惠、美德。三为赏赐。杨树达曰:"休字盖赐予之义,然经传未见此训,盖假为好字也。《左传·昭公七年》云:'楚子享公于新台,……好以大屈。'犹言略以大屈也。《周礼·天官·内饔》云:'凡王之好赐肉休,则饔人共之。'好赐连言,好亦赐也。""赏赐"乃是"休"的动词性用法,"赏赐"也是"美"。唐兰在《论彝铭中的"休"字》中提到:"休字本训为美,没有赐予的意义。不过,赐予总是一番好意,所以'休'就用作好意的赐予,久之也就单用作赐予了。"[1]四为美也,形容词。五为善也。《广雅·释诂》云:"休,善也。"此处译为"善",更加表明了"休"字美善合一的伦理美内涵。六为感叹词。七为人名。

在《尚书》中,"休"字的伦理美内涵得到了进一步的深化和更为具体的表现。在美善合一的伦理美内涵基础上,根据不同的语境,"休"字的伦理美具体分化为社会伦理美、人生伦理美以及政治伦理美三个方面。

(一)社会伦理美

美所具备的特定社会内容的属性是美的基本属性。[2]美作为一种社会现象,是实践活动的产物。社会在发展过程中所形成的稳定的、有益的社会关系及秩序构成了美善合一的社会伦理美。《尚书》中的"休"字在不同的语境中被赋予了丰富的社会伦理美内涵。

1. 自然自觉的社会环境

自然自觉的社会环境是《尚书》中"休"字的伦理美内涵在社会层面的一个重要表现。怎样构建与维护一个稳定的社会环境及安定的社会秩序是历代统治者所探索的一个问题。具有强制性和惩罚性的刑典作为一个行之有效的方法受到了推崇。但《尚书》中的刑典措施并不是为了强制与迫使百姓,而是创造了一种自然自觉、从善如流的"休"美社会环境。

《尚书·大禹谟》中有:"帝曰:'俾予从欲以治,四方风动,惟乃之休。'"传曰:使我从心所欲而政以治,民动顺上命,若草应风,是汝能明刑

---

① 唐兰:《唐兰先生金文论集》,北京:紫禁城出版社,1995年。

② 邱明正、朱立元主编:《美学小辞典(增补本)》,上海:上海辞书出版社,2007年。

之美。此处"休"为"刑之美"，"刑之美"美在"汝能明"。皋尧向帝舜提出的刑典之策"临下以简，御众以宽……好生之德，洽于民心"并非重刑苛责，以迫使百姓服从，希望帝尧以简宽之心御民，使百姓"兹用不犯于有司"，能够由衷接受政府的治理，形成自然自觉、"若草应风"的"休"美社会环境。

2. 各安其位的社会关系

首先，美是一种社会现象。美的产生和发展依赖于社会实践、社会生活，美是人类实践活动的产物、人的本质的对象化，而人是一切社会关系的总和。其次，美有社会的内容，是人根据自己的精神需要而发现、创造出来的。[①]良好的社会环境需要稳定的社会关系维持，需要"各守尔典，以承天休"（《尚书·汤诰》）。只有各安其位、尽忠职守，方能承天美兆。《尚书》中"休"字的美德社会关系主要包含君民关系、君臣关系两个方面。

首先是互补的君民关系。《尚书·太甲中》有"作书曰：'民非后，罔克胥匡以生；后非民，罔以辟四方。皇天眷佑有商，俾嗣王克终厥德，实万世无疆之休。'"。"万世无疆之休"建立在"王克终厥德"的基础之上，而实现这一目标需要"后"与"民"清楚地认识他们之间的关系。传曰："无能相匡，故须君以生。须民以君四方。言王能终其德，乃天之顾佑商家，是商家万世无穷之美。"天生民，民无矩，故君生而为民制定规矩；君无民，便无法开拓四方疆土，故民生。在这里"休"之社会关系是君民互相补充、互相扶持的和谐社会关系。

其次是和谐的君臣关系。《尚书·太甲下》有"君罔以辩言乱旧政，臣罔以宠利居成功，邦其永孚于休"。传曰："言君臣各以其道，则国长信保于美。"国欲常保于休，必先正其君臣关系；君臣关系既休，则国必休。《尚书·说命上》载："说复于王曰：'惟木从绳则正，后从谏则圣。后克圣，臣不命其承，畴敢不祗若王之休命？'"传曰："言木以绳直，君以谏明。君能受谏，则臣不待命，其承意而谏之，谁敢不敬顺王之美命而谏者乎？""休

---

① 邱明正、朱立元主编：《美学小辞典（增补本）》，上海：上海辞书出版社，2007年。

命"即为"美命","命"是指高宗对臣子的命令,"休命"则是能够为臣下"敬顺"的、欣然接受的"命"。要做到"休",君王便需正确处理君臣关系,就是"休命"。也就是说,"休"对君王正确处理君臣关系提出了"后从谏则圣"的要求。在这里,"休"之社会关系即为君臣和谐的社会关系。

(二)以休为美德的人生伦理美

古书中常见"休德"连用,意为"美德",如《国语·齐语》中有"有人居我官,有功休德"。韦昭注:"休,美也。"而《尚书》中存在单纯用"休"字以表"休德"即"美德"的情况,这也正与"休"字在《尚书》中所表现的伦理美内涵相关联,如"尔尚敬逆天命,以奉我一人,虽畏勿畏,虽休勿休"(《尚书·吕刑》)。传曰:"凡人被人畏,必当自谓已有可畏敬;被人誉,必自谓已实有德美。故戒之,汝等所行事,虽见畏,勿自谓可敬畏;虽见美,勿自谓有德美。教之令谦而不自恃也。"第一个"休"意为称赞、赞美,第二个"休"意为自身品德之美。《尚书·秦誓》有"如有一介臣,断断猗,无他技,其心休休焉,其如有容"。王肃云:"一介,耿介,一心端悫,断断守善之貌。无他技能,徒守善而已。休休,好善之貌。其如是,人能有所容忍小过,宽则得众。穆公疾技巧多端,故思断断无他技者。"德是人生的最高追求,"好善"即追求美德、善德。休为美德,体现了《尚书》中"休"字所蕴含的独特的人生伦理美观念。

《尚书》是记载君王颁布的诰令、册命、君臣谈话内容的一部上古经典著作。因此《尚书》中"休"所内涵相关人生伦理美观念大多与君德、臣德这些个人之德相关。《尚书·益稷》载:"禹曰:'安汝止,惟几惟康。其弼直,惟动丕应。徯志以昭受上帝,天其申命用休。'"传曰:"《尧典》已训'昭'为明,此重训,详之。皇天无亲,惟德是辅,人之所欲,天必从之。帝若能安所止,非但人归之,又乃明受天之报施。"昭为明,天用休。古代统治者为保社稷长治久安就必须顺天命,顺天命则需依德行事,不断追求更高的道德标准,并最终建立理想中的人生伦理美境界。

（三）戒之以休的政治伦理美

席勒在《审美教育书简》中写道："人们在经验中要解决的政治问题必须假道美学问题，因为正是通过美，人们才可以走向自由。"①从古至今历朝历代的政治统治可大致分为暴政与仁政两类。只依靠刑典、制度的强制性来迫使百姓顺从的政治统治会成为暴政。依循休字所渗透出的美学原则，在统治中以美的形式来引导百姓，使其自觉顺从的政治即为仁政。因此政治也有美与丑、善与不善之分。《尚书》中"休"字所蕴含的政治伦理美，则是上古君王在探求政治伦理美道路上的重要成就。

《尚书·多方》载："天惟时求民主，乃大降显休命于成汤。"传曰："天惟是桀恶，故更求民主以代之。大下明美之，命于成汤，使王天下。"此句中天降休命因天求民主。在"天惟时求民主"的语境中，"民主"因"民"而择"主"，民心归向成为被授予天命的依凭，王位于此是敞开的，天命不是固定的，王不再为天生注定，而为民之所往、民之所择的结果。②这就将民心向背考虑进"降休"的原因之中，若想赢得民心，使百姓自愿归顺，则需用"美"的政治措施吸引、引导民众。在《尚书·大禹谟》中，"禹曰：'於！帝念哉！德惟善政，政在养民。……戒之用休，董之用威，劝之以九歌，俾勿坏。'"。传曰："休，美。董，督也。……故当戒救之念用美道，使民慕美道行善。"这就明确了以"休"即美的政治措施来引导人民这一点。"休"即为美，"戒之以休"即为"美以戒之"，在政治统治之外加之以美的形式予以补充。通过"戒之以休"的良好引导，使百姓乐于接受并顺从政府治理，此即为政治伦理美的具体体现。

《尚书》中"休"字内涵丰富，"具有更大的普遍性，因而'休'在《尚书》中频频出现，俱训为美，成为《尚书》中最普遍、最核心的美学语汇"①。《尚书》中"休"字所蕴含的伦理美观念，建立在中国传统"天人合

---

① ［德］弗里德里希·席勒：《审美教育书简》，冯至、范大灿译，上海：上海人民出版社，2003年。

② 林国敬：《〈尚书〉"民主"解义》，《原道》2018年第2期。

① 刘天召：《〈尚书〉美的核心："休"美之研究》，《美育学刊》2015年第2期。

一"的哲学基础之上，展现了中华民族所特有的思维取向和价值理念。无论是在指导当前社会健康有序发展方面，还是在建立良好人际关系、树立人生理想等方面，《尚书》中"休"字的伦理美观念都具有相当普遍的借鉴意义。

作者简介：刘晨，1996年生，曲阜师范大学文学院2018级硕士研究生，研究方向为文艺学。

从人物"我"来分析《祝福》的深层意蕴

付增源

摘要： 鲁迅的小说《祝福》自1924年发表以来，受到人们的普遍推崇。研究者们对《祝福》主题意蕴的发掘，主要集中在小说主人公"祥林嫂"身上，而忽略了从小说主要人物"我"来深入分析小说主旨的思考，这使得人们对鲁迅当时创作的心理变化和精神状态的理解并不充分。在对前人研究充分了解和对鲁迅的小说《祝福》文本进行具体分析的基础上，可以发现小说中的"我"是一个对现实充满怀疑、反思的启蒙知识分子形象，鲁迅对"我"的描写，意在唤醒、批判、启蒙知识分子乃至整个社会民众，这体现了鲁迅深切的人文关怀和反省意识。

关键词： 鲁迅；《祝福》；启蒙；"我"

截至2020年，作为鲁迅第二部小说集《彷徨》的第一篇，《祝福》问世已经96年了。近百年来，这部作品多次被搬上银幕，中学语文教材中也有收录，研究它的文章更是难以计数。学者们对它的主题内容和艺术形式进行了全面深入的研究。其中对作品主题的观察和理解，更是随着时代的变迁而新见迭出，这篇小说丰富的意蕴不断被揭示。本文在对历来人们关于《祝福》的主题认识进行梳理的同时，从往往被研究者们忽视的"我"这个人物出发，提出自己的不同看法，以期加深对鲁迅先生这篇心血之作的理解。

一、关于《祝福》主题的不同理解

《祝福》最初于1924年3月发表在《东方杂志》上，后收入鲁迅小说集《彷徨》中，为第一篇。20世纪20年代可以说是对鲁迅小说研究的开端，在那个时代，新文学本身就是个新生儿，理论的建设就更显得不足，而且当时中国旧的文艺理论思想仍颇有影响，西方的各种文艺思潮又蜂拥而入，所以评论家对鲁迅的小说，自然就会有各种各样的看法，且大多数持否定态度。这个时期对鲁迅小说的思想意义最为中肯、深刻、权威的论述出自茅盾的《鲁迅论》，这篇文章里面关于《祝福》的言语是"《呐喊》所收十五篇，《彷徨》所收十一篇，除几篇例外的，如《不周山》《兔和猫》《幸福的家庭》《伤逝》等，大都是描写'老中国的儿女'的思想和生活……这些'老中国的儿女'的灵魂上，负着几千年的传统的重担子"[1]。可以说，茅盾认为《祝福》反映了几千年来封建传统礼教对人们的毒害，充分肯定了鲁迅小说反映生活的深刻性和广泛性，肯定了鲁迅小说的现实意义和历史意义。

20世纪三四十年代，是中国社会最黑暗、变动最剧烈的年代，但这个时期学术界对鲁迅的研究却比20年代向前迈进了一大步。苏雪林就是其中一个突出的代表。她在1934年11月《国闻周报》上发表的《阿Q正传及鲁迅创作的艺术》一文中写道："《祝福》写村妇祥林嫂悲惨的命运，旧礼教及迷信思想之害。"[2]这一观点也被后来的研究者们沿用。

从20世纪50年代中期起，研究者们对《祝福》的主旨研究大都集中于"祥林嫂"，从而把《祝福》的主题归结为以下两种：第一种观点认为，《祝福》的主旨在于揭露"四权"对中国妇女的迫害，即认为祥林嫂是受政权、族权、神权、夫权的压迫而死亡的。这种从阶级压迫的角度来解读主旨，也契合了当时的主流意识形态，毛泽东在《湖南农民运动考察报告》中就认为"这四种权力——政权、族权、神权、夫权，代表了全部封建宗法的思想

---

[1] 茅盾：《鲁迅论》，《小说月报》第18卷第11期，1927年11月10日。

[2] 苏雪林：《阿Q正传及鲁迅创作的艺术》，《国闻周报》第11卷第44期，1934年11月5日。

和制度，是束缚中国人民特别是农民的四条极大的绳索"①。"具体理由是：祥林嫂是'四权'的受害者：从祥林嫂的婆婆、大伯、堂伯身上体现了族权，柳妈和庙祝体现了神权，祥林和贺老六体现了夫权，而鲁四老爷更是这'四权'的代表，因为农村中的封建地主是国家赖以统治的基础，所以说鲁四老爷是杀害祥林嫂的刽子手，是元凶。"②第二种观点认为，《祝福》的主题在于揭露封建礼教吃人的本质。研究者们从鲁迅先生在"五四"前后所写的《狂人日记》《我之节烈观》《论雷峰塔的倒掉》《娜拉走后怎样》等重要文章出发，发现"反对封建礼教"一直是鲁迅先生反封建的重要内容。支克坚先生认为："《祝福》属于'为人生'的作品，它所表现的是一个关于道德的主题。旧道德是传统的重要组成部分，'五四'新文化运动向它发动了猛烈的攻击。《祝福》便是在揭露旧道德本质的同时，揭露了中国国民性的弱点，批判了中国的人生。"③从小说的内容看，小说所描写的人物，不论是像鲁四老爷那样冷酷的人，像祥林嫂的婆婆那样自私的人，还是像柳妈那样同情祥林嫂的人都在把她往死路上赶，都在增加着她精神上的痛苦。可见，围绕妇女再婚问题，当时的封建礼教还是根深蒂固的。造成祥林嫂悲剧的原因，不是哪个人而是那个封建社会。只要是封建统治存在的地方，祥林嫂就没有出路。

20世纪80年代，随着改革开放的深入，人们的思想也渐趋解放、多元，个性意识的恢复与人性的张扬成了时代的强音。在这种话语背景下，人们再看《祝福》，就会有许多不一样的理解。比如作家刘心武认为《祝福》的主题，更多地表达了人性中对于倾诉的强烈需求，表现出祥林嫂因倾诉欲望得不到周边人承接的巨大苦闷。他说："我认为，《祝福》的最可贵之处，不仅体现于'反封建''反礼教'或'控诉旧社会'等层面上，它深刻地将人性中的倾诉欲望加以了揭橥，并沉痛地呼吁：人类应当懂得承接他人的倾诉，在

　　① 毛泽东：《湖南农民运动考察报告》，《毛泽东选集》第1卷，北京：人民出版社，1951年，第34页。

　　② 人民教育出版社语文二室编：《高级中学语文教学参考书》第3册，北京：人民教育出版社，1987年，第204页。

　　③ 支克坚：《论"为人生"的鲁迅小说》，西北师大中文系现代文学教研室编：《中国现代作家选论》，兰州：甘肃人民出版社，1989年，第3页。

相互承接倾诉中，逐步地达到人类大同。"①刘心武对《祝福》的理解，从一个敏锐的作家的视角向人们显示了这样一种趋势：人们对《祝福》的理解将越来越多元并且深入。

20世纪90年代到21世纪初期，关于《祝福》的主题，研究者围绕其文本思想、细节描写、人物形象和其他相关作品与文本之间的比较等内容，运用叙事学、文化研究、比较文学等多种方法进行了更为深入细致的研究，在广度和深度上大大地丰富了《祝福》的主题。比如学者张德明在《〈祝福〉中的社会方言、叙事模式与话语权力》一文中，运用社会学批评和结构语义学相结合的方法，通过分析不同的社会方言介入叙述句法的程度，对《祝福》做出新的解读，他认为"多种不同的社会方言和意识形态话语的交互压迫是造成祥林嫂的悲剧的根本原因"②。刘海波则从存在主义的视角来探究《祝福》的主题，他借助格雷马斯方阵，对《祝福》进行解读，得出的结论是："我们认为这部以农村妇女命运为题材的悲剧，其深层主题是存在主义的。""《祝福》这个被一直理解为'控诉妇女苦难'或者'抨击传统文化'的经典文本，呈现出了另外的意义指向：即不论鲁迅主观上如何，它事实上表达的是人'生'而被'排斥'的境遇，敞开的是生存的被隔离、被排斥状态，是人的孤独和人和人无法沟通交流的'存在主义'主题。"③还有学者杨志，他在《〈祝福〉释义：启蒙、宗教与幸福》一文中，从启蒙、宗教与幸福方面对《祝福》的主题进行重新阐释。他指出："从柳妈与祥林嫂的对视中，鲁迅做出一个判断：宗教也许可以安慰人，但它并不能保证对他人的爱和宽容，自然也就不必然使人幸福。启蒙不能承诺人的幸福，宗教亦如此。"④以上这些见解都非常新颖，为研究《祝福》提供了新的视角，使我们对于文本主题的理解和认识也更加全面。

但是，纵观近百年来关于《祝福》主题的研究，不管研究角度、研究方

① 刘心武：《刘心武心灵随感》，长春：时代文艺出版社，2011年，第212页。

② 张德明：《〈祝福〉中的社会方言、叙事模式与话语权力》，《人文杂志》2002年第2期。

③ 刘海波：《挣扎在格雷马斯方阵中的祥林嫂——对〈祝福〉的另一种解读》，《济南大学学报（社会科学版）》2001年第5期。

④ 杨志：《〈祝福〉释义：启蒙、宗教与幸福》，《鲁迅研究月刊》2005年第11期。

法如何变化，研究者们基本上都还是以"祥林嫂"为中心，研究祥林嫂的悲剧原因；关于人物"我"，不是被直接忽略，就是被当作一个和柳妈、鲁四老爷等鲁镇其他人一样，在祥林嫂的生存环境中充当配角的小人物。本文以"我"为切入点来探究《祝福》的主题，分析、发现鲁迅先生在文章中对于20世纪二三十年代中国知识分子精神状态的真实写照以及对中国知识分子弱点的深刻反思，力求为《祝福》的研究提供一点新的思路。

二、从《祝福》中的"我"看20世纪二三十年代中国知识分子的精神特征

大致划分的话，九千多字的《祝福》三分之一篇幅写"我"，三分之一写祥林嫂在鲁镇的生活，三分之一写祥林嫂在鲁镇之外的生活。很多人忽视了鲁迅笔下这三分之一的"我"，只把"我"当作祥林嫂悲惨一生的见证者和叙述者。为纪念鲁迅逝世20周年，在1956年放映的由夏衍改编、桑弧导演的电影《祝福》中，甚至直接把"我"这个人物去掉，插上了三段画外音来进行必要的解释和补充。这部电影是新中国第一部由文学名著改编的电影，它第一次将鲁迅笔下的典型人物搬上银幕，它也是第一部由我国自行摄制的彩色故事片，可见其地位举足轻重，所以后来人们对小说的主题解读忽视掉"我"也不足为奇。然而，《祝福》中的"我"，绝不是一个可有可无的人物，他是一个深刻的怀疑者、反思者，怀疑作为新文化倡导者在剧烈的社会转型期的软弱、渺小、怯懦。鲁迅用大量的笔墨来写"我"的重要意图，是批判与唤醒当时具有新思想但已变得消沉麻木、逃避现实的启蒙知识分子。

首先，"我"是缺乏归属感的。离开故乡五年的"我"，在旧历年底这个阖家团圆的时节回到故乡，"虽说故乡，然而已没有家，所以只得暂寓在鲁四老爷的宅子里"①。"我"虽然寄居在鲁四老爷家里，但是跟他没有任何共同语言，所看望的各位本家、朋友也都和"我"话不投机，彼此之间似乎隔着一道无法翻越的高墙，使人感到无比的隔膜和冷漠。在大家都忙着准备"祝

---

① 鲁迅：《祝福》，《彷徨》，北京：人民文学出版社，1976年，第1页。

福"的时候,"我"或是一个人在书房里翻看窗下案头的书籍,或是观看鲁镇的人准备着"祝福",或是看女人的臂膊在水里浸得通红,完全成了一个多余的人,一个无聊的看客,一个在错误的时间来给人添烦的"谬种"。这说明作为启蒙者的"我"与群众的脱离以及当时所处的尴尬的境地。并且,不单单与故乡带有封建思想的亲戚朋友们格格不入,就连昔日志同道合、共谋大事的启蒙知识分子伙伴们也都远去。"往日同游的朋友,虽然已经云散,然而鱼翅是不可不吃的,即使只有我一个……"①另外,"我"不是鲁四老爷大骂的"新党",因为他骂的还是康有为等人。这一细节足以说明辛亥革命并没有对鲁四老爷这样的乡绅产生多大影响,封建根基依然稳固扎实。从某种程度上说,对"我"和"我"所热衷或者从事的事业是一个极大的反讽,知识分子的人生因为理想的幻灭而生出了失路之悲。

其次,在鲁镇中唯一能够引发"我"内心波澜的人竟是同样不被鲁镇人接纳的祥林嫂。"我"虽自诩是新党,但是当被已经成为乞丐的祥林嫂拦住时,首先想到的是拿几个铜板来打发她,可见"我"封建思想根除的不彻底性。"我"站在已成为乞丐的祥林嫂面前,有如芒刺在背,像没有预备好的小学生参加严师的考试一般,承受着巨大的精神压力;作为一个被人们寄予了厚望的知识分子,面对祥林嫂的"一个人死了之后,究竟有没有魂灵的?"②这样一个问题,"我"却用含糊其词的"也许有罢""说不清"这些模棱两可的话语搪塞过去,还没回答完问题就匆匆忙忙落荒而逃。在鲁迅看来,"我"在祥林嫂的追问下仓皇逃跑,除了表明"我"对她的同情外,更说明了以"我"为代表的启蒙知识分子在辛亥革命失败后变得迷茫和迟疑,以及面对现实的无能与思想的贫瘠,对责任的逃避和对无辜者的冷漠,以及直面现实勇气的匮乏,也昭示了启蒙工作失败的必然性等。而且,当衣衫褴褛的祥林嫂与俨然知识分子的那个"识字的,又是出门人"的"我"对话时,我们分明感到,执着而有力的,不是"我"而是祥林嫂,吞吞吐吐而嗫嚅其苍白之词的,不是祥林嫂而是"我"。回到鲁四老爷家中后,还老是觉得不安、负疚、

---

① 鲁迅:《祝福》,《彷徨》,北京:人民文学出版社,1976年,第6页。

② 鲁迅:《祝福》,《彷徨》,北京:人民文学出版社,1976年,第4页。

恐慌，因而下定决心要早点离开鲁镇，走得远远的。不过，这样的内疚也是暂时的，很快被麻木代替，"不如走罢，明天进城去。福兴楼的清燉鱼翅，一元一大盘，价廉物美"①。后来听说祥林嫂的死讯，我又感到"惊惶"："心突然紧缩，几乎跳起来，脸上大约也变了色"②。从"我"反反复复的情绪变化中，可以看出"我"的迷茫、彷徨。

最后，"我"在鲁镇"这繁响的拥抱中，也懒散而且舒适"③，只觉得"天地圣众歆享了牲醴和香烟，都醉醺醺的在空中蹒跚，预备给鲁镇的人们以无限的幸福"④。小说里的"祝福"有三层含义：1. 旧社会我国江南一带的迷信习俗，在过旧历年时用酒肉和香火供奉、酬谢祖先和天神，感谢祖先和天神一年来的呵护，并祈求来年的幸福；2. 祥林嫂在"祝福"声中死亡，这也是鲁迅的一种极大的反讽；3. 这也蕴含着鲁迅对当时中国的前景和启蒙知识分子的期望和祝福。启蒙者要有问题意识，要有自我启蒙的态度，才能启蒙民众，拯救中国，这才是鲁迅先生创作《祝福》中"我"这个人物的深意。

三、从《祝福》中的"我"看鲁迅对中国知识分子的深刻反思

鲁迅作为文化战士和思想家，他的独特贡献在于：他以天才的洞察力和感悟力，对封建思想和封建礼教做了最深刻、最犀利和最独特的解剖、反思与抨击。《祝福》正是鲁迅对20世纪20年代中国的文化现实和现代中国人灵魂的精深、博大而独特的感悟。由于之前学者在解读鲁迅《祝福》的时候，往往带着他们各自的时代特色和时代任务，或者他们的思想远远未能达到鲁迅的深度，所以他们总不能全面深刻地理解《祝福》的丰富内涵。从人物"我"来理解鲁迅《祝福》的深层意蕴，必须要回归到文本本身，回归到作品创作的时代背景，回归到鲁迅本人。

① 鲁迅：《祝福》，《彷徨》，北京：人民文学出版社，1976年，第5页。
② 鲁迅：《祝福》，《彷徨》，北京：人民文学出版社，1976年，第6页。
③ 鲁迅：《祝福》，《彷徨》，北京：人民文学出版社，1976年，第21页。
④ 鲁迅：《祝福》，《彷徨》，北京：人民文学出版社，1976年，第22页。

世界上任何人、任何事物都不是孤立存在的，都处于一定的联系中。身处时代的大环境下，鲁迅不可能不受到影响，他的小说《祝福》深深地打上了时代的烙印。1924年，在中国共产党的帮助下，孙中山召开了有共产党人参加的国民党第一次全国代表大会，形成了国共两党和各界人民的革命统一战线，促成了反帝反封建的新民主主义革命的不断高涨。在中国文化革命中的鲁迅继续发扬"五四"反帝反封建的战斗精神，在当时北洋军阀统治的中心北京，同封建买办势力和形形色色的新旧尊孔复古派进行了顽强的斗争，并对部分资产阶级、小资产阶级知识分子的动摇性、妥协性做了深刻的批判，有力地配合了我们党在这个历史时期的革命任务。这个时期的新文化运动，经历了"五四"时期统一战线的大分化之后，继续深入发展。鲁迅在这一分化中坚持战斗，不断前进。关于这个时期他的思想，在《南腔北调集·〈自选集〉自序》中，他曾有过这样的说明："后来《新青年》的团体散掉了，有的高升，有的退隐，有的前进，我又经验了一回同一战阵中的伙伴还是会这么变化，并且落得一个'作家'的头衔，依然在沙漠中走来走去……得到较整齐的材料，则还是做短篇小说，只因为成了游勇，布不成阵了，所以技术虽然比先前好一些，思路也似乎较无拘束，而战斗的意气却冷得不少。新的战友在那里呢？我想，这是很不好的。于是集印了这时期的十一篇作品，谓之《彷徨》，愿以后不再这模样。"①鲁迅这个时期的彷徨，并非消沉，更非后退，而是在苦闷中寻求新的道路。"'路曼曼其修远兮，吾将上下而求索。'"②鲁迅引用屈原的这些诗句，表达了他在严肃的思想斗争过程中，坚持革命、勇于追求真理的战斗态度和主动精神。

从鲁迅先生自身来看，他认为，愚弱的国民，即使体格如何健全，如何苗壮，也只能做毫无意义的示众材料和看客。因此，他提出要解放个性，发扬精神，造就大批精神界的战士，让他们去启发民众的觉悟，唤起民众的精神。他自己就立志要充当这样的战士，"我仍抱着十多年前的'启蒙主义'，

---

① 鲁迅：《〈自选集〉自序》，《南腔北调集》，北京：人民文学出版社，1980年，第39页。

② 鲁迅：《〈自选集〉自序》，《南腔北调集》，北京：人民文学出版社，1980年，第39页。

以为必须是'为人生'，而且要改良这人生"①，所以他才弃医从文。小说中不止一次暗示"我"是一个"新党"，"新党"就是当时对旧的社会伦理与道德规范进行批判的新的"知识分子"。而"知识分子"，在鲁迅的时代，几乎就是"民族精英"与"时代先锋"的同义语。他们高扬着民主与自由的旗帜而奔走呼吁，他们的形象，就是一个个伟大的启蒙者形象。然而，对《祝福》中"我"的深刻描写，不正是鲁迅对包括自己在内的所有知识分子深刻的反省与严肃的批判吗？其实，旧中国最大的悲哀，不仅在于有像"鲁四老爷""祥林嫂""柳妈"那些遍地的麻木者与愚昧者，还在于有那些不称职的启蒙者。作为一个启蒙主义知识分子，"我"对祥林嫂的启蒙，毫无疑问是失败的。"我"的心理反应由"紧张"开始，至"疑虑全无"终结，表明"我"对祥林嫂虽然有同情心，却又有回避现实的明显弱点，暗示着"我"的彷徨。"我"的可悲之处在于：游离于鲁镇之外，既未能融入鲁镇的乡民乡间乡土乡情之中，也未能与鲁镇之外自己所闯荡的世界的同人们"合成一气"。"我"孤独着，"我"彷徨着。离开鲁镇，吃完鱼翅之后，"我"会做什么呢？在《祝福》中，鲁迅以"我"之眼去审视鲁镇、鲁镇中的人，固然批判了中国民众的奴性思想、封建思想的根深蒂固，但更是反讽了以"我"为代表的启蒙知识分子的懦弱、迟疑，并进一步体现了鲁迅对自己、对自身所处的整个阶级的反思，以此启蒙大众，探索寻求"文化革命"新的出路。

结　语

综上所述，鲁迅小说《祝福》中的"我"是一个经历革命失败、理想幻灭，充满反思、怀疑精神的启蒙知识分子形象，鲁迅先生通过对"我"的描写与批判，表达了他对中国知识分子弱点的深刻反思，展示了鲁迅先生自省的态度、深沉的爱国情怀、对国民诚挚的感情和鲜明的启蒙主义思想。今天我们再来看这部作品，仍有意义。在任何时候、任何地方，无论是作为决策

---

① 鲁迅：《我怎么做起小说来》，《南腔北调集》，北京：人民文学出版社，1980年，第101页。

者还是思想的引领者,都应该时刻反思自我,及时认识到自身存在的问题,有效地去纠正错误,这样社会才能往更好的方向发展。鲁迅作为一个思想家,他的文化反省意识和反省能力,是他留给我们最可贵的精神财富之一。

作者简介: 付增源,1997年生,曲阜师范大学文学院2019级硕士研究生,研究方向为文艺学。

羽人形象背后的神仙思想流变

刘懿璇

摘要：在我国古代艺术创作中，曾经多次出现一类身生羽毛的艺术形象，这种形象被称为羽人。羽人最早以一种人面鸟身的形象呈现于先秦时期的神话奇书《山海经》中，在书中被称作"羽民"。这一时期的羽人形象并未包含太多的神仙观念，更多时候它代表着一种原始信仰。随着道教的不断发展，羽人形象被道教神仙思想吸收，最初的原始信仰色彩逐渐消失，羽人慢慢演变成为道教仙话中的神仙。汉代以后，道教思想与世俗思想进一步融合，羽人形象终于走向世俗，成为世俗故事中特殊的一员。

关键词：羽人；神仙思想；世俗思想

近年来，畅销小说影视化成为一股潮流，发展势头强劲，"九州"系列作品成为这股潮流中最为引人注目的一个。2001年，江南、今何在等七位网络作家共同创造了一个名为"九州"的架空世界。在这个架空的奇幻世界里，有许多拥有绝世神技的人物形象，"羽族"便是其中的一类。"羽族"属于九州世界里的一个特殊的种族，它们外表与人类相似，但是可以在特殊的时间生出翅膀飞行。回顾中国的文化发展史，我们可以发现，"九州"系列的"羽族"并非凭空杜撰，它们的原型最早可追溯到先秦时期的"羽人"。

"羽人"这一形象最早出现于先秦时期的神话奇书《山海经》中，《山海经·海外南经》中记载："羽民国在其东南，其为人长头，身生羽。一曰在比翼鸟东南，其为人长颊。"①后来的羽人逐渐具有了长生与仙的特质，羽人形象被道教神仙思想逐渐吸收。道教的神仙故事不断地随着社会进程进行世俗化的改编，羽人形象在这种世俗化过程中一步步地远离本身的意蕴，被赋予了新的内涵。本文拟遵循这一研究思路，追溯羽人形象的发展脉络，揭示其意蕴与特征。

一、早期羽人形象与原始信仰

早期资料中对羽人形象的描写较为简单，大多只是讲述其人面鸟身的特征。结合早期人类的原始崇拜，可以得知，早期羽人形象以自然物和人的结合体出现，很大程度上寄予的是先民们对于自然的特殊情感。《山海经》作为一本神话奇书，书中描述了大量的奇珍异兽，也出现了大量的人兽、人鸟混合体。这种"人与物混同"的思想观念产生于原始人类的万物有灵论，是原始先民探寻自然力量的反映。《大荒经》部分提及，四海之中有三位神是以人面鸟身的形象存在的，尤其是东海海神，人面鸟身，是黄帝的后人（也说是帝俊的后人），这类神是以人与物的混合体形象出现的，最能体现远古先民的原始信仰，是一种关于动物的信仰。同时在《大荒南经》与《海外南经》中出现了一种身生羽毛的人，他们叫作羽民。考古资料表明，山东、江苏、安徽、湖南等地的汉画像石中的人面鸟身的形象，中国南方与西南地区出土的、春秋战国至西汉时期的青铜器物以及岩画中的羽人形象都与这一早期的鸟类信仰有着千丝万缕的联系。

鸟类信仰的形成与远古先民最基本的生存需求相关，这是在万物有灵论基础上的进一步发展。远古时期，遍地草木丛生，野兽肆虐，先民的生存状况极差。但是自然界的鸟类却可以自由翱翔于天空，不受地理环境的限制。对于生活艰难的远古先民来说，这是相当神奇且充满魔力的一种超能力，人类渴望能像鸟类一样身覆羽毛、凌空飞翔、对话神灵，这种美好淳朴的幻想

---

① 袁珂译注：《山海经全译》，贵阳：贵州人民出版社，1991年，第191页。

逐渐成为一种对神圣之物的膜拜。羽民形象也就是在这种自然崇拜的基础上产生的。

先秦时期是中国历史上争霸特征突出的时期，这一时期诸侯争霸的主要方式是武力对抗，但是舆论的对抗也是不可或缺的。诸侯争霸时期，秦国一直流传着这样一个传说：玄鸟陨卵而生大业，秦国的先祖中衍是"鸟身人言"，未来成就统一天下大业的必然是秦国。秦国人在自己的祖先神话中融入羽人形象，使羽人拥有了具体的身份特征，凭借原始信仰的影响力，在民众中生成一种势不可挡的身份优势，以原始信仰的力量告诉世人：秦国统一六国是大势所趋，是不可逆转的天意。秦国在争霸中接连不断的捷报成了那个传说的有力佐证，民众也越来越对秦国产生认同感。最终，秦始皇统一六国，正式开启了中国的封建王朝史。秦国的羽人传说被看作是这场历史事件的点睛之笔，也就是在此时，羽人形象所代表的原始信仰逐渐与统治者的政治意图相联系，被赋予了鲜明的政治特征，成为统治阶层政权合法性的舆论凭证。

二、飞升形象与羽化成仙观念

在秦国借助羽人传说宣传其政权合法性的同一时期，先秦诸国的社会阶级化进程也在加速进行。从春秋晚期开始，占据统治地位的阶级通过分封制度获取权力、地位与财富的同时也在渴望着无限的寿命。于是各国的上流阶层纷纷寻求长生不死之法，这一潮流迅速蔓延至其他社会阶层。随之产生的还有一批专门研究长生不老之术的神仙家群体，他们将原有的自然崇拜与不死观念糅合在一起，形成新的理论。寄予着人类渴望凌驾于自然之上的鸟类信仰与突破寿命限制的长生思想的结合，成了神仙家们最理想的宣传素材，并在此基础上衍生出羽化成仙的神仙观念。

屈原在这一特殊想象之上，创造出了具有新的特性的羽人。《楚辞·远游》中说到："仍羽人于丹丘兮，留不死之旧乡。"[1]此时，羽人形象便与

---

[1] 林家骊译注：《楚辞》，北京：中华书局，2009年，第166页。

《山海经》中的"羽民"形象产生了微妙的差异，羽人在原来形象的基础上又增加了一个特性——长生不死。《山海经》中也曾多次提及不死药与长生不死的族群，但并未出现羽人与长生不死特性组合的个例，随后《庄子》中提及："千岁厌世，去而上仙。"① 后来的《楚辞》将羽人赋予了长生不老的"仙"的特性，也就意味着羽人被划分到了"仙"之列。这与当时大肆流行的追求长生不死的社会风气密切相关。随着神仙家理论思想的不断丰富以及追求长生风气的日渐弥散，羽人飞仙故事逐渐成为神仙思想的一部分，并不断随之发展。

汉武帝时期，追求长生不老的风气一度盛行，神仙思想得到了充分的宣扬，兼具飞天与长生特性的羽人形象成了两汉时期的独特的文化符号。《史记·封禅书》中讲述了黄帝升天的传说："（李少君奏）益寿而海中蓬莱仙者乃可见，见之以封禅则不死，黄帝是也。""（公孙卿奏）黄帝采首山铜，铸鼎于荆山下。鼎既成，有龙垂胡髯，下迎黄帝。黄帝上骑，群臣后宫从上者七十余人，龙乃上去。余小臣不得上，乃悉持龙髯，龙髯拔堕，堕黄帝之弓。百姓仰望，黄帝既上天，乃抱其弓与龙髯号。"② "飞天"与"不死"两种观念成为神仙思想的两大关键要素，这离不开江湖方士李少君与公孙卿等人的极力鼓吹。俞伟超称秦汉时："夹杂着羽人、仙禽、异兽的流云纹突然流行起来，三峡至四川等西南地区到甘、青交界处一带，又出现了很多往往含有羽人、西王母、佛像的青铜钱树；山东、苏北、河南、内蒙古、重庆、四川等地壁画墓、画像石墓、崖墓中，也屡见羽人、西王母、佛和菩萨等图像；江苏连云港孔望山的太平道东海庙故址更出现了佛道信仰并存的摩崖造像，这些都是盛行神仙信仰的产物。"③《释名·释长幼》中说："老而不死曰仙。仙，迁也，迁入山也，故其制字人旁作山也。"④ 由秦始皇时期一直到汉武帝时期，产生于战国时期的神仙思想一直受到神仙家们与帝王的大力推

---

① 陈鼓应注译：《庄子今注今译》，北京：商务印书馆，2007年，第359页。

② ［汉］司马迁：《史记》，韩兆琦译注，北京：中华书局，2010年，第2235页。

③ 宿白主编：《中华人民共和国重大考古发现》，北京：文物出版社，1999年，第231—232页。

④ ［东汉］刘熙：《释名》，北京：中华书局，1985年，第43页。

崇，羽人形象所代表的"不死"与"升天"的升仙思想迅速在国家内部传扬开来。《论衡·无形篇》说："图仙人之形，体生毛，臂变为翼，行于云则年增矣，千岁不死。"① 由此可见，修道之人须经过身生羽翼的"化"的过程才能成仙，因此神仙家们将修道的最高境界"成仙"称为"羽化"，即"羽化而登仙"。在这股成仙思潮影响之下，"追求能够使自己成为'长生不死、羽化而登仙'的羽人已成为人们求仙得道的一般观念"②。

东汉时期墓葬中大量出现的羽人画像成为羽人即飞升成仙代表的直接证据，墓室画像上的羽人是为了满足死者渴望实现飞升的需要。张衡《西京赋》中写道："所好生毛羽，所恶成创痏。"③ 足见东汉时期升仙思想广泛而又普遍的影响力。这些出土的羽人画像大部分保留着原始鸟类信仰的特征，但是有些画像中，羽人的面部逐渐向正常人的面部转换，开始呈现出清晰的五官轮廓，一部分具象的羽翼也在发生着变化，由原来的十分明显的鸟类的羽翼逐渐变成了附着在胳膊、头顶或者腰部的翻卷状的羽毛，羽人的羽翼呈现意象化的特征。羽人形象的变化也反映着东汉末期神仙思想的变化。东汉末期，道教在将阴阳说、炼丹术以及秦汉以来的神仙思想进行全面糅合的基础上，将修仙思想进一步体系化，并给出了食丹药、修炼气功等具体的实施方法。同时道教为了实现迎合统治者的长生愿望和吸引教众的双重目标，提出了人人都可修道成仙的思想，甚至编造出历史人物已经修道成仙的宗教故事。因此，失去宣传价值的羽人也在此过程中渐渐失去了最初的神秘感，呈现出越来越世俗化的人类特征，羽翼逐渐服饰化，羽人彻底成了神仙故事中的一类普通飞仙。

尽管羽人不再是道教神仙话语唯一的宣传工具，但是受其影响而产生的"羽化成仙"的至上修仙思想却一直影响着后世。诗仙李白便是深受修仙思想影响的一位。他曾在多首诗歌创作中讲述自己的修仙理想，更是在《游泰

---

① 黄晖：《论衡校释》，北京：中华书局，1990年，第59—67页。

② 王立、刘畅：《从汉代羽人看神仙思想及其相关观念》，《黑龙江社会科学》2008年第5期。

③ ［南朝梁］萧统：《文选（一）》，上海：上海古籍出版社，1986年，第63页。

山》诗中写道："山际逢羽人，方瞳好容颜。"①这两句直接提及了"羽人"一词。天宝元年（742），李白被初次见面的贺知章惊呼为"谪仙人"，受到太子宾客赞赏的李白一下子倍感振奋，继而便飘飘然了。此后，李白便以"仙"或"谪仙人"自居，并屡屡在诗文中提及。"道教神仙思想对李白的诗歌创作影响很大。不仅他的诗中充满了真诀、灵书、羽人、太微、餐霞、太清、步虚、金液等道教神仙思想的名词术语，更重要的是这种思想引发了对虚无缥缈的神仙世界、神通广大的神仙无限遐想，从而极大地增强了李白的形象思维，使其艺术才华得到了最充分的发挥。其诗若天马行空，奇思异想，魅力无穷。"② "羽化成仙"在最初的宣传中灌注着长生不死的精神内核，实质是对世俗物质生活的迷恋。随着佛教思想的传入以及儒家思想的影响，"羽化成仙"的神仙观逐渐成为一种儒士们悟道修己、物我超脱的价值观。苏轼在《前赤壁赋》中写道："浩浩乎如冯虚御风，而不知其所止；飘飘乎如遗世独立，羽化而登仙。"③此赋作于元丰五年（1082），当时苏轼正因"乌台诗案"被贬谪黄州（今湖北黄冈）。尽管苏轼遭受了人生中的重大挫折，对于前途的迷茫占据了他的内心，但他却能在内心苦闷、不得志的情境下，感怀自然万物与宇宙流变。他在《临江仙·夜归临皋》中写道："长恨此身非我有，何时忘却营营。夜阑风静縠纹平。小舟从此逝，江海寄余生。"④当苏轼置身自然，寄情江海，是道家的超脱思想使得他的文字哀而不伤，他将往日的惆怅逐渐融入寥廓的自然之中，在沉浮的宦海始终保持着一种自然的达观。

三、民间飞仙形象与世俗思想

魏晋时期，道教逐渐发展成熟，并在原有道教神仙体系的基础上融合儒

---

① ［唐］李白：《李太白全集》，北京：中华书局，1999年，第921页。
② 李斌城：《中国古代思想史·隋唐五代卷》，南宁：广西人民出版社，2006年，第279页。
③ ［宋］苏轼：《苏轼文集（第一册）》，北京：中华书局，1986年，第6页。
④ ［宋］苏轼：《苏轼词集》，上海：上海古籍出版社，2014年，第96—97页。

家的纲常名教，形成了一套完整的长生成仙体系和道教神仙谱系，神仙故事中的羽人形象也在随之发生着变化。人性意识的逐渐觉醒为道教神仙思想的转型提供了契机，这使得此后的羽人形象慢慢地从神仙回归到人的本体，成仙仍然是最终目的。于是，现身世俗生活的济世行为成为成仙途中的一大考验。

根据汉墓画像传达的信息可知，羽人早在东汉末年就已经开始意象化的转换。早先硕大的两翼变成了附着在四肢与躯干上的些许羽毛，面貌也越来越具有普通人的特征，神仙故事中羽人最直观展示飞行特质的羽翼也被具有飞天能力的羽衣或羽裳所取代，神仙故事中这类多以神仙下凡的题材见长。董永遇仙故事作为我国广为流传的经典神话故事，其实是在道教神仙故事与儒家传统的结合中得以发扬光大的。根据出土的东汉末期武梁祠石刻画像可知，最开始董永只是儒家二十四孝故事中的一个忠孝思想的典型。在石刻展示的"董永奉亲"故事中，作为羽人变体的羽衣仙人只是董永故事的见证者。魏晋时期董永遇仙的故事便已产生，曹植在《灵芝篇》中写道："董永遭家贫，父老无财遗。举假以供养，佣作致甘肥。责家填门至，不知何用归。天灵感至德，神女为秉机。"①到东晋时期，干宝在《搜神记》中记叙了成型版的董永遇仙的故事，董永卖身葬父后，在上工路上遇见一女子，那女子要与董永成亲，女子通过织布帮助董永还清债务后，便与之告别，并说明了缘由，原来是董永的孝心感动了天帝，天帝便派下织女助董永脱离困境，解释完这些，女子凌空而去，不知踪迹。

在董永的系列故事中，羽人从带有早期外形特征的羽衣仙人，成为直接具有飞升本领的外形无异于凡人的仙人形象，由见证者变成亲历者。通过羽人在董永故事中角色的变化，可以得知：首先是羽人外形的意象化特征，先天的羽翼变成了更为直接的凌空能力，并逐渐意象化；其次，儒家"孝"的思想与道教神话思想的结合使得这类故事发散出更为活跃的生命力；最后，道教济世思想的体现。东汉至魏晋时期，苛政横行，战乱不断，百姓长期生

---

① ［三国魏］曹植著，赵幼文校注：《曹植集校注》，北京：中华书局，2016年，第485—489页。

活在水深火热之中，十分渴望安宁的生活，但是百姓自己却无力改变这种社会现状，只能将希望寄托于宗教信仰上，而道教与世俗生活的融合促使了济世思想的出现，董永遇仙故事的母题为道德型济世神话故事。

但是，此后的几个世纪，羽人形象并未出现更明显的世俗化进展。直到明清时期，道教彻底走向民间，世俗化和民间化特征全面凸显，文艺领域出现了大量以神仙鬼怪为主题的神魔小说和戏剧，羽人形象也在这一时期重获新生。最具代表性的形象即是《封神演义》中的雷震子。小说中的雷震子奉师命助周伐纣，但是却在伐纣成功之后主动请辞，归山继续潜心修炼，最终肉身成圣。道教发展到明代，早已呈现出鲜明的世俗化特征，神仙形象也从与世隔绝的羽人形象过渡成普通的凡人形象。在秦汉时期的神仙故事中，羽人是与生俱来的仙。普通人作为肉体凡胎，即使是帝王将相这类拥有无上权力的统治者，也得通过诚心修炼、服食丹药、真正悟道才可实现成仙，与羽人同列。但是东汉之后，鉴于发展道教的私心，神仙家们将修仙故事改造成人人都可修仙成仙的故事形式，极大地满足了世人私欲。他们宣扬只要潜心修炼皆能成仙的神仙思想。羽人不再是神仙故事中的特权阶级，甚至成为必须依靠修炼才能飞升更高仙阶的下层小仙。雷震子的修炼故事便是这种神仙思想观念变化的表现，即使生为仙族人士，雷震子也并未因这一身份获得封神的殊荣，反而是主动放弃富贵归隐山林，经历潜心修炼，才实现了肉身成圣。除雷震子之外，《封神演义》中还出现了另外一位羽人角色——辛环，他与雷震子外貌相似，也生有一双巨人的羽翼，闻人师赞其为"真奇异豪杰也"。在雷震子与辛环的打斗中，辛环不敌雷震子，最终被雷震子一棍击中顶门而死，抛开辛环作为"陪衬"的身份，单就二者的打斗以及命运而言，辛环作为羽人命丧棍棒之下已经是道教羽人命运的又一大反转。明代的神话小说中，羽人竟也失去了与生俱来的长生的特性，即使是生而为仙的羽人也依旧摆脱不了生老病死的自然限制，羽人被赋予了凡人的特征。《封神演义》中的故事，与其说是羽仙神仙地位的悲剧，不如说是神仙思想世俗化过程的展示。

结　语

　　最初的羽人形象只是先民原始信仰的体现，随着道教神仙思想的发展，羽人故事成了神仙故事的蓝本，并被融入新的富有时代特色的神仙思想。与此同时，羽人故事经历了从神坛坠落凡间的世俗化之路，羽人背后展示的神仙思想在与权力和世俗的碰撞之中，慢慢失去了原本的神秘性，更多地成为一种见证历史变迁与人类发展的文化形式。后世在这一文化形式的基础上展开了天马行空的创作，正如当代的作家们营造的"九州"世界，带给我们的是一个充满神秘色彩与世俗人性的奇幻世界，羽人形象所代表的原始文化成了人类想象力的源泉，使得人们在想象的空间展开对未知领域的探索，向着更为广阔的创作蓝海进发。

　　作者简介：刘懿璇，1995年生，曲阜师范大学文学院2019级硕士研究生，研究方向为文化创意与文化产业研究。

苏轼文学观念的整合性思维及其形成

万　娜

摘要：从整体上来说，宋代文化呈现多元性，融儒家、佛家与道家于一体，三者相互交融、渗透。苏轼文学观念深受这种多元性的影响。在这种文化大格局的影响下，整合性思维贯穿于苏轼整个文学思想体系。基于对文学创作过程的理论升华与总结，以及在书法、绘画方面的造诣与领悟，苏轼积极吸收各方面美学因素，以兼容并蓄的态度对待文学创作。本文将具体分析苏轼文学理论成果，以此窥视苏轼文学观念中的整合性思维，以及这种思维形成的原因。

关键词：苏轼；文化兼容性；文学思想；整合性思维

在宋代，理学和佛教、道教思想对文学思想产生了极大影响。三家思想的汇合为文学观念的发展注入了新鲜血液。自文学理论产生以来，各派别都有自己独特的文学思想追求。其各持己见，以致在古代文学理论发展的进程中，长期存在着一种极其偏执的相互辩驳、相互批判的现象。直至宋初，这种"文人相轻"、质文失重的现象仍然存在。宋初，国家刚刚"大一统"，处于百废待兴之际，出于对国家根基的稳固，儒家思想再次入世致用。理学家提倡以文载道，标举复古旗帜以正风化、稳定社稷。这时期理学占主导地位，但是，经过重重战乱苦难的淬炼，人们更加注重寻求精神上的慰藉。这种人文心态为佛学禅宗的传播与盛行提供了精神土壤。在这种三教融合的人文心态统摄下，宋代文人形成了迥异于前人的内在的"浩然之气"。宋代文学家的文学创作及其对文学理论的探索，呈现出前所未有的超脱、旷达的审美情调。这种恬淡通透的美学情调逐渐成为宋代文坛的整体基调。以苏轼为代表的典型宋代文人士子，介乎理学、禅宗之间，同时借助道家思想，以求得精神上的慰藉与超脱。这种兼收并蓄的精神境界势必会影响其文学创作以及文学理论的研究，而统领其文学思想的就是整合性思维。

一、文学观念的整合性思维

儒释道融合的精神世界使苏轼避开偏执，采取了一种兼容并蓄的整合性思维方式来审视事物。这种思维方式投射到苏轼的文学思想之中，从而使其文学思想更具系统性、全面性，达到了前人所未能及的高度。其文学思想的整合性具体体现在两个方面：一是受道家和佛家思想影响，苏轼的文学观挣脱了文学社会功用性的窠臼，注意到文学自身的审美特性，这使得其文学理论中蕴含着很深刻的佛老思想。二是其文学思想与其在书画研究方面的妙悟在很大程度上是相通的。苏轼不仅精通文学，在书法、绘画方面也有登峰造极之誉。他将文学思想与书画创作经验相结合，并进行全面总结和升华，从而促进了文学理论的成熟。

（一）质文并重，衔华佩实

苏轼自幼熟读经书，思想之源乃是儒家。儒家强调文学的社会功用性，提倡文章须有补世之用。苏轼在司马迁"发愤著书"说、韩愈"不平则鸣"的文学观念的基础之上又有所发展，在文学创作方面，苏轼主张"有为而作"（《题柳子厚诗》），认为文章之"言必中当世之过"[1]（《凫绎先生诗集叙》）。这是儒家兼济天下的入世思想的集中体现。正因为如此，苏轼的仕途坎坷多艰。苏辙道："其于人，见善称之，如恐不及；见不善斥之，如恐不尽；见义勇于敢为，而不顾其害。用此数困于世，然终不以为恨。"（《亡兄

---

[1] ［宋］苏轼：《苏轼文集》，孔凡礼点校，北京：中华书局，1986年，第313页。

子瞻端明墓志铭》)

刘勰《文心雕龙·时序》云:"时运交移,质文代变,古今情理,如可言乎?"①围绕"质"与"文"展开的争论,自先秦以来始终没有停止过。两种观点随着时代的更迭而交错出现。因固化思维模式对文学创作与文学理论的干扰,文人或注重政教作用,或是片面追求艺术美,执其两端者众多,很少有文学创作者能将两者完美结合在一起的。在整合思维的统摄下,苏轼将二者巧妙结合起来,并形成一系列完整的文学观念。除"有为而作"的文学主张之外,受佛教美学思想的影响,苏轼在文学创作理论方面的贡献主要表现在对文学艺术理论的探索上。

1. 庄子美学思想的体现

在哲学方面,庄子崇尚"自然无为",强调尊重自然,顺应自然。认为一切人为之"道"都是对人性的束缚,所以提出"至人无己,神人无功,圣人无名"的观点。这种哲学思想恰好能够熔铸成挣脱传统观念束缚的精神利器。其反映在文学思想上,就形成了一种以自然、天然为审美标准的美学追求。苏轼深受庄子思想的影响,这使得苏轼得以摆脱儒家文艺观的窠臼。苏轼主张创作要发乎自然,这是苏轼文学思想的理论宗旨。艺术创作不是无病呻吟,亦不是辞藻堆砌,而是"胸中之言日益多,不能自制",盖有不吐不快之感。故而创作过程犹如江河婉转,随物赋形,得尽其妙。

苏轼在《南行前集叙》中写道:"夫昔之为文者,非能为之为工,乃不能不为之为工也。山川之有云雾,草木之有华实,充满勃郁,而见于外,夫虽欲无有,其可得耶?自少闻家君之论文,以为古之圣人有所不能自已而作者;故轼与弟辙为文至多,而未尝敢有作文之意。"②

不过苏轼对庄子文艺思想是有所取舍的。庄子对人为的主观能动性予以全盘否定,而苏轼则是追求文学创作最终达到自然无为的境界。他认为创作者首先要掌握审美对象本身,熟悉其客观存在规律,然后了然于胸,通过艺术修辞手法的具体运用,方可体物赋形、传物之神。苏轼认为物与我达成精

---

① [南朝梁] 刘勰:《文心雕龙》,王运熙、周锋译注,上海:上海古籍出版社,2016年,第439页。

② [宋] 苏轼:《苏轼文集》,孔凡礼点校,北京:中华书局,1986年,第322页。

神上的和谐统一，才能创造出毫无斧凿之迹的天然之作。苏轼通过《日喻》道出"只有熟悉、掌握水的规律之后，才能在水中自由自在地出没"的道理。文中所言南方之没人的故事与《庄子》中庖丁解牛、削木为镰、津人操舟、吕梁丈夫蹈水等故事一样，都旨在说明在进行文学创作之前，创作主体应该对对象"了然于心"，要求主体进入一种物我皆忘的精神境界。"物化"论始创于庄子的"庄周梦蝶"，是中国古代对创作过程中创作主体和客体高度融和统一的理论概括，也是一个具有深刻哲理意义的美学命题，而正是苏轼把它从哲学范畴发展到艺术创作范畴，并在理论阐述中做了更为具体的发挥。[①] 苏轼又借用《庄子·天道》中的"得之于手，而应于心"来论述"辞达"之说，这是苏轼对《庄子》美学思想精髓深刻领悟的体现。

2. 禅学对苏轼文学思想的渗透

与此同时，苏轼在诗文中所营造的空灵淡泊的艺术境界，与他从禅学中汲取的美学思想也有着密不可分的关系。"惟江上之清风，与山间之明月，耳得之而为声，目遇之而成色"，清风明月、玲珑剔透的艺术境界正是苏轼始终追求的精神世界的载体。如何创造这种意境？苏轼化用佛家常用术语"空静"，以此概述在审美过程、艺术构思以及艺术创作过程中，创作主体必须进入一种超越功利性的虚空心境。"欲令诗语妙，无厌空且静。静故了群动，空故纳万境。阅世走人间，观身卧云岭。咸酸杂众好，中有至味永。诗法不相妨，此语当更请。"（《送参寥师》）此诗语之妙在于空静。当主体的心灵进入空无寂静的状态，才能实现对象化精神关照，实现物我合一的"物化"状态，从而深刻体验审美对象之美丑所在。

概言之，苏轼的文学思想集儒释道三家文学观念之精髓于一体，将质与文有机结合，实现了文质彬彬、衔华佩实的艺术追求。同时，他又运用庄学和佛学之美学思想因素，中和儒家文学思想中的一些偏执文学理念，深入阐释文学创作的具体过程，极大地丰富了文学的美学思想。

---

① 张少康：《中国文学理论批评史（下）》，北京：北京大学出版社，2005年，第16页。

（二）诗论与画论相通达

古代诗画不分，两者分别以不同的形式表达、记录创作主体的审美体验。苏轼极度赞赏王维的诗与画，在论王摩诘之诗与画时，将其创造性地联系在了一起。苏轼在《东坡志林》中说："味摩诘之诗，诗中有画；观摩诘之画，画中有诗。"苏轼在书法、绘画方面造诣颇高，其将对书画创作的美学领悟作用于文学思想的表述，使其文学理论更贴近现实创作。苏轼在《次韵吴传正枯木歌》诗中云："古来画师非俗士，妙想实与诗同出。"又云："君虽不作丹青手，诗眼亦自工识拔。"[①] 苏轼将诗歌创作时进行的艺术构思与绘画创作的意象构思并举，认为诗与画同理，都需要丰富奇特的艺术想象力，将一系列意象组合、编织成一个完整的艺术世界。艺术形象的刻画是艺术世界的关键要素，苏轼认为形神并茂是艺术形象刻画的最高境界。"论画以形似，见与儿童邻。赋诗必此诗，定非知诗人。诗画本一律，天工与清新。"[②]（《书鄢陵王主簿所画折枝二首（其一）》）杰出的画家与诗人都不会囿于事物外在形貌，他们更注重审美对象的内在意蕴，故将传物之神视为最重要的创作原则。

由此可知，苏轼画论与诗论相通融，诗论因画论而更加完整、贴切。这种诗画一体的艺术理论体系，体现了苏轼独特的审美视角和整合思维能力，实现了他对艺术创作理论的综合性总结与提炼。

虽然没有形成完整的文学理论专著，但是在这种整合性思维统摄下，苏轼的文学创作形态日渐丰富，既追求内容的充实，又注重形式的审美体验。苏轼的这种整合性思维是如何形成的呢？

二、整合思维形成的原因——兼收并蓄的人文心态

宋代文人多经历谪居生活，四处辗转，人生路充满坎坷、苦难。但是从他们的文学创作中流露出的是殊别于前人的"不戚戚于贫贱，不汲汲于富贵"的泰然心态。这得益于宋代儒释道融合的文化氛围。欧阳修先后被贬夷

---

① ［宋］苏轼：《苏轼诗集》，［清］王文诰辑注，北京：中华书局，1982年，第1961页。
② ［宋］苏轼：《苏轼诗集》，［清］王文诰辑注，北京：中华书局，1982年，第1525页。

陵、滁州。其被贬滁州穷僻之地，却能发出"与民同乐"的愉悦之音。可见其精神世界的豁达和疏旷。欧阳修虽然一生力避佛老，作《本论》提出："礼义者，胜佛之本也。"[①]但是对僧侣却是十分敬重，如"虽学于佛而通儒术"的惟俨，"善诗，复辨博，好论天下事，自谓浮图其服而儒其心"（尹洙《浮图秘演诗集序》）的秘演，都与欧阳修交往甚深。晚年欧阳修逐渐向禅宗靠拢。佛老之道成为宋代文人处于囹圄、羁旅中的强大精神支柱，使他们超脱于物质生活、地位权力之外，善处穷境。

苏轼是宋代最具代表性的文人，他的一生遭遇了三次贬谪。苏轼在《自题金山画像》中自云："问汝平生功业，黄州、惠州、儋州。"[②]苏轼与欧阳修的人生遭际十分相似，仕途多舛，漂泊羁旅他乡。面对多艰生活，苏轼亦处之泰然，前人羁旅途中的悲痛哀怨之绪在苏轼这里被削弱了许多。唐代文士，如杜甫、韩愈、柳宗元等，都曾经历过贬谪。他们的心境被羁旅愁苦困扰，多言怨天尤人之语。与苏轼相比，唐代文人则多了几分激进与愁苦，少了几许平淡与旷达。杜甫一生落魄，"万里悲秋常作客，百年多病独登台。艰难苦恨繁霜鬓，潦倒新停浊酒杯。"穷困潦倒、多病维艰的生活境况以及客居异乡之悲愁一直是杜甫诗中的情感主旋律之一。韩愈因直言谏迎佛骨之事被贬潮州，此后他的心情陷入低谷，"一封朝奏九重天，夕贬潮州路八千。欲为圣明除弊事，肯将衰朽惜残年。云横秦岭家何在？雪拥蓝关马不前。知汝远来应有意，好收吾骨瘴江边。"（《左迁至蓝关示侄孙湘》）韩愈此时的心里充满了忐忑与恐惧，以及隐约可感的怨愤与不甘。杜甫、韩愈等人都是纯儒之士，当他们处在人生逆境时，言辞中不免流露出愤懑之情，因此唐人作品显得情绪化严重。

苏轼一生致力于儒释道三家思想的糅合之中。三家合一思想使苏轼泰然应对人生苦难，主动超越苦难，从而获得精神上的自由。因此，在其诗词创作中，总是潜藏着一个荣辱不惊、坦然自若的抒情主人公形象。"莫听穿林打叶声，何妨吟啸且徐行。竹杖芒鞋轻胜马，谁怕？一蓑烟雨任平生。料峭春

---

① ［宋］欧阳修：《本论》，《欧阳修全集》，北京：中华书局，2001年，第288页。

② ［宋］苏轼：《苏轼诗集》，［清］王文诰辑注，北京：中华书局，1982年，第2641页。

风吹酒醒，微冷，山头斜照却相迎。回首向来萧瑟处，归去，也无风雨也无晴。"① （《定风波》）此词作于苏轼被贬黄州的第三个春天，即宋神宗元丰五年（1082）。雨中潇洒徐行，表现出苏轼身处逆境而不畏惧、屡遭挫折而不颓丧的乐观超迈心态。苏轼晚年被流放至海南不毛之地时，他将此词稍做修改，遂成《独觉》一诗："翛然独觉午窗明，欲觉犹闻醉鼾声。回首向来萧瑟处，也无风雨也无晴。"② 流放儋州只比满门抄斩的罪行轻一等，在这样的人生境遇中，苏轼依然以一种超逸姿态处之，并把儋州视为自己的第二故乡。这是苏轼一生追求磨砺的人生境界、处变不惊、宠辱无碍的精神写照。显然，这种精神追求始终贯穿于他的整个生命历程。

（一）兼收并蓄：儒学、佛学与禅学

生活的跌宕起伏为苏轼接受老庄思想奠定了良好的精神基础。苏辙《亡兄子瞻端明墓志铭》记述："初好贾谊、陆贽书，论古今治乱，不为空言。既而读《庄子》，喟然叹息曰：'吾昔有见于中，口未能言，今见《庄子》，得吾心矣。'"③ 苏轼初读《庄子》时，豁然开朗。后谪居黄州，闭门深居，退扫闲客，反观自身行事作为。遂将目光转移到佛学，以寻找自新之法。"不锄其本，而耘其末，今虽改之，后必复作，盍归诚佛僧求一洗之？……间一、二日辄往，焚香默坐，深自省察，则物我相忘，身心皆空，求罪垢所以生而不可得。一念清净，染污自落，表里翛然，无所附丽，私窃乐之。旦往而暮还者，五年于此矣。"④ （《黄州安国寺》）寓居黄州时期是苏轼思想的重要转折时期。他将佛学引入生活之中，抚慰自己的心灵，在佛家智慧中寻找心灵的安详。

苏轼之所以能够在逆境中积极主动地寻找精神出路，是因为其精神世界的醇厚与广博。苏轼将儒释道三家糅合为一，三者之间相互影响、相互渗透、相互促进，最后形成相长势态。

---

① ［宋］苏轼：《苏轼词集》，上海：上海古籍出版社，2018年，第253页。

② ［宋］苏轼：《苏轼诗集》，［清］王文诰辑注，北京：中华书局，1982年，第2284页。

③ ［宋］苏辙：《苏辙文集》，《唐宋八大家文集》编委会编，北京：中央民族大学出版社，2002年，第57页。

④ ［宋］苏轼：《苏轼文集》，孔凡礼点校，北京：中华书局，1986年，第391页。

《亡兄子瞻端明墓志铭》中记载："既而读《庄子》，喟然叹息曰：'吾昔有见于中，口未能言，今见《庄子》，得吾心矣。'乃出《中庸论》，其言微妙，皆古人所未喻……既而谪居于黄，杜门深居，驰骋翰墨，其文一变，如川之方至，而辙瞠然不能及矣。后读释氏书，深悟实相，参之孔、老，博辩无碍，浩然不见其涯也。先君晚岁作《易传》，未完，疾革。命公述其志。公泣受命，卒以成书，然后千载之微言，焕然可知也。复作《论语说》，时发孔氏之秘。最后居海南，作《书传》，推明上古之绝学，多先儒所未达。"①

由此可知，苏轼学问之大成与其生活遭际和儒释道三家思想糅合有着密切的联系。因其涉猎的艺术极其广泛，加之生活阅历较为丰富，所以能够领悟到他人所不能及之妙处。

（二）儒学为根，佛老为叶

在苏轼的学术生涯中，只为儒家思想作传著说，平生所述之志，乃是儒家追求不已的往圣先王之绝学。其学养虽是儒释道思想合流灌溉而成，但是三种思想流派在其心中所占地位是有主次之分的。苏轼以儒学为根，而佛学和老庄之学只是作为辅助性的窗口，为其更好地领悟儒家思想提供了更多的角度和更宽广的视野，使他从中汲取生活的智慧，超越世俗、物质的压抑和苦难，以达到一种物我皆忘的精神自由的境界。

佛学和道学是苏轼苦难生活的润滑剂，是其摆脱现实烦恼的一剂良药，是使其心境归于恬淡的凝神香。苏轼在黄州、惠州、儋州谪居期间深读禅书，"《楞严》在床头，妙偈时仰读"②（《次韵子由浴罢》）。因此其起心动念皆清净如洗，不为是非荣辱戚戚怨怨。苏轼并非一门心思致力于佛老研究之中并转述其志，他对佛老之学奉行的原则只是借之以调控自己的情绪。其在《西山诗和者三十余人，再次前韵为谢》中自述："愿求南宗一勺水，往与屈贾溯余哀。"此处的"南宗"乃是唐代佛教禅宗六祖慧能在曹溪宝林寺所创立的南宗，此后南宗又被称为"曹溪"。"竹中一滴曹溪水，涨起西江十八滩"①（《东坡居士过龙光》），"七年来往我何堪，又试曹溪一勺甘"（《过

---

① [宋] 苏轼：《苏轼文集》，孔凡礼点校，北京：中华书局，1986年，第391页。

② [宋] 苏轼：《苏轼诗集》，[清] 王文诰辑注，北京：中华书局，1982年，第2307页。

① [宋] 苏轼：《苏轼诗集》，[清] 王文诰辑注，北京：中华书局，1982年，第2423页。

岭》），其中"曹溪水"与"南宗一勺水"同义。本觉《释氏通鉴·韶国师》中记载："又有问：'如何是曹溪一滴水？'眼曰：'是曹溪一滴水。'韶闻乃大悟，平生凝滞，涣若冰释。"佛学使人明心见性，心如菩提，空明净静。苏轼满腔哀怨不亚于屈原、贾谊，但是苏轼愿借禅学以洗涤自己复杂迷乱的心绪，求得清净明朗的菩提心性。

由此可知，苏轼对佛家和道家思想持一种暂时借助的态度，目的性比较强。"莫从老君言，亦莫用佛语。仙山与佛国，终恐无是处。"②（《和陶神释》）在这首和诗中，苏轼关于佛、道思想的态度昭然若揭。既然认为佛、道两家终究是虚无，那么苏轼的最终归宿在哪里？苏轼只是借佛学来解脱自己，支撑其精神世界的仍然是儒家思想。其积极乐观的态度很大程度上受到儒家思想的影响，体现出"天行健，君子以自强不息"的人生追求。苏轼曾在黄州天庆道观借"堂三间，冬至后，当入此室，四十九日乃出。自非废放，安得就此？太虚他日一为仕宦所縻，欲求四十九日闲，岂可复得耶？当及今为之……"③（《答秦太虚书》）。虽然在道观中潜心修炼道士方术，但是其心中自有原则底线和时间观念。趁此谪居闲暇调理身体，"此后纵复出从人事，事已则心返，自不能废矣"（《答秦太虚书》），时刻等待着复出启用之日的到来，短期的修炼是为了更好地"从人事"。以平常心对待"用"与"舍"的境遇变化，果断决定自己的行藏之迹。这种畅达来自佛老之学的感化，更得力于儒家"天行健，君子以自强不息"的精神支撑。

在以儒家思想为根、佛道思想为枝的融合性思想的统摄下，苏轼一生奉行的是"穷则独善其身，达则兼济天下"的理念。这种兼收并蓄的特质，使得其胸襟不断扩展，文学修养不断提高，文学观念独具特色。

南宋王十朋在《百家注东坡先生诗》序中赞道："况东坡先生之英才绝识，卓冠一世，平生斟酌经传，贯穿子史，下至小说、杂记、佛经、道书、古诗、方言，莫不毕究，故虽天地之造化，古今之兴替，风俗之消长，与夫山川、草木、禽兽、鳞介、昆虫之属，亦皆动其机而贯其妙，积而为胸中之

---

② ［宋］苏轼：《苏轼诗集》，［清］王文诰辑注，北京：中华书局，1982年，第2307页。

③ ［宋］苏轼：《苏轼文集》，孔凡礼点校，北京：中华书局，1986年，第1534页。

文……"①苏轼融贯儒释道三家，富有遍览山川的经历，坎坷的仕途遭际，这些都是他进行艺术创作的支撑。在苏轼这里，儒家、道家与佛家思想交汇在一起，形成一张广博的思想网络，加之以具体的创作经验，集诗、书、画创作理论为一渠，诸多因素相互渗透、相互影响。苏轼独特的整合思维正是在这种容纳百川的文化土壤中孕育而成的。

作者简介：万娜，1998年生，曲阜师范大学2019级硕士研究生，研究方向为古代文学。

---

① ［宋］苏轼：《苏轼诗集》，［清］王文诰辑注，北京：中华书局，1982年，第2832页。

谢小娥小说故事流变的遁世结局研究
——从文化意蕴角度研究

代雨鑫

摘要：在多重文化意蕴的影响下，谢小娥小说故事在流变中出现了相同的遁世结局。通过对比不同时代作家们对相同故事的不同阐释，可以看出不同时代作家们受到不同思想的影响，也可以看出作家们以文人身份对社会思想、文化意蕴做出的反应。谢小娥小说故事流变中遁世结局下隐含的是唐代以来儒家贞节思想、佛家天道报应思想相互杂糅的文化意蕴。谢小娥遁世出家的结局反映了混乱的政治局面下文人们寻求出路的一种选择，同时也反映了中华民族追求中庸、平和的民族心理。

关键词：谢小娥；遁世结局；多重文化意蕴

谢小娥故事最早出自李公佐的唐传奇《谢小娥传》。李复言在《续玄怪录》中改写《谢小娥传》为《尼妙寂》，后被收入《太平广记·报应》中。宋代谢小娥故事又被改写为《谢小娥传》收入《新唐书·列女传》中。明代凌濛初《初刻拍案惊奇》中《李公佐巧解梦中言，谢小娥智擒船上盗》一卷改编自唐传奇《谢小娥传》。学者们将谢小娥故事普遍定义为商贾出身的女侠复仇的故事，因此大多分析女性复仇蕴含的文化意蕴，很少分析谢小娥复仇后的归宿所蕴含的文化意蕴。在谢小娥化身为男子为父亲、丈夫复仇故事流变中，虽然情节略有不同，但结局都一致：谢小娥出家为尼，云游四海，不知踪迹。本文旨在通过对比《谢小娥传》《尼妙寂》与《李公佐巧解梦中言，谢小娥智擒船上盗》，揭示遁世结局隐含的多重文化意蕴。

一、遁世的原因

谢小娥故事流变中，谢小娥、妙寂遁世出家的行为受到多方面影响。以谢小娥为主角的故事均写她痛失家人，与强盗结下深仇大恨，这一情节安排对遁世结局有着深刻的影响。首先，谢小娥此时已经痛失至亲，孤身一人，符合遁世最基本的条件——无家可归，无法回归伦理社会；其次，当谢小娥得知仇人姓名后发誓报仇，体现了传统儒家思想为亲族报仇的传统孝义观念。儒家认为维系社会和谐，实行"仁"政的基础是孝，然而儒家思想并没有揭示复仇后的归宿，谢小娥在复仇后面对的是再嫁与遁世的选择，为了寻求内心的宁静，保持儒家所提倡的贞节观，她走上了遁世道路。而《尼妙寂》中妙寂父亲托梦说："以汝心似有志者，天许复仇，但幽冥之意，不欲显言，故吾隐语报汝，诚能思而复之，吾亦何恨。"父亲托梦要求妙寂为他们复仇，因此妙寂主动复仇的意蕴就减弱了几分，还带有"天许复仇""不欲显言"的玄幻色彩。李公佐在解梦中提道："鬼神欲惑人，故交错其言。"同样带有非常浓烈的天道玄幻色彩。最后，妙寂在终于得到指点后哭着拜谢并发誓说："苟或释惑，誓报深恩。妇人无他，唯洁诚奉佛，祈增福海。"[1]这体现了妙寂认为仇人姓名彰显是上天恩赐，应该报恩，身为妇人能做的只有虔诚信奉佛祖为李公佐祈福的思想。所以复仇成功后，她才会在有家可归的情况下，选择将被夺走的旧物全都孝敬母亲，然后请求出家受教，报效佛祖，为家庭和恩人祈福。

遁世结局的直接原因在谢小娥故事流变中是不同的，谢小娥的出家遁世是为了保全自己的名节，妙寂出家则是为了报效天恩、恩人。《谢小娥传》中谢小娥的事迹引得乡里豪族慕名求娶，她却发誓不嫁人，遂即剪发出家为

---

① ［宋］李昉：《太平广记》，上海：上海古籍出版社，1990年第一版，第704页。

尼，以法号"小娥"表示自己不忘本，显示了小娥"从一而终"的守节思想与坚定意志。在《李公佐巧解梦中言，谢小娥智擒船上盗》中，谢小娥走上遁世道路的直接原因也是她不愿违背礼法，誓心不嫁。期间有两次故乡豪族求娶和面对求娶时小娥的心理描写，比《谢小娥传》中的描写更具体、更详细。第一次，小娥誓心不嫁，道："我混迹多年，已非得已；若今日嫁人，女贞何在？宁死不可！"① 由此可以看出小娥出家遁世的直接原因；第二次，争奈来缠的人越来越多了，小娥不耐烦分诉，想道："昔年妙果寺中，已愿为尼，只因冤仇未报，不敢落发。今吾事已毕，少不得皈依三宝，以了终身。不如趁此落发，绝了众人之愿。"② 由此可以看出谢小娥坚定守节的决心。然而在《尼妙寂》中，妙寂亲口说出："血诚复仇，天亦不夺，遂以梦寐之言……碎此微躯，岂酬明哲。梵宇无他，唯虔诚法象以报效耳。"③ 由此可以看出，妙寂认为这一切都是天意，必须归顺佛家报效天恩。妙寂的出家是报应的宿命，是父亲的期望，是对李公佐的报恩，是对上天恩赐报仇机会的报答。《李公佐巧解梦中言，谢小娥智擒船上盗》中的谢小娥同样有这种思想，她在遇到李公佐时亲口说出："尊官恩德，无可以报。从今惟有朝夕诵经保佑而已。"④ 这说明了谢小娥遁世的原因是多重的，在其故事流变过程中受到了不同文化意蕴的影响。

二、遁世结局隐含的文化意蕴

（一）儒家思想的传承

在《谢小娥传》中，谢小娥为丈夫报仇后选择不嫁他人、不回归伦理社会，最后遁世出家，这一行为受强烈的守节思想驱使。在《谢小娥传》中，作者借"余"之口表达了对谢小娥这一贞妇、孝妇的赞美，赞美她"誓志不舍，复父夫之仇，节也；佣保杂处，不知女人，贞也。女子之行，唯贞与

---

① ［明］凌濛初：《初刻拍案惊奇》，天津：天津古籍出版社，2004年第一版，第230页。
② ［明］凌濛初：《初刻拍案惊奇》，天津：天津古籍出版社，2004年第一版，第230页。
③ ［宋］李昉：《太平广记》，上海：上海古籍出版社，1990年第一版，第705页。
④ ［明］凌濛初：《初刻拍案惊奇》，天津：天津古籍出版社，2004年第一版，第231页。

节，能终始全之而已，如小娥，足以儆天下逆道乱常之心，足以观天下贞夫孝妇之节"①。体现了作者的写作目的即为宣扬女子坚强勇敢、机智隐忍、尽孝守节的高尚道德品质。在这种贞孝思想影响下，无家可归的小娥唯有走向出家的道路才能保持她的贞洁和高尚。从谢小娥遁世的原因来看，以谢小娥为主角的故事中都蕴含着儒家深刻的守节思想。守节思想是传统儒家思想的一部分，从孔子提出"君臣父子"的伦理道德观念再到董仲舒的"君为臣纲，父为子纲，夫为妻纲"三纲道德观念，中国千百年间都有着深刻的伦理意识，对女性的要求更为严格，"从一而终""守节""妇贞"是伦理观念对中国古代女性的严苛要求。研究者一般认为唐代风气开放，女子再嫁已不被认为是违反伦理的，由史料看来，唐代对寡妇再嫁、离婚再嫁等情况确实没有很严格的限制，甚至在法律上规定公主寡而无子者可以再嫁。然而，上层妇女再嫁、三嫁的例子不足以证明整个社会风气都如此，更不能说明社会贞节观念的淡薄。②从唐代各列女传的故事来看，民间儒教最重视的女德乃是"孝"，统治者依然竭力维护封建礼教，男性文人也固守贞节思想，并企图作小说、文章来改变伦理道德思想淡薄的现状，重新呼唤贞节思想。《新唐书·列女传》更是把谢小娥故事收入列女传以表达"而闻家令姓窈窕淑女，至临大难，守礼节，白刃不能移，与哲人烈士争不朽名，寒如霜雪，亦可贵矣。今采获尤显行者著之篇，以绪正父父、子子、夫夫、妇妇之懿云"③，赞颂女子贞节的思想。明代程朱理学占统治地位，但与此同时，"理学"深受"心学"、资本主义萌芽出现、市民阶层扩大、下层人民欲望暴露等多方面冲击，在这一局面下统治者竭力维护封建礼教，导致《明史·列女传》收录的贞洁烈女数远超前代。在《李公佐巧解梦中言，谢小娥智擒船上盗》中，作者模仿话本小说的体例在文章开头介绍写作目的："而今更说一个遭遇大难、女扮男身、用尽心机、受尽苦楚、又能报仇、又能守志、一个绝奇的女人，真个是千古罕闻。"④对贞节观念的高度赞扬，体现了对儒家伦理道德观念的观照。

---

① 鲁迅校录：《唐宋传奇集》，王中立译注，天津：天津古籍出版社，2002年第一版，第141页。

② 杨梅：《唐代女性出家因缘考》，《历史教学》2005年12月期，第74页。

③ ［宋］欧阳修、宋祁：《新唐书》，北京：中华书局，1975年第一版第18册，第5816页。

④ ［明］凌濛初：《初刻拍案惊奇》，天津：天津古籍出版社，2004年第一版，第221页。

（二）佛教思想与儒家思想的交融

《尼妙寂》中，妙寂亲口说出家是"梵宇无他，唯虔诚法象以报效耳"。可以看出妙寂出家行为受为双亲祈福的"孝"意识和为李公佐祈福的报恩意识的影响。在唐代，儒释道三家文化相互渗透，被大众广泛接受，文学创作也或多或少地受到这些思想的影响。佛教在最初传入中原地区时受到很长时间的抵制，因为中原地区长时间受儒家思想的统治，对伦理道德思想十分认同，佛教中的出家最初是要和世俗断绝一切联系的，所以并未获得统治者的支持，因此佛教就只能朝着适应统治者的要求和百姓的愿望方面发展，而祈福正是契合政权的有效统治要求与百姓伦理需要的一种新的方式，表现为出家可以为父母、家人积福。李晓慧在研究唐代女性礼佛原因时提出了重要的一条，即唐代妇女是为了"祈求福佑"而"皈依佛门"的，并列举了《唐故刘府君屈夫人合袝墓志铭并序》等有说服力的例子，足以佐证出家祈福的思想已经广为流传了。[1] 在《李公佐巧解梦中言，谢小娥智擒船上盗》中，谢小娥出家同样是为了对恩公"朝夕诵经保佑"。佛教思想经过与儒家思想长时间的融合，将孝文化内化并使得诵读佛经为家人祈福的思想影响深远。另一方面，儒家思想赞同正义性复仇，如妙寂虽杀人但仍受到太守表彰，因为这是符合伦理道德的，但是儒家思想却往往忽略复仇成功后的归宿问题，并没有指出是该回归伦理还是该彻底地与现实反抗抑或是从此诵经祈福、清心寡欲、不问世事。乔孝冬、张文德在研究唐代小说中女侠形象的归宿时得出结论：女主人公在功成名遂之后逃遁于一种空廓虚无的寂静状态，求取一种新的恬淡无为、清心寡欲的人生境界。[2] 谢小娥、妙寂身为女子，在复仇成功后面对虚无感，无法彻底地反抗现实，又囿于儒家贞洁观念，也只能选择借助无欲无求的佛家思想来获得心灵上的慰藉。

（三）文人对于政治黑暗的逃避心态

《谢小娥传》中，谢小娥复仇的原因是因为世道混乱，父亲、丈夫被强盗

---

① 李晓慧：《唐代妇女的佛道信仰》，硕士学位论文，曲阜师范大学，2011年，第18页。

② 乔孝冬、张文德：《论道教传播对唐女侠形象建构的影响》，《盐城师范学院学报（人文社会科学版）》2007年12月，第32页。

所害，反映了当时社会的黑暗。谢小娥的主动复仇行为也是文人们面对社会黑暗、民不聊生局面时想要建功立业的的体现。中唐以后，国力衰微，各地藩镇割据局势加剧，民不聊生，政治黑暗，权奸当道，文人们找不到出路，只能借助佛教文化消极避世，寻找感情发泄口，追求清净的心境。而谢小娥的遁世结局正是作家美好的理想在严酷的现实环境中四处碰壁的结果。这是作家们理想的失落与幻灭，也是一个个高尚而苦闷的灵魂的抽搐与哭泣。①在明代，社会政治同样黑暗，中央集权加剧，宦官当权，朝臣争权夺利。文人们的仕途一片黑暗，建功立业的要求得不到满足。在这种心境下，文人们再次拾起佛教文化，由儒家经国治世思想向佛教诵经礼佛思想转变。积极进取的文人在政治上受挫，所以借助佛教思想自我安慰、消极避世，出家遁世正是逃避现实的一种手段。谢小娥复仇之后选择遁世归隐，远离伦理社会，体现的正是在现实中碰壁后，迷茫的作家们的选择。

（四）"圆满"与"不圆满"结局中的中庸思想与民族心理

在社会政治黑暗、百姓生活艰难的环境下，作家们为了缓解自身在现实中碰壁后的失落感和挫败感，因此追求具有"圆满"结局的虚构文学作品。此外，百姓生活在水深火热中，也乐于看到圆满型结局。所谓圆满型结局指的是复仇之后心灵获得慰藉、家庭幸福、能够安度余生、从此子孙绵延等符合人们期望的结局。圆满型结局会让人处于虚幻的精神宽慰中，是人们对理想社会中百姓生活富足、家庭美满的向往，因此人们对圆满型结局的作品乐此不疲。圆满型结局不仅与社会背景、创作心理相关，更与民族心理和儒家"中庸"之道的哲学思想相关。由于儒家思想的统治地位，中庸思想在历史进程中，逐渐积淀为中华民族的文化心理与民族性格的一部分②，形成了追求中庸、和谐、幸福的中华民族普遍存在的共同心理状态。不圆满型结局则指的是现实与理想之间不可逾越的鸿沟，是对现实残酷的真实描写，会让人们产生共鸣。《谢小娥传》与《李公佐巧解梦中言，谢小娥智擒船上盗》中的谢

---

① 江中云：《理想的幻灭——再论唐传奇中女侠的经历与归宿问题》，《蒲松龄研究》2004年第3期，第156页。

② 余景涛：《三言二拍复仇故事研究》，硕士学位论文，湖北大学，2014年5月，第42页。

小娥从父亲托梦的密语中找到仇人，隐忍蛰伏，最终得以手刃仇人，这满足了人们惩治奸邪的愿望，人们期待谢小娥能获得圆满的结局。然而谢小娥削发为尼，出家遁世，与青灯古佛为伴，孤寂度过一生，并没有回归伦理社会与寻常百姓一样再婚生子过幸福生活，这样不甚悲不甚喜的结局受到中庸、平和的民族心理的影响，能引起读者的反思与共鸣，使作品更具感染力。

　　谢小娥小说故事流变体现了不同时期作家们受不同思想的影响，以文人身份对社会思想、文化意蕴做出的不同反应。谢小娥遁世出家的结局受儒家、佛教两大思想体系杂糅的影响，同时反映了在社会混乱状态下文人们在寻求出路时的一种选择，也集中体现了追求中庸、平和的中华民族共同心理特征。

作者简介：代雨鑫，1998 年生，曲阜师范大学文学院 2019 级硕士研究生，研究方向为中国古代文学。

论道具在《古今小说》叙事中的作用

范晓青

摘要：在《古今小说》的回目中屡次出现道具的身影，它们种类多样，出现的位置也不尽相同。通过分析宋元旧话本和明代拟话本中道具所发挥的作用可以发现，道具在故事叙事中的作用基本相同，都是连接人物、贯穿情节，使得整篇作品既一波三折又严谨工整。对道具在叙事中的作用进行深入分析，会发现道具还发挥着草蛇灰线的作用。

关键词：《古今小说》；道具；叙事

道具这一名称来自佛教。佛教原始典籍《中阿含经》中说："所蓄物可资身进道者，即是增长善法之具。"《菩萨戒经》中说："资生顺道之具。"[①]《禅林象器笺》卷十九中也说："凡三衣什物，一切资助进道之身物，具名为道具。"[②] 其实佛教所指的"道具"和法器、佛具的意思一样。给小说中的道具下定义：由小说作者创设的对小说情节、人物塑造和文势发展起关键作用的客观物件[③]。在《古今小说》中，为了使情节更加巧妙多变，作者会使用一些"道具"使故事更加完整而又波澜迭起。有些道具是在回目中点出并贯

---

① 杜鹏飞：《〈金瓶梅〉〈红楼梦〉的小说道具研究》，硕士学位论文，辽宁师范大学，2016年，第5页。

② 徐文明：《论道具在〈聊斋志异〉中的妙用》，《山东理工大学学报（社会科学版）》2005年第21卷第5期。

③ 杜鹏飞：《〈金瓶梅〉〈红楼梦〉的小说道具研究》，硕士学位论文，辽宁师范大学，2016年，第5页。

穿故事始终的；有一些道具则是在故事里部分出现，或在发展过程中突然出现，或只在开头结尾出现而中间部分基本不提及的。

一、贯穿始终的道具

道具可在整篇作品中充当行文的线索。故事的讲述围绕着道具展开，道具穿针引线一般引出一个又一个人物，推动情节的发展，对于文章的叙述发挥着不可替代的作用。比如《沈小官一鸟害七命》（据郎瑛《七修类稿》卷四十五《沈鸟儿》条所记是天顺年间的事①）中的画眉鸟。托画眉的沈小官发病晕倒，路过的张公见财起意杀掉沈小官，画眉鸟被转卖给商人李吉。黄老狗的两个儿子为了得到沈家为寻找沈小官失踪头颅而给出的悬赏，狠心杀死自己的父亲。沈父在京城看到自家的画眉鸟后报官，李吉被官员屈打成招后以杀人罪斩首。李吉的朋友为其申冤，最后才真相大白，杀沈小官的张公和杀死父亲冒领悬赏的黄家二子均被判以死刑，张公的妻子经受不了打击也染病身故，这七个人的死亡或多或少都和这只画眉鸟有关。故事里，或因画眉鸟引发了旁观者内心的贪欲，见财起意杀人；或因买画眉鸟被牵连命案而葬送性命。其中最令人愤慨的是，黄老狗的两个儿子为了得到沈家寻找沈小官尸身的头颅而给出的悬赏，把自己的亲生父亲灌醉杀害，用父亲的头颅换取赏金；甚至本应主持公道的官员，不分是非黑白错判案件，使无辜之人枉死。画眉鸟还起到连接故事起承转合、引起下文的作用，在京城中沈公看到了李吉手中的画眉鸟，才使得原本"水落石出"的故事再起波澜，引出了真相大白的结局。如果没有这个道具，沈小官不会身首异处，黄老狗不会死，李吉不会遭遇飞来横祸。画眉鸟这个道具贯穿始终，使得故事情节环环相扣，扣人心弦。

《宋四公大闹禁魂张》（是现存宋元话本中唯一有作者主名的一本②）里张员外的财物在情节叙事中发挥了同样的作用。张员外为自己的财物设置了重重关卡，显示了张员外的小心谨慎和宋四公盗窃手段的高超。逃亡的宋四

---

① 谭正璧：《三言二拍源流考》，上海：上海古籍出版社，2012年，第192页。
② 谭正璧：《三言二拍源流考》，上海：上海古籍出版社，2012年，第274页。

公偶遇徒弟赵正，又用张员外的财物来试探了赵正两次，赵正展示了比宋四公更高明的骗术。按照约定，赵正携带财物先行进京，在饭馆里遇到了同行侯兴夫妇，两人见财起意谋害赵正但并未成功。之后这个道具被搁置了一段时间没有被提及，直到这群盗贼聚集在一起开始兴风作浪，偷盗了钱大王府里的白玉带嫁祸给张员外，又将张员外的财物偷偷放到缉拿盗贼的王遵、马翰家中，使得两人下狱横死，而张员外又因为自己的财物要被拿去补偿钱府，愤而自杀。张员外的财物串联起整篇故事，故事的开始、结尾和人物的出场都离不开这个道具，还能体现人物的性格和能力，作用确实不容小觑。

在故事的叙述中，发挥了同"画眉鸟"和"张员外的财物"同样作用的，还有《蒋兴哥重会珍珠衫》（本事来自元杂剧）中的"珍珠衫"。蒋兴哥出门经商前夜，将祖传的珍珠衫交给妻子王三巧保管，并希望妻子不要在门前窥瞰，以免招风揽火。王三巧在丈夫离开后对陈大郎芳心暗许，主动将珍珠衫赠给陈大郎，并说"暑天若穿了它，清凉透骨。此去天道渐热……奴家把与你做个记念。穿了此衫，就如奴家贴体一般"[1]。机缘巧合下，蒋兴哥在陈大郎身上看到了珍珠衫，并知道了妻子背叛自己之事，虽万般不舍，还是将妻子休弃。后来王三巧改嫁吴知县。陈大郎的妻子平氏觉得珍珠衫来得蹊跷，偷偷藏起，两人为此大吵一架。不久陈大郎出门在外因染病而死。巧合的是，平氏的第二任丈夫是蒋兴哥，她收拾衣物时翻出珍珠衫，两人才知道竟有这样的缘分。后来吴知县把王三巧还给了蒋兴哥。重新结合之后，蒋兴哥再次将珍珠衫交给王三巧保管。整个故事一波三折，情节的发展出乎意料又在预料之中。在这篇作品里面，我们可以清楚地看到珍珠衫将这四人——两对夫妻的命运联系在了一起，使得故事发展自然不突兀。小说里的悲欢离合正是围绕珍珠衫展开的，并且珍珠衫在整个故事中都有出现，而不是像《张舜美灯宵得丽女》中写着相思情意的纸条，只出现在故事的特定情节，而男女恋人在一起后这张纸条便不再被提及。

---

[1] ［明］冯梦龙编：《古今小说》，许政扬校注，北京：人民文学出版社，1958年，第22页。

二、部分情节中出现的道具

有些道具不是全文出现，而是突然出现在某个具体情节中，使得故事得以顺利展开，为下文的故事发展提供了线索。根据这些道具在故事中发挥的具体作用，可以对这类道具进行简单的分类。

（一）确认身份

道具可以起到确认人物身份的作用，可以使"破镜重圆"的故事继续讲述，顺理成章地引出男女主人公相认的结局。《裴晋公义还原配》中的碧玉玲珑就起到了确认黄小娥身份的作用。"晋公还配，事出《玉堂闲话》（五代王仁裕所撰笔记小说）"①。唐璧在乡时，聘定黄太学之女黄小娥为妻，聘物是碧玉玲珑。在唐璧游宦南方时，晋州刺史为讨裴晋公欢心，将色艺双全的黄小娥抢走，作为女乐送到裴晋公府中。后来遭遇诸多变故的唐璧遇到微服私访的裴晋公，将自己失去妻子和告敕的经历告知对方。裴晋公回府后，找到黄小娥，询问她的经历，看到她把碧玉玲珑紧紧地绑在胳膊上，更加确定两人所言非虚，深受感动，不只给二人操办了婚礼，还重新给了唐璧告敕和财物。唐璧携黄小娥回到家乡见过黄太学后，随即前去赴任。裴晋公也寿过八旬，子孙繁盛，结局圆满。裴晋公听到两人相同的叙述时，已经基本断定了黄小娥的身份，他一定会主动把黄小娥还给唐璧的。碧玉玲珑这个信物的存在，虽然对故事情节的发展不会有太大影响，却使得故事更具有真实感。与之相类似的《单符郎全州佳偶》，写青梅竹马的单飞英与邢春娘因战乱分离后又破镜重圆的故事。二人没有什么信物，只是叙述父母亲族及经历断定身份后就成亲。经过与同类故事比较后发现，道具在故事里的作用更多的是一种确认亲密关系的信物，对故事情节发展的作用削弱了。黄小娥将碧玉玲珑紧紧地绑在胳膊上，更体现了她对未婚夫的思念，对亲事完成的向往。碧玉玲珑的存在，仅仅是确认了黄小娥的身份与两人关系的真实性，对叙事的影响并不是很大。

---

① 谭正璧：《三言二拍源流考》，上海：上海古籍出版社，2012年，第71页。

（二）外化心理

同样是《蒋兴哥重会珍珠衫》，里边还出现了两个小的容易被忽略的道具——桃红绉纱汗巾和羊脂玉凤头簪。陈大郎得知罗小官人和王三巧是同乡，在两人分别时就请他帮忙带礼物给王三巧，并不知道罗小官人就是蒋兴哥。蒋兴哥得知二人私情时已经十分痛苦，如针刺肚，恨不得学个缩地法顷刻到家，还被请求亲手将第三者的礼物交给妻子，"气得兴哥面如土色，说不得，话不得，死不得，活不得……提起玉簪在船板上一掼，折做两段"①。被休弃回家的王三巧，看到休书、簪子和汗巾，沉吟半晌，"我晓得了，这折簪是镜破钗分之意，这条汗巾，分明教我悬梁自尽。他念夫妻之情，不忍明言，是要全我的廉耻。可怜四年恩爱，一旦决绝，是我做的不是，负了丈夫恩情。便活在人间，料没有个好日，不如缢死，到得干净"②。正欲自杀，所幸被母亲发现救了下来。在我们看来很简单的两个物件，处在不同心境下的两个人，心里却产生了不同的想法。玉簪和汗巾在蒋兴哥那里起到凸显其内心伤痛、愤怒的作用，已经心如刀割、满腔怒火的他看到礼物更加恼火，拿起来就折做两段；王三巧本就对丈夫满怀愧疚，见到这两样东西心里才会产生错误的理解、做出极端的行为，这样的理解和行为可以使她的心理活动外化得更加充分。这两个道具使得人物刻画更加充分，在蒋兴哥身上，我们看到了薛婆对他"做人有些古怪，容易嗔嫌"的评价；在王三巧身上，我们看到了她对自己背叛丈夫的行为而感到的羞愧、悔恨。

（三）表现性格

《沈小霞相会出师表》叙述沈炼等人与严党的斗争，毫无争议是明代作品。看着严嵩父子惑乱朝纲，沈炼十分愤慨，且幼慕诸葛孔明之为人，孔明的前后《出师表》是他平日所爱诵读的，就手抄百遍，在室中到处粘壁，每逢酒后，高声诵念"鞠躬尽瘁，死而后已"，长叹数声大哭而罢。感叹"汉、贼不两立"，把严家父子比作曹操父子，明知自己人微言轻不会有结果，还主动上书希望"与众人做个榜样"。果然被严党疯狂报复发配至口外。所幸遇到

① ［明］冯梦龙编：《古今小说》，许政扬校注，北京：人民文学出版社，1958年，第23页。
② ［明］冯梦龙编：《古今小说》，许政扬校注，北京：人民文学出版社，1958年，第25页。

了同样怨恨严嵩父子的贾石，他不只主动献出住所，还主动与沈炼结拜为兄弟。在沈炼被杀后，贾石买入尸体并带着沈炼手抄的前后《出师表》离开。等到严党倒台，死里逃生的——沈炼的儿子——沈小霞在一位老丈家中看到了亡父生前的前后《出师表》手迹，才知道眼前的老人是贾石，得以找到父亲、兄弟的墓地所在。诸葛亮一心匡扶汉室，酬谢茅庐三顾，收二州，排八阵，六出七擒，却身死五丈原，孔明形象在后世如此高大，不只是因为他的聪明才智、建功立业和与刘备的模范君臣关系，还有他壮志未酬身死五丈原的巨大悲剧性。正如杜甫在《蜀相》中写到的"三顾频烦天下计，两朝开济老臣心。出师未捷身先死，长使英雄泪满襟"。而沈炼身上也有同样的悲壮精神，他手抄诵读前后《出师表》，感受孔明的精神，希望自己也能匡扶社稷，以至于付出生命的代价也在所不惜。把汉贼不两立的身份对应在自己和严嵩父子身上，不惧怕严党炙手可热的势力和遍布朝野的党羽，在知道自己不可能成功的情况下还是选择主动出手，结果几乎全家被害。贾石本是普通人，但是佩服沈炼对严党的打击，主动和沈公交好，不像大多数官员那样害怕受到牵连（满朝文武，惧怕严家，没一个敢来送行），还买去沈公尸体，带走沈公亲笔，"一路上做个纪念，他日相逢，以此为信"①，他的勇气也值得敬佩。沈炼手迹前后《出师表》，不仅仅是一个简单的确认身份的道具，而且还是孔明为国为民甘愿"鞠躬尽瘁，死而后已"的精神传承，体现了付出生命代价去完成一个时代赋予他们的却注定不可能完成的使命的悲剧美。

（四）男女定情

在爱情故事中，道具的作用也非常突出。处在封建社会的青年男女，对信物在表情达意方面的作用非常看重，就像《王桂庵》中芸娘对王生扔的财物不为所动，却对金钏珍视有加，因为她知道金钏代表了王生对她的珍贵感情。如果没有道具做信物，对方对这份感情的重视程度在自己眼里就大打折扣了。小道具做男女爱情信物的传统历史悠久，如汉乐府中的《有所思》和白居易的《长恨歌》。在《闲云庵阮三偿冤债》中，玉兰主动将一个嵌宝金戒

---

① ［明］冯梦龙编：《古今小说》，许政扬校注，北京：人民文学出版社，1958年，第622页。

指赠给阮三公子，在和尼姑商量与阮三相会时又将另一枚戒指带给男主人公，阮三内心有说不出的欢喜，他知道玉兰这是同意了自己约会的请求，满心期待前往庵堂去与小姐相会，所以这对戒指成为阮三和玉兰表达爱意私订终身的信物。"这一篇在《清平山堂》也有，所以至少是明中叶以前的作品……不过风格却少浑朴的气息，不像是宋人的，所以也暂行存疑。"[1]《张舜美灯宵得丽女》中的花笺纸条同样是二人相会的媒介，上面不只有对《如梦令》的唱和，还写着自己父母哥嫂这几天不在，家中只有自己和婢女，请张舜美主动来相会，相会后的二人决定私奔，又经历一番曲折，两人荣归故里与父母相见，创造了一个圆满的结局。这类爱情信物在文学作品中的运用已经有很长一段历史了，相较言语表达有着更多的相思情意。男女双方在确定彼此的心意之后，接下来的故事才得以顺利展开，所以道具在这类故事中的作用虽然历史悠久，甚至在今天的读者眼里已经显得老套陈旧，但是在爱情故事里尤其是男女双方展示自己的情感使得故事得以顺利推进的环节上的作用依然不容忽视，这一作用并没有随着时间的推移而减弱。

（五）改变命运

在具体的情节布局中，道具还会被用来促进情节发展，解决矛盾冲突。在《古今小说》中，有些人物命运的转折就和道具有着分不开的关系。《古今小说》中能够改变人物命运的道具较多，比如充当官府破案证据的金钗和行乐图，宋仁宗的扇子和《简帖僧巧骗皇甫妻》（《也是园书目》中所录宋人词话十二种中的《简帖和尚》即此本[2]）中的简帖和首饰。《陈御史巧勘金钗钿》中，被冤枉的鲁公子本已被屈打成招，问成死罪。因为陈御史看着金钗觉得于理不合，才会反复追问鲁公子和顾家老仆人，从而发现了梁尚宾的嫌疑，继而巧使计谋找到真正的凶手，洗刷了鲁公子的冤屈。（"明正德时人许进的《许公从政路》曾载有情节类似的一桩奇案，而陈濂实有其人，是成化年间的副都御使"[3]）《滕大尹鬼断家私》故事中，被长子虐待的庶母、庶

① 谭正璧：《三言二拍源流考》，上海：上海古籍出版社，2012年，第46页。
② 谭正璧：《三言二拍源流考》，上海：上海古籍出版社，2012年，第271页。
③ 谭正璧：《三言二拍源流考》，上海：上海古籍出版社，2012年，第29页。

弟，几乎无法保证自己的温饱，只得按照倪太守生前的嘱托拿着留下的行乐图去官府告状。滕大尹发现了图中隐藏的信息，继而找到了老人生前留给小儿子的财产，改变了这对母子艰难的处境。和尚送来的简帖和首饰改变了皇甫松一家的命运。皇甫松看到那些东西，不分青红皂白就认定妻子与人私通，卖了使女迎儿，休了妻子，使得美满的家庭不再，和尚的计谋成功。《赵伯昇茶肆遇仁宗》里，中举有望的赵旭因为写错一个字而名落孙山，只好流落东京等待三年之后再参加考试，盘缠用尽后的他在店小二的指引下吹笛度日。一日，他捡到了出来游玩的仁宗的白玉扇子，便在上面题了一首诗，仁宗看后大喜，给他安排了官职。赵旭从科举不第的落魄士子一跃而成为西川五十四州都制置。（"元高文秀有《好酒赵元遇上皇》杂剧，明人更有《珠衲记》传奇，题材相同……本事出唐尉迟偓《中朝故事》，为赵某遇唐宣宗微服出行而得官，话本乃以属之赵旭与宋仁宗[1]"）这几个故事中的道具虽然没有贯穿始终，但是穿针引线推动情节发展的作用也不容小觑，没有这几个道具，主人公的命运怎么能产生天翻地覆的变化？而且正因为如此，才使得故事情节的传奇性强却毫无虚假生硬之感，整个故事圆融完整不突兀。

虽然道具种类多样，出现的位置也不同，但经过对它们的作用的分析，我们可以得出一个结论：无论是在宋元旧话本（如《宋四公大闹禁魂张》《简帖僧巧骗皇甫妻》和《赵伯昇茶肆遇仁宗》）中，还是在明代文人的拟话本（如《陈御史巧勘金钗钿》《沈小官一鸟害七命》《沈小霞相会出师表》）中，道具都发挥着推动故事情节发展的作用，只是作用有强弱之分而已。比如在整个故事中都存在的"珍珠衫""画眉鸟"就比黄小娥手臂上的碧玉玲珑更有存在感，更有不可替代的作用。这就说明，在发展已久的叙事文学里，叙事的套路、模式化已基本定型。道具出现最多且较早的是爱情类作品，在这些故事里，它们充当男女爱情的信物，男女主人公通过它们表情达意（唐玄宗与杨贵妃故事）和再次相逢（如乐昌公主与徐德言破镜重圆故事）。在唐传奇中这样的例子很多，比如《莺莺传》中莺莺给张生的信件中附赠的玉环、文

---

① 谭正璧：《三言二拍源流考》，上海：上海古籍出版社，2012年，第79页。

竹茶碾子与头发，《李章武传》中二人互赠的交颈鸳鸯绮、白玉环、靺鞨宝、白玉簪等。《古今小说》故事中的"戒指""碧玉玲珑"和"珍珠衫"很明显是对这类故事模式的借鉴和模仿。在公案类故事中的道具作用也非常突出，道具会成为破案的关键线索，如《古今小说》里的"金钗钿"和"行乐图"，之后的戏曲《十五贯》的叙事也沿袭相同的套路，只是变成了令故事情节更加复杂的双线索。由此可见，不只是长篇世代累积型作品会出现字句蹈袭和人物类型相似的状况，短篇的话本与拟话本，经过世代发展变化，叙事模式也已经基本成熟，没有太大的变化。所以我们可以看到，无论道具是作为叙述的中心全文出现，还是为解决矛盾冲突在关键部分出现，无论是出现在宋元旧话本，还是出现在明代拟话本，对于叙事的作用并没有太大变化——推动情节发展。只是后来的故事更加离奇曲折（如《蒋兴哥重会珍珠衫》），叙事更加婉转动人（如《沈小霞相会出师表》），文学成就更高。

三、道具的草蛇灰线作用

如果对这些道具推动情节的作用进行更深入更详细地分析，我们可以看到，在《古今小说》的某些故事中，道具已经不再简单地起串联人物和情节的作用，而是发挥着草蛇灰线的作用。"草蛇灰线"这个词的本义是蛇在草中爬行时会留下不明显但仍然存在的痕迹，缝衣服的线在烧柴后的炉灰里拖一下，留下的痕迹会很恍惚。比喻在文学创作中多次地交代某一特定的事物，形成一条若隐若现的线索，贯穿于故事情节之中。这条线索，就像蛇行草中，时隐时现，灰漏地上，点点相续，所以被形象地称为草蛇灰线法。

在《宋四公大闹禁魂张》中"张员外的财物"和《沈小霞相会出师表》中的"出师表"，就在故事叙述中发挥了草蛇灰线的作用。在《宋四公大闹禁魂张》中，张员外的财物在接连引出几个人物——宋四、赵正和侯兴夫妇——之后的几个片段（引出同伙王秀、偷盗钱大王白玉带、药倒马观察）没有再出现，直到引出失主悬赏追拿盗贼时才再次出现在读者眼前，宋四等人设计将张员外财物放到缉拿公事的王遵和马翰家中，使这两人横死狱中；

张员外在被要求填补钱府损失，而自己损失不知何时才能被官府补偿的情况下，因恼怒而自杀身亡。在《沈小霞相会出师表》中，当讲述沈炼在京城与严嵩父子的斗争故事时，对"出师表"进行了描写，沈炼与诸葛亮身上同样的悲剧精神能被我们很清楚地感受到。但是在沈炼被流放之后"出师表"就很少再被提及，在故事的中间部分，只有写到沈炼离世后，贾石请求得到一份沈公手写的"出师表"做纪念时，简单地提了一两句。待故事讲到沈炼的长子沈小霞被奸人设计要斩草除根时，重点已经转移到展示闻氏的勇敢机智和冯主事的忠直义气上了。直到故事的最后，严党倒台，沈小霞去云州迎接母亲、幼弟，又往保安州访求父亲、弟弟的骸骨，无意间在一位老者家中看到父亲生前亲手抄写的《出师表》，得知老人原是父亲生前好友，这才找到了父亲的遗骸，后又从贾石处讨得"出师表"挂到祠堂之中。

从这两个故事中，我们可以看到道具除了联结情节和人物之外更值得探究的地方，这些道具既不是简单地在部分情节出现以改变人物命运，也不是作为行文的中心以展开故事情节，而是时断时续地出现在故事中，但是又不会使得读者在阅读道具暂时未出现部分时将它们遗忘，因为作者在前文对发挥草蛇灰线作用的道具进行过浓墨重彩的描述。如沈公诵读《出师表》片段的描写：手自抄录数百遍，室中到处粘壁。每逢酒后，便高声背诵，念到"鞠躬尽瘁，死而后已"，往往长叹数声，大哭而罢。[①]感叹"汉、贼不两立"，把严家父子比作曹操父子，明知自己人微言轻不会有结果还主动上书，希望"与众人做个榜样"，果然被严党疯狂报复，导致几乎全家被害。读者可以很明显地在沈炼身上看到孔明为国为民"鞠躬尽瘁，死而后已"的精神传承和"为天地立心，为生民立命"的以天下为己任的责任担当。

还有引出禁魂张的财物的部分，先是借小妾之口说出张员外财物隐藏之妙，"十来步有个陷马坑，两只恶狗。过了便有五个防土库的，在那里吃酒赌钱，一家当一更，便是土库。入得那土库，一个纸人，手里托着个银球，底下做着关椟子。踏着关椟子，银球脱在地下，有条合溜，直滚到员外床前，惊觉，教人捉了你"[②]。而后写宋四公如何一步步解决去土库路上遇到的障

①　[明]冯梦龙编：《古今小说》，许政扬校注，北京：人民文学出版社，1958年，第613页。

②　[明]冯梦龙编：《古今小说》，许政扬校注，北京：人民文学出版社，1958年，第530页。

碍，顺序和小妾所说的全部相同，作者不厌其烦地对去土库的路程叙述两遍，让我们惊叹于张员外对财物的重视和防备窃贼的心机，也会感叹宋四公高超的盗窃手段。这类发挥"草蛇灰线"作用的道具使得整个故事前后照应，不再是简单的线性结构，文学性大为加强。

道具具有草蛇灰线作用，这在明清的长篇小说和传奇中体现得较多，比如在明传奇《紫钗记》中，霍小玉的紫钗的作用已经不再像唐传奇《霍小玉传》中那样简单。《霍小玉传》中这样描写："而玉之想望不移，赂遗亲知，使通消息。寻求既切，资用屡空，往往私令侍婢潜卖箧中服玩之物，多托于西市寄附铺侯景先家货卖。"[1]霍小玉甚至将自己及笄时价值万钱的紫玉钗也要卖掉，被老玉工认出后，得知了事情始末的老人也忍不住心酸落泪。在唐传奇中，这个紫玉钗是一个能证明小玉身为霍王小女身份的道具，对这位老玉公落泪反应的书写从侧面写出了霍小玉遭遇的令人同情。而在《紫钗记》中，不只对玉钗的形状进行了描写，如"琢成双玉燕"[2]，这只玉钗还成为霍小玉、李益两人的定情信物，故事的发生发展、两人的悲欢离合正是围绕这只玉钗展开的。这在回目中即可看出——"第六出堕钗灯影""第四十四出冻卖珠钗""第四十六出哭收钗燕""第五十出玩钗疑叹""第五十二出剑合钗圆"。由此可见，《紫钗记》对《霍小玉传》的改写不只表现在人物性格与情节的发展上，还包括对道具作用的重视。

清代小说《红楼梦》中就出现了很多道具，且这些道具大多数都横跨很多回目，如林黛玉题诗的旧帕子、薛宝钗的金锁、史湘云的金麒麟、晴雯补的雀金裘……而几乎横跨了整本书一百二十回目的是贾宝玉佩戴的通灵宝玉，前三回分别借和尚、冷子兴、袭人之口描述通灵宝玉，第八回借宝钗之眼，让我们看到了玉的样子"大如雀卵，灿若明霞，莹润如酥，五色花纹缠护"[3]，第十五回北静王询问这块玉是否真的灵验，第二十五回通灵宝玉发挥作用救了被魇魔法伤害的姐弟……一直到后期以假混真，宝玉疯癫和阻超

---

① 张友鹤选注：《唐宋传奇选》，北京：人民文学出版社，1997年，第66页。

② ［明］汤显祖：《紫钗记》，胡士莹校注，北京：人民文学出版社，1982年，第9页。

③ ［清］曹雪芹，高鹗：《红楼梦》，北京：中华书局，2005年，第57页。

凡佳人双护玉。横跨整部小说的道具却没有让读者感觉累赘厌烦，真可见作者文笔之妙，不得不令人拜服。

道具在叙事中具有草蛇灰线作用一说，在宋元之前的唐传奇故事中已经有所体现，如张实的《流红记》中的红叶。儒士于祐，晚步禁衢间，看到御沟浮叶，徐徐而下。他发现有一片树叶比别的更大，好像其上还有墨迹，遂捡起来观看，果有四句诗题于其上，其诗曰："流水何太急，深宫尽日闲。殷勤谢红叶，好去到人间。"[①]于祐得到此诗之后，终日吟咏。他喜欢诗句的新奇清雅，想到树叶从御沟中流出，作诗的只能是宫中美人，但苦于不能见到这位作诗的女子，于是得了相思病，精神俱耗。即使被朋友嘲笑，他依然不改其志，于是在红叶上写下："曾闻叶上题红怨，叶上题诗寄阿谁？"随后又将红叶放入御沟上游。后来于祐娶了宫中放出的宫女韩氏，无意间发现韩氏藏有那片题着诗句的红叶，两人不禁感叹："事岂偶然哉？莫非前定也。"[②]虽然因篇幅所限，在这个故事中红叶的"草蛇灰线"作用并不明显，道具对情节的作用比之后宋元时期的《宋四公大闹禁魂张》等作品与明清时期的长短篇小说、戏剧弱了很多，但还是值得我们学习关注。叙事艺术在唐代有了很高的成就，为后世叙事文学的发展奠定了基础。经过宋元明时期的不断发展，叙事文学逐渐成熟并形成了固定的模式套路。道具在宋元与明的短篇故事中推动情节发展的作用已经基本固定了下来，只是写作时用的手法有差别，但并不意味着之后的叙事文学就停步不前（毕竟在清代出现了鸿篇巨制《红楼梦》），作者们更熟练地使用着"道具"和套路，并将它们逐步汇合，创作出了更加曲折动人的故事。

结　语

虽然《古今小说》中的作品形成年代并不一致，既有宋元时期的旧话本，也有明代作家创作的拟话本，但是这些作品中存在的"道具"在行文中

[①] 张友鹤选注，《唐宋传奇选》，北京：人民文学出版社，1997年，第274页。

[②] 张友鹤选注，《唐宋传奇选》，北京：人民文学出版社，1997年，第275页。

的作用，却不会因为作品年代的不同而存在较大差异。虽然具体分析故事中的道具时，会发现其位置和作用有差异，比如道具既可能全文出现也可能在部分情节中出现，甚至还会存在于"草蛇灰线"这一写作方法的运用中，但在故事里确实有确定人物身份、外化人物心理、表现人物性格、男女双方定情和改变人物命运等作用。就整体而言，道具都起到了连接人物和贯穿情节，增加故事的可读性和作品的文学性的作用。

作者简介：范晓青，1997年生，曲阜师范大学文学院2019级硕士研究生，研究方向为中国古代文学。

论延安文学生产机制的建立

王冬梅

摘要：延安文学生产机制是指在"延安"这一特定历史时空下，文学的运行机制、原则和方式等一整套关于文学的"游戏规则"，包括文学体制（政策）、文学主体（作家、文学团体等）、文学创作、文学传播（出版社、期刊社、报社等）、文学评价（文学奖项、文学批评等）、文学消费等。延安文学生产机制建立在苏区文艺基础之上，并在空间、思想、形式、组织等方面进行了拓展。文学社团、高等院校、报刊阵地等构成了延安文学组织和生产的公共空间，毛泽东《在延安文艺座谈会上的讲话》（以下简称"讲话"）等文艺思想、政策文件通过思想改造、整风运动等形成一体化、组织化的文学模式和文学话语权，作家在思想改造过程中成为有机分子、革命事业的螺丝钉，组织严密的传播模式保证了延安文学服务工农兵大众的效果。

关键词：艺术生产；延安文学；延安文艺；文学生产；边界意识；党的文艺

无论从中国历史进程还是从文学发展的角度来看，延安文学都是现代中国无法回避的话题。正如延安之于社会主义中国的意义一样，延安文学之于中国文学同样具有不可取代的独特价值。延安文学不仅在中国现当代文学研究中占有重要地位，而且影响到现代中国的政治、思想、文化、社会等各个方面。围绕"延安文学"展开的概念命名、理论提炼、思想诠释、文本解读、论证实践等，已经逐渐形成了一个划时代的思想凝聚和话语体系——
"延安文学生产机制"，一切关乎延安文学的创作、传播、接受、评论等都属
于这个范畴。我们认为，要拓展延安文学的深度和广度，至少应该从马克思
主义中国化的理论视野和中国革命的伟大实践两个层面进行跨学科研究。马
克思早就指出，作家、艺术家都是生产劳动者，与教师、医生、牧师、演
说家、演员等都是从事不同科学、不同艺术的生产者，其"生产的结果是
商品……如书、画，总之，所有与艺术家所进行的艺术活动相分离的艺术
品"①。正是在这个意义上，延安文学是生长于中国革命的艺术之花，延安
文学生产是马克思艺术生产理论中国化的具体实践。

一、马克思主义中国化与延安文学生产机制的意义

马克思艺术生产理论是马克思主义理论的有机组成部分，马克思主义中
国化的提出者和实践者是以毛泽东为代表的中国共产党人。毛泽东在1938年
就提出要将马克思主义与中国具体特点相结合，"使马克思主义在中国具体
化，使之在其每一表现中带着必须有的中国的特性"②。在中国革命血与火
的洗礼中，毛泽东思想逐渐成为全党的指导思想，并在党的七大写入《中国
共产党党章》。"它是中国的东西，又是完全马克思主义的东西"③。作为马
克思主义的有机组成部分，艺术生产理论、马克思主义关于文学艺术的论述
也成为中国革命文学、无产阶级文学的重要参考，比如中国左翼作家联盟成
立后，专门组织了马克思主义文艺理论研究会，鲁迅、瞿秋白等都参与了相
关文献的译介和研究工作。当然，在马克思艺术生产理论视域下，无论是
"左联"，还是苏区文艺，在理论和实践上虽然取得了一定的成绩，但在理论
高度和满足革命需要上，还远远不够，直到延安文学生产机制建立，尤其是

---

① ［德］马克思：《政治经济学批判（1861—1863年手稿）导言》，《马克思恩格斯文集（第8
卷）》，北京：人民出版社，2009年，第416—417页。

② 毛泽东：《毛泽东选集（第二卷）》，北京：人民出版社，1991年，第534页。

③ 刘少奇：《刘少奇选集（上卷）》，北京：人民出版社，1981年，第334页。

毛泽东的《讲话》发表，这种状况才得以改变。

　　但是，我们对于马克思艺术生产理论中国化的研究还比较薄弱，马克思主义中国化视野下的延安文学研究也存在这个问题。对于延安文学的研究，在改革开放之前，主要以毛泽东新民主主义论为指导，周扬等文艺理论家对延安文学高度评价，并在各类文学史教材、专著中得以体现，大多数研究者将延安文学视为中国现代文学进入新的历史阶段的标识。在改革开放之后，随着西方理论的引介，以及"重写文学史"等热潮的涌动，很多文学史将中国当代文学史的起点从1949年第一次文代会召开迁移至1942年的《讲话》发表，这体现了文学史的学科自觉。但是，在"审美""主体性"等大行其道的语境下，对于延安文学中的某些方面却表现出轻蔑或否定的态度。总体而言，对于延安文学的专题研究，有深度的突破性成果不多。20世纪90年代以来，尤其是21世纪以来，研究者对于"文学""政治"的认识发生巨大变化，突破了二元对立思维定式，文学与政治的关系也不再被视为水火不容，新的延安文学研究在崛起，重新挖掘延安文学审美传统、重估延安文学价值成为新的研究趋势。在现代文学学科趋向"知识化""历史化"的背景下，"回到历史现场"也是延安文学研究的重要趋势。洪子诚在《问题与方法》（2002）中论述了当代文学中的"文学体制与文学生产"问题，认为中国现代文学的意义生产也有自己的文学体制问题，文学体制是文学生产、流通、消费过程中所形成的社会机制。陈平原认为从文学生产机制的视角，能够在"悠远漫长且波澜壮阔的中国文学史上"迅速抓住"现代文学"的基础特征，起码必须包含报章、出版、教科书编纂和读者研究等四个相互关联而又各自独立的侧面。王本朝认为中国现代文学的生产体制是现代文学意义的生产方式，包括作家创作、读者接受、文学思潮和文学运动等。袁盛勇论述了延安文学意识形态化的形成，建议从建构主义视角研究延安文学，对其意识形态化采取"顺势研究"。王富仁认为应该从更高的视点上对延安文学进行新的感受和思考。李建军通过考论现代中国"人民话语"，对延安文学的"一体化"进程进行研究。朱鸿召认为还有一个实践形态的"延安文学传统"，包括整风运动之前的文艺运动和文学创作。李洁非、杨劼主张用文化研究的方法，从理论、叙事的视角去解读延安文学。张健、周维东强调"突击文化"对延安文学研究的意义。杨琳对延安文学传播（1935—1948）进行研究，朱秀清对延安文学传播形态进行研究。李怡认为"文学的民国机制"是从清王朝覆灭后开始的。在新的社会体制下，逐步形成推动社会文化与文学发展的诸种社会力量，包括社会政治的结构性因素、经济方式的保证与限制、社会文化环境的围合，甚至还包括与民国社会所形成的独特的精神导向。秦彬从政治文化综合视角，考察了"改造"话语与延安文学。刘大先在讨论"边地"作为方法时，认为视角的转换调动了文学的创造性活力，为文学生产机制的更新提供了范式转型的契机。张柠通过对文学报刊管理整顿的考察，分析了新中国文学生产机制的建构和完成。

通过以上分析可以发现当前延安文学研究的趋势和特点。第一，对于延安文学的认识不断深化，不再局限于传统的文学观念和政治化的思维，而是从政治、文化、经济、社会等多个层面进行考察，丰富和加深认识。第二，延安文学的研究视角在拓展，不仅是延安文学的内部视角在丰富，而且对延安文学研究的外部视角也在丰富。不仅加强了延安文学的文本细读，而且加强了延安文学与政治体制、社会机制和经济状况等多方面的联系。第三，延安文学的研究方法呈现多元化趋势，研究思维在转变。有的研究者提出建构主义、"民国机制"等独具特色、自成体系的研究思路。虽然这些新思路和方法在合理性、实效性等方面还有待考察，但是不能忽视这些新方法、新思路对于开拓延安文学研究新领域的贡献。第四，延安文学研究虽然取得了新的成果，但是整体水平还有待提高。在延安文学研究中，虽然有老一辈学者的持续关心，也有新一代年轻学者的关注，但是相对来说仍然属于薄弱领域，突破性成果不多，亟须加强研究。总之，延安文学生产机制研究适应延安文学研究趋势，可谓正当其时，有望在前人研究的基础上有所突破。

因此，延安文学生产机制研究是在新的历史条件下对于延安文学研究的深入，也是新时代中国特色社会主义文艺建设的需要，更是对马克思艺术生产理论中国化研究的有益探索。

首先，延安文学生产机制研究是延安文学研究的新视角，可以更全面、更系统地梳理和评价延安文学发展历程。任何一种文学现象都是在其所处的民族文学的时空结构中获得其特定的价值和意义的，延安文学在中国文学史上就是这样一种文学现象。在中国现代文学史上，延安文学的独特性在于它被严密地组织进民族战争和革命战争结构的内部，成为这个结构不可分割的有机组成部分。以延安为中心的各抗日根据地是在一方面进行战斗，一方面进行工农业生产建设，以及文化、教育、卫生乃至人们的道德、修养等方面的建设。绝大多数延安作家都被有效地组织进了这个整体结构，是在这个结构内部生成与发展的。延安文学生产机制不仅关注这个结构内部的作家、作品，而且关注各种文学现象在这个整体结构中产生的背景以及深层原因。

其次，延安文学生产机制研究是考察延安时期党的文艺政策的重要视角，对于重新认识整风运动等重要历史事件具有重要意义。党的文艺政策随着中国革命形势变化不断调整，文学体制、文学政策对于延安文学的影响是直接而关键的。在文学生产机制视域下，文学体制、文学政策是文学生产机制的基本组成部分，可以展现其复杂性和多面性。

再次，延安文学生产机制研究是深入延安文学乃至整个主流文学脉络的绝佳切入口，对于重估延安文学价值具有深远意义。文学生产机制研究把延安文学中关于"生产""劳动"等话语凸显出来，这不仅关乎内容和主题，而且关乎情感和立场。在文学生产机制视角下，不仅要关注延安文学对延安经济社会的反映，而且要关注延安文学的"规导"和重塑作用，这是重估延安文学必须认清的现头。在此基础上，文艺的作用和地位在调整，文艺家的立场在转化。站在文学生产机制的高度，我们能够深入延安文学的历史地表，去寻找这些潜移默化而又惊天动地的变化和细节，这样才能彰显延安文学的丰富性和复杂性。

最后，延安文学生产机制研究是考察现代中国文学叙事策略的重要途径，对于提炼延安文学叙事模式具有重要价值。在文学生产机制视野中，延安文学的叙事转变尤为明显，英雄叙事主题集中展示，劳动英雄形象大量涌现，一些极具历史感和象征意义的叙事登上历史舞台，包括纺车叙事、翻身叙事等。中国传统叙事模式、民间叙事因素被大量吸收，二元对立的叙事结构被大量运用，这些叙事转变在文学生产机制中显得格外醒目。

总之，延安文学生产是马克思主义中国化的文学实践，要以马克思艺术生产理论为指导，从艺术生产的角度加以分析。

二、延安文学生产机制的核心概念和研究边界

延安文学生产机制研究要系统梳理包括"延安""延安文学""延安文学生产机制"等核心概念，并在理论和实践的基础上厘清其研究边界。

"延安"作为意义重大的名词和意象，蕴藏着丰富的地理、历史、政治、文化、文学、艺术内涵，任何一个方面都可以单独作为重大课题进行独立或综合研究。在地理上，延安地处西北黄土高原，重峦叠嶂、沟壑纵横，雨量稀少、土地贫瘠，人烟稀少、交通不便，构成了其孤立封闭的地理环境。在历史上，延安属《禹贡》雍州境域，秦时设高奴县，是上郡的一部分，隋改设肤施县，宋代升为延安府，元代设延安路，明清沿袭，1937年改为延安市，作为陕甘宁边区首府，1937—1947年为中共中央所在地。可谓历史悠久、底蕴深厚，尤其是曾经作为中国革命的中心，承担了意义重大的历史任务，具有传奇而神秘的色彩。在政治上，自从1935年中央红军和毛泽东同志来到边区，这里就成为中国红色革命根据地。在这里以毛泽东同志为代表的中国共产党人不仅领导中国革命一步步走向胜利，更是为新中国的政治、文化、社会制度的建立打下了坚实的基础，积累了宝贵的经验。在文化上，延安承载着深厚的文化底蕴，民间文化丰富多样，尤其是20世纪30年代左翼作家大量到来之后，这个堪称中国最贫穷的地区之一，成为20世纪三四十年代之后中国的文化中心之一，甚至超过了很多当时的大城市[1]，实在是一个不小的奇迹。在文学上，"第二次世界大战期间延安是一个人人想去的、充满阳光的、愉快和蔼的地方"[2]，吸引了数万知识分子。大批作家从全国各地奔

---

① 李洁非：《"叙事"的学术价值——读〈整风前后〉有感》，《西南民族大学学报（人文社科版）》2006年第7期。

② ［美］费正清：《伟大的中国革命》，北京：世界知识出版社，2000年，第294页。

向延安，毛泽东的《讲话》及对其他党的文艺政策为之后中国文学发展奠定了理论基础，指明了发展方向，成为中国文学史上重要的一环。在艺术上，延安虽然在经济和技术条件上非常有限，但是各种艺术形式都得到了充分发展，尤其是戏剧、音乐等都取得了极为突出的成绩，涌现了很多经典作品。

"延安文学"作为一个概念并没有统一的说法，常常与"解放区文学""延安文艺"等概念混用。早在1947年出版的蓝海（田仲济）的《中国抗战文艺史》中就有"解放区文艺""抗日根据地文艺"的论述，其内容都是指延安文艺。"解放区文学"的概念首先出现在1949年7月周扬在第一次全国文代会上的报告中，后来这个概念被广泛使用。例如1958年出版的江超中编的《解放区文艺概述》（第一部专门研究解放区文学的著作），以及1985年成立的"中国解放区文学研究会"、1991年出版的九编二十二卷的《中国解放区文学书系》、1992年出版的《中国解放区文艺大辞典》中，都使用了"解放区文学"的概念。"延安文艺"第一次出现在1946年9月3日《解放日报》刊登的《〈延安文艺〉需要什么稿子?》中，全国文艺界协会和陕甘宁边区文化协会计划创办《延安文艺》杂志，号召深入领会《讲话》精神，坚持文艺为工农兵服务的方针，用"大众作风，大众气派"写"延安、陕甘宁边区的人民生活，写人民的生产、政权和武装，写人民各种各样的斗争和创造"，至此，广大群众对"延安文艺"的概念有了明确的认识。"延安文艺"的命名还得益于1984年出版的十六卷本"延安文艺丛书"，以及陕西省社会科学院和陕西延安文艺学会合办的《延安文艺研究》杂志，创刊号载有丁玲的《研究延安文艺，继承延安文艺传统》等文章，认为"延安文艺是抗战时期，在党中央和毛主席直接关怀和正确领导下，向人民学习，和人民一起共同斗争的结果，是整个革命的一部分。它不仅仅局限于延安地区，局限于抗战时期"[1]，贺敬之更是提出建立"延安文艺学"的建议[2]。还有主张以"延安文学"的命名替代"解放区文学"，认为"改称以后，区域性没有那么明显，这是缺点，

---

① 丁玲：《研究延安文艺，继承延安文艺传统（代发刊词）》，《延安文艺研究》1984年第1期。

② 贺敬之：《继承　发扬　革新　创造——答〈延安文艺研究〉主编问》，《光明日报》1984年12月28日。

但在政治思想性来说，却比较中肯和明确，这是很大的优点"①。延安文学的命名从一个地域性概念上升到文学史的概念，其实是一个文学概念的意义生成的结果，地理意义上的"地域"内涵可以有狭义和广义之分。文学史意义上的"时间"内涵也可以有狭义和广义之别。就地理意义上的"延安文学"来说，狭义指的是延安、陕甘宁边区的文学，广义指的是以延安为核心的所有解放区、根据地的文学。就文学史意义上的"延安文学"的时空概念来说，狭义上它指的是从1936年11月22日"中国文艺协会"成立至1945年8月以延安大学鲁艺师生为主体的两个文艺工作团开赴解放区，周恩来称之为"现在又是一个新的时期到了"②；广义上它指的是红军长征到达陕北至1949年7月，即到第一次文代会召开（中国当代文学开始）。至于"延安文学"不同时期、阶段的划分，比如以毛泽东的《讲话》前后分期，则是另外的问题。我们主要采用狭义上的"延安文学"的时空概念，这样更便于探究其生产机制的建立、发展和演变。

延安文学生产机制是指在"延安"这一特定历史时空下，文学的运行机制、原则和方式等一整套关于文学的"游戏规则"，具体包括文学体制（政策）、文学主体（作家、文学团体等）、文学创作、文学传播（出版社、期刊社、报社等）、文学评价（文学奖项、文学批评等）、文学消费等。延安文学体制是适应延安政治、经济、社会需要，由党根据革命需要而推行的一系列规范、思想、制度和组织，"意识形态化""一体化"是其基本特征。延安文学政策是文学体制的具体表现，是通过政策的制定、调整和实施来规范和监督文学的方式，包括专门针对文学的政策，也有涵盖文学的文化政策和文艺政策。延安文学团体（机构）是文学组织化、集体化的重要载体，包括目的性（抗战）非常明确的文艺组织、作家协会、学校等，戏剧等文学形式在这种组织的支持下发展迅猛。延安文学创作是文学生产的基本方式，虽然在1942年前后有所变化，但都是延安文学的有机组成部分。延安文学传播是文

---

① 林焕平：《延安文学刍议》，《文艺理论与批评》1992年第3期。

② 刘增杰等：《抗日战争时期延安及各抗日民主根据地文学运动资料（上）》，太原：山西人民出版社，1983年，第330页。

学生产的流通环节，《解放日报》等媒体发挥了巨大的作用。延安文学评价是以文学奖项、文学批评等方式控制和争夺文学话语权的重要方式，党的领导人、革命家的话语在延安文学评价中占有很重要的地位。

从对以上核心概念的分析可以看出，在延安文学生产机制研究中存在很多复杂问题和争议，需要加强延安文学研究的边界意识，文学研究的边界意识包括政治、经济、社会和文化等多个层面[①]。具体来说，延安文学研究的政治边界是指延安文学研究中的政治因素的范围、方式、影响，延安文学不可能脱离政治分析，但又要与政治保持合适的距离。延安文学研究的经济边界是指延安文学的经济语境和生产机制，延安文学研究要尊重延安经济历史事实，但又不能被经济因素控制。延安文学研究的社会边界是指延安文学与社会建构的契合，延安文学成为社会变革的动力，但是不能单纯地成为社会的工具。延安文学的文化边界是指延安文学发挥多元文化的价值和功能，但是不能让文化价值取代文学价值。在这个意义上，探寻延安文学生产机制的建立，要在马克思主义生产理论的指导下，以边界意识观照延安文学生产的过程，涵盖政治、经济、社会、文化等多个层面。

三、延安文学生产机制的建立与可能

1936年11月22日"中国文艺协会"成立，这是具有重要的标志性意义的事件，这可以说是延安文学生产机制建立的起点。毛泽东高度评价"中国文艺协会"，认为这是"近十年来中国苏维埃运动的创举"，"过去我们是有很多同志爱好文艺，但我们没有组织起来，没有专门计划的研究，进行工农大众的文艺创作"[②]。这种判断并不是否定之前"苏区文学"的文艺贡献，也不是否定之前的文学在组织、研究、创作等方面的水平和成绩，而是以更高的标准，站在人民的立场对文学艺术提出的新判断、新要求和新规划，不仅将文学艺术作为与政治军事相提并论、等量齐观的斗争手段，而且是站在全局

---

① 卢衍鹏：《审美解放研究》，北京：人民出版社，2019年，第83页。
② 毛泽东：《毛主席讲演略词》，《红色中华》1936年11月30日第1版。

的战略角度来独立地看待文学艺术问题。

延安文学生产机制建立在苏区文艺的基础之上，而且在主题思想、艺术形式、组织机构等方面有着较大的提升和扩展空间，成为相对独立的战线和领域。首先，就空间视域来说，延安突破了之前苏区在传播空间上的局限，为文学生产提供了更为广大和独立的空间，对内可以进行独特的文学生产，对外可以进行相对独立的文学传播。虽然在经济文化上仍然比较贫瘠，各种资源还比较匮乏，黄土地的自然环境也比较恶劣，但是党中央采取大力吸收知识分子政策，一大批都市文艺青年在革命理想的驱动下，克服各种困难来到延安，为延安文学生产和传播奠定了坚实的基础。因此，与苏区相比，延安在文学生产、传播、推广等方面具有更为有利的条件，包括作品的保存、印刷、交流等都有了明显的改善，能够在一定时期、特定范围内和有限条件下进行文学生产和文学交流，形成相对独立、稳定的文学场域和文学生态。其次，就主题思想来说，延安文学具备统一的指导思想、明确的创作立场和独立的组织体系，是一条独立而重要的文艺战线。相比苏区文艺那种以战争为中心的宣传式文学，延安文学在艺术完整性、交流对等性等方面有了很大的发展，尤其是在对外交流传播方面，延安文学"把全国各种政治派别、各种创作倾向的文艺团体、文艺工作者团结起来，以无产阶级的文学思想来推动领导，扩大巩固在抗日统一战线中的力量"[1]。毛泽东从全局的角度，站在抗日统一战线的高度对文学战线寄予了厚望，要求用无产阶级思想领导全国文艺团体、文艺工作者，增强全国抗战的力量，这就从根本上确定了延安文学要适应全国性抗战的要求，担负起领导全国文艺战线的责任。再次，就艺术形式来说，延安文学因大量吸收外来知识分子、作家，并且给予他们较为宽松的创作环境，所以扩大和丰富了延安文学的艺术形式和写作范围。外来知识分子、作家怀着对延安的憧憬，以外来者的好奇眼光看待延安，创作了大量访问记、战地见闻等边区特色鲜明的文学作品。延安文学在延安文艺座谈会后走向服务工农兵的本土化、一体化道路，并在全国范围内进行宣

---

[1] 《中国文艺协会的发起》，《红色中华》1936年11月30日第1版。

传，逐渐成为一条影响深远的"文艺战线"。最后，就组织机构形式来说，相比之前部队宣传队或政治宣传科等下设的分支组织，延安文学的组织机构更具专业化，更有独立性。原来的苏区文艺组织往往依附于军队或其他机构而缺乏独立性，在功能和制度上带有层级性和含混性，个性特征和独立特性不明确，机构人员大多是业余的，他们兼职从事文学组织工作，难有独立发展的自由空间。延安在文学社团组织方面取得了质的飞跃，在组织架构、指导思想、功能定位等理论层面开创了新的领域，进而在实践层面也进行了积极有效的探索。先后成立的文艺组织包括"中国文艺协会""陕甘宁边区文化界救亡协会"等在内的统一组织机构，从根本上强化了延安文学的独立性和组织化发展。中国文艺协会虽然在实际上发挥的作用与其成立时的设想还有很大的差距，但在文学组织架构上设立了包括组织部、研究部、联络部、总务部、出版部、俱乐部等八大部门，这些机构设置在后来的文学组织发展中很多都得以保留，因此延安文学组织建设在很大程度上是中国当代文学组织机制的雏形。相比中国文艺协会，陕甘宁边区文化界救亡协会在实际工作中更为专业、有效，机构人员由兼职为主转变为专职为主，各下属文艺组织分工更为明确、文艺特色更为鲜明，以文艺为主题进行分工，不再直接从事宣传工作，组织领导方式更符合文艺发展特点，在形式上更为自由、独立、个性。

延安文学生产机制建立在文学社团、高等院校、报刊阵地等基础之上，在文学生产的组织、文学作品的传播、文学生产者的管理等方面形成了一定的文学制度和文学公共空间。除了中国文艺协会之外，还先后成立了西北战地服务团（全称第十八集团军战地服务团，简称"西战团"）、陕甘宁边区文化界救亡协会（最早称特区文化界救亡协会，又称边区文化界救亡协会，后又称陕甘宁边区文化协会）、抗战文艺工作团、陕甘宁边区文艺界抗战联合会、中华全国戏剧界抗敌协会边区分会、中华全国文艺界抗战协会延安分会、西北文艺工作团等，这些协会组织成为延安文学生产的重要引擎，在不同时期发挥了重要作用。1945年8月24日，延安文化界百余人举行欢送会，欢送"东北文艺工作团""华北文艺工作团"上前线，周恩来、彭真、林伯渠等党政领导出席并讲话，周恩来在讲话中号召大家要贯彻毛泽东文艺政策，遵循鲁迅方向，在新时期更须长期埋头苦干，不求急于出名，不怕默默无闻；到了新地区，尤其防止骄傲，不要装出是从延安来的姿态，要比现在更虚心，这样才能顺利地开展工作①。彭真在讲话中肯定了经过思想改造的文艺工作者及其文艺普及工作，号召大家把文艺普及扩展到新解放区和全中国。从周恩来等党的领导人的讲话中可以看出，延安文学经过发展，尤其是抗战之后的快速发展期，到抗战胜利之时已经进入了一个"新时期"，不断扩展到"新解放区"，这意味着延安文学生产在区域上的扩大和影响力上的升华。

延安文学生产机制建立在毛泽东文艺思想基础之上，通过《讲话》等形式统一了思想，并通过思想改造、整风运动等形式进行了贯彻，形成了影响深远的文学范式。在马克思主义中国化的文学实践中，延安文学起到了非常关键的作用，完成了左翼文学没有完成的任务。关于马克思主义中国化的文学探索，有人指出左翼文学的"文学化"是一个迟未解决的问题，左翼文学作为一个文学概念，其内容是空洞的②。确实，在中国现代化进程中，中国作家中不乏有着共同革命理想的人，而且成立了诸如"左翼作家联盟"等政治导向明确的团体。但是，如何将这种共同的革命理想用文学的方式表达出来，并没有明确或简单的途径，这也是困扰很多作家的一道难题。直到毛泽东的《讲话》发表之后，延安文学生产者在反思左翼文学的基础上开始探索马克思主义文学中国化的问题。周扬援引鲁迅对于左翼文学的批评——"革命"和"文学"，若断若续，好像两只靠近的船，一只是"革命"，一只是"文学"，而作者的每一只脚就站在每一只船上面③。所谓"革命文学者"，其实是在"革命"和"文学"之间的摇摆不定者。周扬不仅批评"革命文学者"脚踏两只船的立场问题，而且指出"革命"与"文学"两张皮的形式问题，存在"'欧化'的毛病"和知识分子话语倾向④。艾思奇认为左翼文学采用的仍然是资本主义批判现实主义理论，缺乏马克思主义理论指导，"生在

① 艾克恩编纂：《延安文艺运动纪盛》，北京：文化艺术出版社，1987年，第620页。
② 李洁非、杨劼：《共和国文学生产方式》，北京：社会科学文献出版社，2011年，第114页。
③ 鲁迅：《鲁迅全集·二心集》，北京：人民文学出版社，2005年，第305页。
④ 周扬编：《马克思主义与文艺》，大连：大连大众书店，1946年，第14页。

这更前进的时代，并且以马克思列宁主义者自任的作家"应该有自己的"艺术武器"①。在艾思奇看来，抗战文艺运动有两个中心任务，一是动员一切文化力量推动全国人民参加抗战；二是建立中华民族自己的新文艺②。要想完成这些任务，必须改造作家的资产阶级世界观，完成左翼文学的"文学化"③，在文学观念、审美标准、形式要求、表现手法、风格样式等方面进行马克思主义文学实践。站在马克思主义文学传承发展的角度，周扬把鲁迅、毛泽东排在马克思、恩格斯、普列汉诺夫、列宁、斯大林、高尔基等之后，将毛泽东的《讲话》视为"马克思主义文艺科学与文艺政策的最通俗化、具体化的一个概括，因此又是马克思主义文艺科学与文艺政策的最好的课本"④。通过学习"最好的课本"，作家们接受了思想改造并进行了新的文学实验，延安文学生产就是毛泽东的《讲话》及其文艺思想的文学实践，因此延安文学生产机制的建立过程就是马克思主义文学中国化的过程。

延安文学生产机制呈现为一种一体化、组织化的文学模式，通过借鉴苏俄文学组织形式，结合延安文学实际情况，逐渐形成了一整套文学体制、文学政策，形成了稳固的文学话语权，并以树立标杆、开展文学批判等方式进行强化。正如苏俄在政治上对于现代中国的影响一样，苏俄在文学生产领域对中国的影响巨大。早在20世纪20年代，苏联就开始了一体化文学生产的努力，用了十年左右的时间，经过复杂而激烈的论争，在20世纪30年代基本完成了意识形态对于文学的整合，让文学按照主流意识形态的意志和需要进行生产，以论证其合法性和神圣性。这些苏俄的文学生产经验对于中国影响深远，尤其是对于准备从事"文学革命"或"革命文学"的中国知识分子来说，简直是如获至宝。新文化运动的重要成果之一《新青年》杂志，连续开设专栏《俄罗斯研究》进行介绍，前后共计刊登了34篇文章，其中就有"马克思主义"专题介绍。冯雪峰、瞿秋白等在"革命文学"论争中着重加强对

---

① 艾思奇：《谈延安文艺工作者的立场、态度和任务》，《谷雨》1942年第5期。
② 艾思奇：《两年来延安的文艺运动》，《群众》1939年第8、9期。
③ 杨劼：《"五四"之后现代文学的又一转型》，《文艺理论与批评》2005年第5期。
④ 周扬编：《马克思主义与文艺》，大连：大连大众书店，1946年，第1页。

于马克思主义文论及苏俄文论的译介，并组织翻译出版"科学的艺术论"丛书9种，"左联"东京分社成员编辑的"文艺理论丛书"也包含了多部马克思主义论著①，大量俄罗斯文学作品、文学批评被翻译到中国，其中列宁对于托尔斯泰的评论最为典型，先后有多种译本和多本译著，包括《托尔斯泰——俄国革命的一面镜子》《托尔斯泰论》《列宁论作家》《论托尔斯泰》《列宁论托尔斯泰及其时代》《列宁论托尔斯泰与近代工人运动》等，还有列宁的《党的组织和党的出版物》等被冯乃超、瞿秋白、博古等翻译和介绍，这也是毛泽东等党的领导人接触苏俄文学的重要渠道，对于无产阶级文学、革命文学、延安文学产生了直接影响。毛泽东在论述党的文艺工作和党的整个工作关系时，直接引用了列宁关于"党的文学""党的文学原则"等内容，其在《讲话》中更是直接将列宁的观点作为对于无产阶级文学的基本定位——"无产阶级的文学艺术是无产阶级整个革命事业的一部分，如同列宁所说，是整个革命机器中的'齿轮和螺丝钉'"②。从毛泽东引用列宁的论述来看，他们都强调党对文学艺术工作的领导权，让文学服务于革命任务，成为党的事业的一部分。延安文学生产的组织化是一个系统工程，包括思想、方向、体制、出版、创作等各个环节，各个环节之间环环相扣、紧密联系。从思想上来说，就是坚定无产阶级的革命立场、人民大众的立场，以党的原则、政策、方针为根本。延安文学的生产者首先是一名合格的党员，然后才是一个文化人、文学家，最终要以党的文艺工作者为目标追求。也就是说，文艺工作只是革命工作的一个分工，并无特殊性可言，作家的身份要淡化，生产者的身份要强化，文艺工作者有两个倾向和缺点，"一个是特殊，一个是自大"③，"文艺工作的内容，无非是群众的生活和斗争，这些事情本身都是旁人做的，作家不过是将它们用文艺的形式表现出来，要是旁人不做，

---

① 汪介之：《回望与沉思——俄苏文论在20世纪中国文坛》，北京：北京大学出版社，2005年，第58页。

② 毛泽东：《毛泽东选集（第三卷）》，北京：人民出版社，1991年，第865页。

③ 陈云：《关于党的文艺工作者的两个倾向问题》，《延安文艺丛书·文艺理论卷》，长沙：湖南文艺出版社，1987年，第116页。

作家也就没有什么可表现"①。文艺工作者只有和革命群众在一起，反映人民大众的情感，才能受到人民的欢迎。延安文学生产对于人民大众的重视，与党关于文学、文化发展的方向密切相关，《关于培养知识分子与普及群众教育的决议》《关于陕甘宁边区的文化教育问题》等文件将文化普及教育作为边区建设的重要任务，要求文艺工作者着重发挥文学在普及方面的重要作用，培养新的工农兵知识分子，进而写出真正属于人民自己的文学作品。延安文学的出版组织方面，不仅有《解放日报》《边区群众报》等党中央及政府机关报、各地区党委办的报纸等，而且还有专门针对文学出版、传播的政策、文件，对出版物的内容、思想等进行审查，保证其阶级性、人民性、整一性、计划性，这些措施都表现了文学生产的组织性。在文学创作上，延安文学尝试以征文、集体创作等形式进行组织生产，主要通过中国文艺协会、陕甘宁边区文化界救亡协会等文学社团组织生产。毛泽东在出现稿荒时期甚至专门为《解放日报》拟定征稿办法，指定专人、明确字数，保证各艺术门类的稿源供应。延安文学生产也包括文学批评，除了政治标准、文艺标准之外，特别强调群众评价的重要性，"群众的意见是最可靠的批评"②。为了更好地组织文学生产，延安文学先后树立了鲁迅、赵树理等作家典型，并在不同时期对违反组织化生产的作家作品进行不同程度的批判，以保障延安文学生产的正确方向。

延安文学生产机制的建立还依赖于对知识分子改造过程的完成，无论是知识分子个体，还是作家群体，都逐渐成为延安文学生产中的有机分子，成为革命事业的螺丝钉。中国共产党进入延安之后，以张闻天、毛泽东为代表的领导人大量吸收知识分子，给予鲁迅等作家以崇高地位，使并未到过延安的鲁迅在延安影响巨大，被视为延安文学的"旗手"。"鲁迅精神""鲁迅现象"，对延安文学来说，既具有象征意义，也具有实实在在的影响。虽然由于政治观念的不同而对知识分子的态度存在差异，但党中央领导集体在关于知

---

① 陈云：《关于党的文艺工作者的两个倾向问题》，《延安文艺丛书·文艺理论卷》，长沙：湖南文艺出版社，1987年，第121页。

② 周扬：《表现新的群众的时代》，香港：海洋书屋，1948年，第80页。

识分子的基本政策上是一致的。张闻天作为延安前期党的负责人，也是延安知识分子政策的主要负责人，制定了《抗战以来中华民族的新文化运动与今后的任务》《中共中央关于发展文化运动的指示》《中央宣传部、中央文化工作委员会关于各抗日根据地文化人与文化人团体的指示》《中央宣传部关于党的宣传鼓动工作提纲》等有关知识分子的重视、使用、保护政策，给予知识分子充分自由和尊重。毛泽东作为延安后期党的负责人，在充分肯定知识分子作用的前提下，也对知识分子的弱点、缺点保持警惕和警醒，以保持党的纯洁性和战斗力。毛泽东早在其著名的《中国社会各阶级的分析》中就将知识分子列为小资产阶级[1]，在吸纳知识分子入党时要求"应更多注意其忠诚的程度"，"拒绝敌人和资产阶级政党派遣来的分子"[2]。鉴于争取新民主主义革命胜利、建立现代民族国家的需要，同时限于中国国情，毛泽东承认知识分子的重要地位，及其与共产党、革命的紧密关系，尤其重视文学艺术在革命中的地位和作用，"在中共中央整风工作会议上，毛泽东主动要求他亲自负责文艺界的整风"[3]。从延安整风运动开始，改造逐渐成为知识分子政策的主要话语形式，"他们应该知道一个真理，就是许多所谓知识分子，其实是比较地最无知识，工农分子的知识有时倒比他们多一点"[4]。由此可以看出，毛泽东对于知识分子与工农大众的态度，也就能够理解《讲话》中规定的文艺为工农兵服务的政策。知识分子改造只是整个延安改造工程的一部分，在机关单位表现为改造和重新塑造抗战后进入革命队伍的新知识分子，在公营工厂表现为如何将普通技术工人改造和重新塑造为新民主主义国家的模范职工，在边区农村表现为如何将自由自在、懒惰散漫的农民改造和重新塑造为积极生产的劳动力[5]。延安各社会阶层都在改造之列，只是采取的态度和策略有所不同，对于劳动人民主要通过教育、帮助来完成，对于知识分子、文学家的改造更为复杂、细致和艰难。毛泽东主张将新的内容注入旧的

---

① 毛泽东：《毛泽东选集（第一卷）》，北京：人民出版社，1991年，第9页。
② 毛泽东：《毛泽东选集（第二卷）》，北京：人民出版社，1991年，第618页。
③ 王海平、张军锋主编：《回想延安·1942》，南京：江苏文艺出版社，2002年，第25页。
④ 毛泽东：《毛泽东选集（第三卷）》，北京：人民出版社，1991年，第815页。
⑤ 朱鸿召：《延安日常生活中的历史》，桂林：广西师范大学出版社，2007年，第57页。

形式，使之变成革命的、为人民服务的东西；改造文艺评价标准为政治标准和艺术标准，侧重于政治标准；文学创作要反映延安改造中的人民群众的变化，突出改造主题创作。知识分子改造远比劳动人民的改造复杂、艰难得多，但是经过整风运动、文艺下乡、文艺论争等不同形式的改造，很多作家都对自身存在的小资产阶级思想、个人主义等问题进行了真诚而深刻的反思，丁玲、何其芳、刘白羽等都公开表达了改造之后的思想转变，而拒绝或消极接受改造的作家则受到不同程度的批判。

延安文学生产机制依赖特殊的文学传播场域、传播主体和传播模式，保证延安文学服务于工农兵大众。延安因地理上的偏远、经济上的贫瘠和交通上的不便，形成了非常闭塞的地理空间。再加上国民党对根据地、解放区的全面封锁，以及边区政府为了防卫需要采取的自我封闭措施，人为地造成了相对封闭、与世隔绝的经济、社会和文化空间。在封闭落后的环境下，陕甘宁边区200万人口中文盲率高达99%，农民占社会结构的主导部分，虽然边区政府采取了开办识字班、夜校、半日校，组建秧歌队、剧团等多种形式进行扫盲和教育普及工作，但也只能让广大群众达到脱盲乃至小学程度的文化水平，对于文学艺术的接受层次也只能停留在初级阶段。抗战以来，长期受到战争威胁的延安，在社会、经济、文化等方面具有浓厚的战时特质，延安文学的创作与传播都要时刻服务于战争的需要。正是由于存在自然和人为的封闭性，所以延安文学不得不借助一切可以利用的途径进行传播、扩大影响，包括抗战之后中国共产党在全国各地设立的八路军办事处，在国统区开办的《新华日报》、生活书店、读书生活出版社、新知书店，以及到延安参观访问的中外记者、民主人士等，都成为延安文学传播的重要载体。延安文学传播的主体趋向工农兵大众，以工农兵的接受能力、审美取向为基本依据，在传播方向上突出本土化、传统化特征，树立了以赵树理为代表的旗帜性作家。因为赵树理、李季等本土作家长期生活在工农兵群众中，擅长以民间传统形式进行创作，更熟悉广大农民的生活习惯、文化需求和接受能力，在传播观念上与党的文艺政策高度一致，《小二黑结婚》《李有才板话》等代表性作品被视为《讲话》和毛泽东文艺思想的重要成果，成为延安文学生产的"行业标准"①。除了加强对于知识分子的工农兵改造之外，还推动民间艺人走上延安文艺的舞台，让民间艺人成为延安文艺创作和传播的重要组成部分。说书人、民间诗人等经过培训成为延安文学的新生力量，韩起祥等说书人的创作和活动频繁登上《解放日报》等延安主流媒体平台。延安文学的传播媒介主要包括报纸副刊、文学杂志、文学图书等，其中报纸副刊发挥了特殊而重要的作用，包括《解放日报》的文艺副刊、《红色中华》的《红中副刊》，以及《新中华报》的《特区文艺》《边区文艺》《新生》等；文学杂志有陕甘宁边区文化界救亡协会的《文艺突击》、延安文艺抗战联合会的《文艺战线》、陕甘宁边区文化协会的《中国文化》、陕甘宁大众读物社的《大众习作》、中华全国文艺界抗敌协会延安分会的《谷雨》、延安"文艺月会"的《文艺月报》等。这些文艺副刊、文学杂志汇集了大批延安作家、文人的作品，在宣传文艺政策、文学教育普及、培育文艺新人、介绍传播文学理论、研讨重大文艺话题等方面发挥了阵地作用。这些促进了延安文学传播机制的外部控制、内部组织、发行网络、内容审核等严密的组织化传播体系建设。

总之，延安文学生产机制的建立是马克思主义生产理论与中国文学实践相结合的产物，也是中国现当代文学史的重要一环，对于当代中国具有强烈的现实意义和多元价值，在研究中要时刻保持边界意识，这样才能将延安文学研究推向深入。

作者简介：王冬梅，1980 年生，曲阜师范大学文学院 2017 级博士研究生，研究方向为中国现当代文学。

---

① 杨劼：《赵树理和孙犁——"延安小说"变革的艺术解读》，《文艺理论与批评》2006 年第 2 期。

水消失在水中

——《活着》中死亡意象探微

卢泳秀

摘要：在小说《活着》中，作者余华用简洁冷峻的笔调描绘了一个有关现实的寓言，小说中意蕴丰富的死亡意象为体察作者的价值取向和情感倾向提供了重要线索。文章结合余华随笔集，通过分析《活着》中建构死亡意象、死亡情境、死亡符号的路径，来验证小说对生存意义的思考和对人性的照拂。

关键词：余华；《活着》；死亡意象

余华在《医院里的童年》一文中，提到他共鸣于海涅的诗句："死亡是凉爽的夜晚。"这源于他的一次生命体验，幼年时在夏天睡在了太平间，并称在那个炎热的中午，感受的是无比的清凉，太平间于他不是死亡，而是幸福和美好的生活。① 在小说《活着》中，死亡意象既象征着结束又象征着新生，无论是人物之死还是象征着死亡的符号，都展现出沉重悲痛和超然洒脱的双重意味。对待死亡的矛盾复杂的态度，恰是作家试图以自己的创造活动摆脱对死亡的苦痛印象，迫使死亡在艺术中隐遁，消解生死的对立，追问生存意义，最终与现实和解、获得自我新生的佐证。

---

① 余华：《没有一条道路是重复的》，北京：作家出版社，2012年，第37页。

一、叙述的和声

在《温暖和百感交集的旅程》一文中，余华谈及对川端康成和卡夫卡的阅读体验："这是我最初体验到的阅读，生在死之后出现，花朵生长在溃烂的伤口上。对抗中的事物没有经历缓和的过程，直接就是汇合，然后同时拥有了多重品质。这似乎是出于内心的理由，我意识到伟大作家的内心没有边界，或者说没有生死之隔，也没有美丑和善恶之分，一切事物都以平等的方式相处。他们对内心的忠诚使他们写作时同样没有了边界，因此生和死、花朵和伤口可以同时出现在他们的笔下，形成叙述的和声。"[①]作家在《活着》中体现出对此辩证统一审美的艺术追求，死亡意象无论是在叙事结构还是叙事内容上都起到了重要作用。

在叙事结构上，小说采用双重的第一人称回顾性叙事结构，两个叙述者交替叙事，发挥各自的叙事功能，共同完成文本的叙事任务。在多重叙事视角下将旁观评价与自序相结合，建构出广袤的文本阐释空间，从而呈现出一个多维度、开放式的文本。《死亡美学》一书，充分肯定死亡意象承担的叙事结构功能："死亡总是在时间维度里展开的人物形象在空间形式里的事件过程，尤其在叙事性艺术类型里，死亡总是具体情节在时间空间范围里的运动。在总体的事物发展过程，在宏观的情节结构里，死亡是诸多有机环节的重要一环，往往促使情节变化，是叙事变更的重要标志之一，由它构成故事的开端、发展、高潮、结局的机缘。"并称："时间跨度大、历史场景广阔、生活面容量丰富、思想内容精深的叙事性的鸿篇巨制，没有死亡这个结构功能作为总体结构的调节机制，简直是不可想象的。"[②]《活着》讲述了在大时代背景下，随着内战、"三反五反"、"大跃进"、"文化大革命"等社会变革，一个人的生命体验。小说通过叙述福贵爹、长根，福贵娘、老全、龙二，有庆，凤霞、家珍，二喜、苦根等人物之死，逐步丰满徐福贵这一人物形象，让他以这些生命存在的记录者、苦难的幸存者和承担者的身份走向了自我新

---

① 余华：《温暖和百感交集的旅程》，北京：作家出版社，2012年，第9页。
② 颜翔林：《死亡美学》，上海：学林出版社，1998年，第129—130页。

生，作为沉默的大多数的代表在时代里发出了自己的声音。

在叙事内容上，小说描绘了一个乡间采风的年轻人"我"，在一个初夏的午后听垂暮的老人徐福贵回忆人生，讲述自己的图景。"我"既是故事的聆听者，又是故事的推动者，以一个旁观者的身份成了叙事里的和声。"情感是死亡意象的核心构成，体现艺术家创作的目的性。表情符号功能是构成死亡意象的审美价值的必要条件，没有它就不可能形成死亡意象的美学意义。"①"我"的出现让徐福贵有了讲述的欲望，且在徐福贵每一段讲述的高潮后都以旁观者的视角见证了徐福贵情感的抒发，从侧面丰满了徐福贵这一人物形象。如在第一段回忆中，徐福贵讲述了自己输光家产、父亲郁郁而终、怀孕的妻子被娘家带走的经历，"我"在此及时出现将他从沉痛中带出，让他得以喘息："福贵说到这里看着我嘿嘿笑了，这位四十年前的浪子，如今赤裸着胸膛坐在青草上，阳光从树叶的缝隙里照射下来，照在他眯缝的眼睛上。"②如此的神态表现了徐福贵开始陷入回忆，为故事的铺陈提供了线索，加之"我"评价徐福贵与其他老人不同："他喜欢回想过去，喜欢讲述自己，似乎这样一来，他就可以一次一次地重度此生了。他的讲述像鸟爪抓住树枝那样紧紧抓住我。"③如此一来，"我"的倾听欲和福贵的表达欲形成了呼应，为故事的展开提供了可能。在第二段回忆中，福贵讲述去城里为病重的母亲拿药结果被国民党抓去参战，从而近距离见证了集体死亡事件和求生意志强烈的老全的死亡，作为幸存者的徐福贵归来又见证了土地改革、获取了他全部家产的龙二以恶霸地主的身份被枪毙，龙二临死前的喊话"福贵，我是替你去死啊"④，再一次坐实了徐福贵幸存者的身份，福贵在此中断他的讲述重新开始劳作，并说："牛老了也和人老了一样，饿了还得先歇一下，才吃得下去东西。"⑤这一句展露了他死里逃生的心境，也展示了他对命运福祸相倚的见解，而没有离开的"我"为徐福贵的讲述提供了动力。在第三段回忆中，

---

① 颜翔林：《死亡美学》，上海：学林出版社，1998年，第121页。

② 余华：《活着》，北京：作家出版社，2012年，第34页。

③ 余华：《活着》，北京：作家出版社，2012年，第36页。

④ 余华：《活着》，北京：作家出版社，2012年，第66页。

⑤ 余华：《活着》，北京：作家出版社，2012年，第68页。

徐福贵讲述参与见证人民公社化进程，家珍出现濒死症状，有庆去给产后出血的校长献血结果被抽血过度身亡，寓意着徐福贵生命的延续的有庆之死和给徐福贵提供生命延续可能的家珍的濒死，都逼迫徐福贵转向对自我存在意义的追问，所以当"我"请他继续讲述自己时，"他有些感激地看着我，仿佛是我正为他做些什么，他因为自己的身世受到别人重视，显示出了喜悦之情"①。在第四段回忆中，福贵讲述"文化大革命"时期，春生不堪批斗自杀身亡，凤霞因难产而死，家珍承受不住儿女双亡的巨大悲痛去世，福贵此时中断讲述，重复了两遍"家珍死得很好"，说家珍"死得平平安安、干干净净，死后一点是非都没留下"②。这展现了徐福贵对理想的死亡状态的见解：一死万事空。"我"对此时眼前场景的描绘也呼应了这一看法："四周的人离开后的田野，呈现了舒展的姿态，看上去是那么的广阔，无边无际。"③在第五段回忆中，徐福贵讲述二喜、苦根的意外死亡，孑然一身的徐福贵买下来濒死的老牛并取名福贵与之相伴。故事至此，徐福贵完成了有关自己一生的讲述，也在讲述中消解了生死的对立，而"我"在文末总结："我看到广阔的土地袒露着结实的胸膛，那是召唤的姿态，就像女人召唤着她们的儿女，土地召唤着黑夜来临。"④这既呼应了故事开始时的午后情境设定，又寓意着旁观者为徐福贵消解死亡的恐怖、坦然面对生存的受限而感怀。

二、"无中生有"

《活着》是关于一个人一生的故事。小说中的徐福贵一路失去，被剥离了权力、财富、情欲之后自我转向，消解了生死的对立，作为沉默的大多数发出了自己的声音。余华在《音乐影响了我的写作》中提道："我在过去的生活中失去了很多，是因为我不知道失去的重要，我心想在今后的生活里仍会如此。"⑤这与

---

① 余华：《活着》，北京：作家出版社，2012年，第127页。
② 余华：《活着》，北京：作家出版社，2012年，第166页。
③ 余华：《活着》，北京：作家出版社，2012年，第127页。
④ 余华：《活着》，北京：作家出版社，2012年，第184页。
⑤ 余华：《音乐影响了我的写作》，北京：作家出版社，2012年，第9页。

徐福贵的生命体验产生了呼应，印证了作者通过徐福贵传达出人生就是不断失去的世界观。

小说中象征着徐福贵生命意义的死亡意象反复出现，文本中的死亡意象不以人为唯一的对象，描绘的非人物的死亡意象一定程度上隐喻着人的精神结构。① 小说的情境设置在初夏，万物由盛转衰的节点，徐福贵自午后向"我"开始讲述自己直至日暮月生，他牵着老牛消失在暗夜里，初夏、午后、永夜是死亡意象营造出的让人产生倦怠、颓势、想象的氛围。而文中反复提到的有关大地、泥土等象征着死亡皈依的意象又展现着生机，如福贵娘常说地里的泥是最养人的，不光是长庄稼，还能治病②。有关财富的消无使徐福贵完成了行为上的由恶向善，由嚣张到谦卑的转变，有学者称："这样的安排无疑是戏剧性的，同时也是一个高度寓言化和哲学化了的处理。财富的原罪与苦难的救赎确乎是一对互为代偿的矛盾，正是他从世俗人生的层面上历经地狱般的磨难，他的灵魂才经由苦难而升入了天堂。这正是小说的戏剧性与哲学主旨之所在。"③笔者在此不能对徐福贵做出道德上善的评判，因为如此突兀的形象转变来自他对有钱人和穷人形象的定义："我爹全没有了有钱人的派头，他像个穷人一样恭敬。"④可见他的价值取向就是有钱人嚣张，穷人谦卑。

死亡作为生命的反衬事物，从对立面构成生命的张力。艺术境界的死亡意象属于超现实超真实的虚构和想象的果实，它们模糊了现实世界无法逾越的生死界限，客观的时间性也不能束缚其自由意志。死亡美学更关切生，关切诗意的和审美的不死的永恒。死亡既是一种本体存在的认识对象，又是一种最终的生存方式，它和生存紧密地联系起来。在逻辑意义上，死亡意象蕴藉着必然与偶然、原因与结果、形式与内容、一般与个别、肯定与否定、现实与可能等辩证范畴。⑤小说中从鸡到牛的发家故事发生了三次循环，先是

---

① 颜翔林：《死亡美学》，上海：学林出版社，1998年，第121页。

② 余华：《活着》，北京：作家出版社，2012年，第39页。

③ 张清华：《主义与逻辑：再谈理解余华的几个入口》，《当代作家评论》2014年第6期。

④ 余华：《活着》，北京：作家出版社，2012年，第25页。

⑤ 颜翔林：《死亡美学》，上海：学林出版社，1998年，第32页。

福贵爹向福贵讲述发家故事是从无到有，由鸡到牛，到福贵输光家产，由有到无，而福贵最终与一头老牛相伴，做到了从无到有。这样的架构，结合寓意着生死相依的死亡意象，是否可以理解成徐福贵对生命循环往复、周而复始的想象？

三、自我新生

法国学者路易-樊尚·托马（Louis-Vincent Thomas）在《死亡》一书中写道：死亡既可憎又迷人，因此，人们不可能对它无动于衷。说它是可憎的，是因为它总是把相爱着的人们分开，是因为用死亡来进行威胁一直是所有的政权特别偏爱的工具，是因为它让我们的肉体最终分解在未知的腐败中。说它是迷人的，是因为它使活着的人们获得新的生活，它是我们几乎全部的思考和艺术作品的源泉，而对它的研究则是通向把握我们时代精神和我们的想象力的毋庸置疑的源泉的康庄大道。[1] 如果我们只热爱生命而不热爱死亡，那是因为我们并不真正热爱生命。只有明鉴了死亡的意义才能领悟生存的价值。死亡意象必然体现价值观念，它一方面受制于人类普遍的价值原则和伦理范畴，另一方面体现某一民族、文化圈、历史境遇乃至个人情感所选择的价值观。死亡意象的深层意义在于：生命的肉体形式虽然可以消解，但精神存在可以获得审美信仰的永恒，逾越医学、生物学、死亡学的科学限定达到美学的生死循环。[2] 这可以在逻辑上证实徐福贵一生的经历。他作为历史的见证者随时代潮流沉浮，他是沉默的大多数，但他发出了自己的声音。他是苦难的幸存者也是承受者，他从不追问生命的意义却让旁观者生发对生命意义的叩问。作家在日文版自序中指出："对《活着》而言，生活是一个人对自己经历的感受，而幸存往往是旁观者对别人经历的看法。《活着》中的福贵虽然历经苦难，但是他是在讲述自己的故事。我用的是第一人称的叙述，福贵的讲述里不需要别人的看法，只需要他自己的感受，所以他讲述的是生活。

---

① ［法］路易-樊尚·托马：《死亡》，潘惠芳译，北京：商务印书馆，2001年版，第133—134页。

② 颜翔林：《死亡美学》，上海：学林出版社，1998年，第29页。

如果用第三人称来叙述，如果有了旁人的看法，那么福贵在读者的眼中就会是一个苦难中的幸存者。"亦有学者称："这种自然自在的生活和人性，不需要外在的'意义'加以评判。这个'意义'是生命自身从内而外产生出来的，还是由外而内强加给一个生命的？更简单一点说，这个'意义'是内在于生命本身的，还是生命之外的某种东西？多数人不追问生命的意义而活着。"① 这段话对徐福贵的生存状态给予了充分肯定。

从作家意图来看，徐福贵经历了世俗意义上的失去和苦难，但在讲述的过程中却完成了自我新生，那些失去的恰是他所拥有的，死亡不能将他与他珍重的人们隔离，作家在《消失的意义》一文中印证了这一点："人们追忆失去的亲友，回想着他们的音容笑貌，或者回首自己的往事，寻找消失了的过去，还有沉浸到历史和传说之中，去发现今天的存在和今天的意义。我感到不幸的理由总是多于欢乐的理由，就像眼泪比笑声更容易刻骨铭心，流血比流汗更令人难忘。于是历史和人生为我们总结出了两种态度，在如何对待消失的过去时，自古以来就是两种态度。一种是历史的态度，像荷马所说：神祇编织不幸，是为了让后代不缺少吟唱的题材。另一种是个人的人生态度，像马提亚尔所说：回忆过去的生活，无异于再活一次。荷马的态度和马提亚尔的态度有一点是一致的，那就是人们之所以要找回消失了的过去，并不是为了再一次去承受，而是为了品尝。"②

作者简介：卢泳秀，1989年生，曲阜师范大学文学院2018级硕士研究生，研究方向为中国现当代文学。

---

① 张新颖：《中国当代文学中沈从文传统的回响——〈活着〉〈秦腔〉〈天香〉和这个传统的不同部分的对话》，《南方文坛》2011年第6期。

② 余华：《音乐影响了我的写作》，北京：作家出版社，2012年，第106—107页。

奥尼尔晚期戏剧中的能剧元素分析

郭苏苏

摘要： 尤金·奥尼尔是美国现代戏剧的奠基者和缔造者。奥尼尔一生创作成果丰硕，其晚期戏剧代表了他创作的最高成就，并被称作是"揭示灵魂的戏剧"，形式上具有典型的静态戏剧特点，不刻意追求戏剧的外部动作冲突，剧中充斥着人物对往事的回忆，以剧中人物的回忆和讲述的故事作为全剧的主体或关键内容，映射着东方佛教和道家的哲学光辉，与日本能剧在人物形象、戏剧结构以及哲学内涵上有着诸多相似之处。

关键词： 尤金·奥尼尔；晚期戏剧；日本能剧

尤金·奥尼尔是美国现代戏剧的奠基者和缔造者，他一生创作成果丰硕，其晚期戏剧代表了他创作的最高成就。其中《送冰的人来了》《进入黑夜的漫长旅程》《休吉》和《月照不幸人》是奥尼尔晚期戏剧创作中最具有代表性的四部作品，折射了奥尼尔本人的人生经历和哲学思考，被称作是"揭示灵魂的戏剧"，并蕴含着丰富的日本能剧元素。能剧是日本特有的一种传统戏剧形式，它以从中国传入日本并与其本土神道教相融合的佛教思想为哲学土壤，具有相对固定的角色设置和演出程式，以主角的往事回忆作为主体内容，反映主角的过去经历，揭示人物的心灵和精神世界，体现出一种"无中万般有"的美学境界。奥尼尔晚期戏剧具有典型的静态特点，不刻意追求戏剧的外部动作冲突，剧中充斥着人物对往事的回忆，以剧中人物的回忆和讲述的故事作为全剧的主体或关键内容，映射着东方哲学的思想光辉，与日本能剧在人物形象、戏剧结构以及哲学内涵上有着诸多相似之处。

一、相像的角色：现代社会的"仕手"与"胁"

能剧的主要角色是"仕手"与"胁"，"仕手"执迷于往事，经常以鬼魂的形象出现；而"胁"帮助"仕手"摆脱对往事的执念，经常以僧侣的形象出现。在奥尼尔的晚期戏剧中，虽然没有出现类似于能剧中"仕手"和"胁"的鬼魂和僧侣，却出现了一系列与其相似且对应的人物角色。

在《送冰的人来了》一剧中，希基和酒鬼群体是"仕手"和"胁"双重身份的结合。这部剧是奥尼尔自称最为满意的一部剧作，戏剧时间集中在两天，出场19人，共有四幕，塑造了常驻在霍普酒馆中的一群醉生梦死的社会失意者的群像。虽然剧中人物众多，没有鬼魂和僧侣，角色也并非像"仕手"和"胁"那样具有明确的分工，但其戏剧人物的设定基本上可以分为两方：一方是希基，一方是霍普酒馆中的酒鬼群体，他们分别承担了类似于"仕手"与"胁"的职能。在剧中，当希基出现时，酒馆中的这群酒鬼就像僧侣可以感受到鬼魂一样，几乎都感受到了希基身上的死亡气息。之后，希基就如同幽灵一般游荡在这群酒鬼中间，向他们讲述自己与妻子从相爱到最后相杀的过程，这与能剧中作为"仕手"的鬼魂向僧侣讲述自己的往事非常相似。能剧中"仕手"通过向"胁"讲述往事，得到帮助和超度；希基向酒鬼们讲完故事之后，内心的悔恨得到宣泄，最终亦卸下心灵的重担，获得解脱。只是，奥尼尔剧中的"仕手"和"胁"并非如此简单，其中扮演"胁"的酒鬼群体，也具有"仕手"的特点；反之，在剧中扮演"仕手"的希基，亦承担了"胁"的任务。剧作以霍普酒馆夜间侍者罗基和宿客拉里的对话开场，罗基说霍普酒馆"就像一个太平间，这些酒鬼都是些死人"①。这些酒鬼原本处在不同的社会阶层、有着不同的职业和身份——政客、哈佛大学毕

---

① ［美］特拉维斯·博加德编：《奥尼尔集（下）》，汪义群、梅绍武、屠珍等译，北京：生活·读书·新知三联书店，1995年，第740页。

业生、警察、世界产业工人联盟成员、报社编辑、战地通讯记者、部队首领、陆军军官、赌场老板、皮条客等等，但现在，他们共同生活在霍普酒馆这个下等酒馆中，没有身份和地位的差别，都是生活的失败者。他们都有对过去的执念，都不想面对现实生活而躲到这里饮酒消遣，这些人虽身处现实中，但无一例外都活在自己编织的白日梦的虚幻世界里，弃绝了当下的真实世界，执着于过去和未来的幻影中无法自拔，在这个被时间遗忘的一角苟且偷生。他们犹如能剧中已死的滞留于人间的"仕手"鬼魂一般，虽存在于世间，但并不属于世间，既无法回归执念所在的过去，更无力到达向往的未来。这群酒鬼时刻为自己的失败寻找借口，梦想重现往日的辉煌，但他们的行动一直飘浮于子虚乌有的"明天"，这种无止境的往事重现和未来缺席，逼迫他们持续不断地回忆和憧憬自己的人生，而使当下的生活受到过去和未来的压抑停滞不前，无始无终，成为一群找不到出路的现代"仕手"。他们被困在这个阴森肮脏的酒馆之中，等待着希基给他们带来希望和欢笑。后来出现的希基，就像能剧中的灵魂超度者"胁"一般，他来自现实世界，具有现实的洞察力，他与酒鬼们进行交谈，鼓励他们抛弃酒精和白日梦，直面不堪的过去，找寻和争取自己的位置，从而让自己的生命得以延续，获得解脱。剧中，这些角色实现了"仕手"和"胁"之间的相互转换，成为"仕手"和"胁"的复合体，具有拯救者和被拯救者、超度者和被超度者的双重身份。

《休吉》一剧的角色几乎实现了与能剧"仕手"和"胁"的一一对应。剧中只有主角伊利和配角值夜者两个人物出场，除了身份不是鬼魂和僧侣，其出场顺序以及担任的职能都与"仕手"和"胁"如出一辙。首先，配角值夜者先出现于戏剧现场，犹如"胁"那般静待着剧中主角的到来。随后，刚参加完休吉葬礼的伊利出现，与值夜者进行了一番短暂的互相了解之后，便向其讲述起自己的往事，此讲述占据了舞台表演的大部分内容，而值夜者与观众一起成了伊利故事的旁观者和聆听者。只是与能剧"仕手"讲述自己的生前往事有所不同，伊利讲述的是朋友的生前故事。好友休吉死后，伊利在自己熟悉的旅馆中失去了原有的归属感，时刻被一种死亡的恐惧所侵蚀，徘徊于故友往事的发生地——旅馆服务台，成为一个执着于前尘往事而徘徊在悲剧地点的"仕手"孤魂，无法面对故友的死亡现实。他像被休吉的灵魂附体一般，不断地向值夜者讲述休吉的生前往事，喋喋不休，并想方设法在如今的值夜者身上寻找休吉的影子，以期望重现过去。他以死去的休吉感兴趣的方式，向值夜者讲述自己的经历，意在得到值夜者像休吉那样的回应、认同和赞赏。最终，就像"仕手"通过"胁"的超度开解而获得平静那般，伊利也在值夜者的"帮助"下，回归到"正常"的生活。

《进入黑夜的漫长旅程》一剧中的玛丽，具有与能剧中的狂女角色相似的特质。能剧中的"狂乱能"一般以精神一时处于失常狂乱状态的女性角色作为主人公，且这类剧目较多地描述主人公的心理状态，表现她们在遭受心灵重创之后的精神世界，而奥尼尔剧中的主人公玛丽也属于这一类型。在这部剧中，似乎蒂龙一家的每个人都是主角，但实际上只有玛丽才是一个从始至终都被注视着的角色，蒂龙、杰米和埃德蒙在专注于自身的同时，他们的目光总是会不自觉地转向玛丽，并且被玛丽长篇大论的记忆优势所带动；玛丽即使不出现在剧中人物的视线之中，她在楼上和黑暗中制造出来的每一点细微声响，都牵动着楼下的蒂龙、杰米和埃德蒙的心，令他们猜疑、担忧、恐惧，并且引发了这些注视者之间的敌意和怨恨，这些都让玛丽始终占据着戏剧舞台的焦点，吸引着剧中人物和剧外观众的目光，成为实质上的主角。与能剧中重在表现狂女的心境相似，这部剧中玛丽的心理活动成为重中之重，"她是剧中最重要的角色，而那不断剥落的记忆则是她最重要的部分"①，也成为这部剧实质上的主题。如同能剧通过狂女述说自己往事展现她精神失常的前因后果，奥尼尔亦是通过玛丽的倾诉呈现了她疯癫的过程。且玛丽与狂女一样，并非是彻头彻尾的疯妇，她有正常的意识，又在强烈的痛苦压抑之下做出反常举动。玛丽在初上场时是一个面容姣好、体态丰满的优雅妇人形象，状态与常人无异。随着剧情的进展，玛丽在述说往事的过程中展现过往，才一步步显现出她阴郁疯狂的一面，犹如能剧中的幽灵一般，将自己压抑已久的怨愤和痛苦释放出来。她又犹如能剧中垂暮的老妇，沉迷于往事的

---

① John H.Houchin，*The Critical Response to Eugene O'Neill*，Westport：Greenwood Press，1993，p.207.

虚幻中不能自拔，当她如"仕手"那般倾诉往事时，此时倾听她故事的人也就成了"胁"，不仅关注着玛丽的一言一行，而且还试图说服她放下过往，面对当下。

只是，与能剧中的"胁"成功拯救"仕手"有所不同，奥尼尔笔下的拯救几乎都是以失败告终的。他笔下的"胁"并非如能剧中的僧侣那般可靠、睿智、悲悯，而是本身也陷入迷梦之中。比如作为"胁"的希基，本身就陷入杀妻之后自己编织的白日梦中无法自拔，而酒鬼们最终灰溜溜地重回酒馆，也证明了他未能成功拯救酒鬼"仕手"的灵魂。他将酒鬼们拼命掩藏的失败人生揭穿，导致了酒馆氛围的紧张，打破了酒馆表面上的平和与友好，造成酒鬼之间的疏离和仇恨。这不仅没有拯救他们的灵魂，反而使他们丧失了赖以生存的支撑，从而更加痛苦，这导致了帕洛特的自杀，造成了他心灵和身体的双重死亡。酒鬼们亦没有真正承担起"胁"的责任，真正拯救"仕手"希基的人其实是他本人，他认识到自己不能再自欺欺人了，从而选择向酒鬼们坦白真相，并提前叫来警察，让自己真正从白日梦中醒来。面对伊利的痛苦，值夜者也没有像"胁"那样用心聆听对方的倾诉，或者表现出丝毫的慈悲和怜悯，而是呆滞冷漠地对待这一切，甚至最后与伊利建立"友谊"也是因为自身打发时间的需要。在能剧中，"仕手"与"胁"一般只是萍水相逢，并不存在过往的纠葛或矛盾，因而能够比较客观地认识"仕手"的过去，从而将其从无始无终的梦幻中解救出来。蒂龙、杰米和埃德蒙都是与玛丽有着密切关系的人，玛丽的痛苦很大程度上是由他们造成的，他们在聆听玛丽的倾诉和责备时，总是下意识地为自己辩护，从而丧失了"胁"作为"局外人"的冷静与睿智，根本无法真正说服玛丽面对现实，最终"在隔离中隔离，同时又在团聚中隔离……倾听着彼此的指责、抱怨和遗憾"[1]；而女仆凯瑟琳无论在身份还是立场上都可能是一个合格的"胁"，但她无意于了解玛丽的过去，更没有拯救玛丽于水火的悲悯，她只是作为女仆被动地听从主人的吩咐，因此在面对玛丽无意结束长篇大论时，她只觉得自己的时间被占

---

① Michael Manheim, *The Cambridge Companion to Eugene O'Neill*，上海：上海外语教育出版社，2000，pp.89—90.

用而借故离开。在最后一幕中，玛丽在毒品的刺激下陷入癫狂，人不像人，鬼不像鬼，不停地絮叨自己的旧事，像是在找寻着那个能够拯救她的"胁"，又像在与过去的自己对话，再次退回到了自己编织的忧郁梦幻之中。在奥尼尔的笔下，无论是作为倾诉者的"仕手"，还是作为聆听者的"胁"，他们都专注于自身，都想将自身的失败归咎于他人，浑身充斥着无力感，忍受着无始无终的孤独、焦虑和恐惧，最终躲在白日梦的泡影之中，成为一个个心灵无所归依的现代"仕手"和"胁"。

二、相似的结构：丰富的"过去"和停滞的"现在"

能剧最为鲜明的特征便是以"讲故事"和"回忆"来架构全剧，其情节可以划分为"过去"和"现在"。奥尼尔晚期戏剧被称作"回忆剧"，一方面，是因为这些剧作都是剧作家在晚年对自己早年经历进行加工想象后的回忆；另一方面，则是因为这些剧作中的角色总是陷入回忆之中，他们回忆的往事几乎占据着剧作大部分篇幅。这些剧中的"回忆"特质，造就了它们与能剧非常相似的结构。

《休吉》是奥尼尔所有作品中最具能剧特点的剧作，除了角色上的高度相似，结构上也与能剧如出一辙。这部剧几乎与能剧"配角出现、配角与主角相遇、主角讲述往事、戏剧结束"的情节程式完全契合：首先，配角值夜者先出现在服务台；然后主角伊利走进旅馆与值夜者相遇，并向值夜者叙述自己和已故的朋友休吉之间的往事；最后，戏剧在伊利与值夜者建立联系中结束。一如"仕手"在能剧中占绝对中心地位，《休吉》中的伊利亦如此，且伊利的"过去"经历也占据了戏剧的大部分篇幅。与能剧中的"仕手"与"胁"一般不存在冲突相似，伊利与值夜者亦没有尖锐的矛盾冲突，甚至可以说没有冲突，他们之间不仅不存在往事的纠葛，也没有现实的矛盾，剧情表面上毫无波澜；但是伴随着"仕手"的回忆和讲述，"仕手"的心境和戏剧的氛围会随之变化，在叙述的过程中伊利的内心也在时刻发生着转变，激动、失望、开心、痛苦、无奈等情绪一再反复，平静的回忆、讲述之下隐藏着的是让主角无法平静的"过去"。就像"仕手"向"胁"讲述自己执念所在的往事那般，伊利滔滔不绝地向值夜者讲述了他与休吉的往事：休吉听自己讲故事，与自己玩骰子，自己擅长与妓女相处而休吉见到妓女总是很害羞，自己探望休吉被其妻拒之门外，自己借钱为休吉买大花圈，等等。这些往事虽然看似琐碎而无聊，却正是现在的伊利所渴望的，也是伊利的执念所在。这些往事是伊利过去的人生，也是他当下意识的呈现。如同能剧观众与"胁"通过"仕手"在舞台上的讲述、表演了解"仕手"的过去，感之所感，痛之所痛，《休吉》的读者和观众亦是通过伊利讲述的这些往事片段，与剧中的值夜者一起，了解了伊利的故事，感受到了他与休吉的情谊，并在这种物是人非的今昔对比中体验到了伊利失去朋友的悲痛，从而产生共鸣。

《送冰的人来了》一剧，在结构上虽没有达到如《休吉》那般与能剧的高度相似，但同样呈现着停滞的"现在"与丰富的"过去"。这部剧的情节几乎由"回忆"和"讲故事"构成，剧中人物或回忆自己的往事，或回忆他人的往事；或讲述自己的故事，或讲述他人的故事。从第一幕开始，酒馆中昏睡的酒鬼们陆续醒来便开始散漫地"回忆"起自己的往事，与能剧只表现主角"仕手"的回忆不同，这部剧中的回忆遍布戏剧中的每一个人物：威利回忆自己在法学院学习的辉煌往事，韦乔恩津津乐道于自己以前的战功，黑人乔说到以前自己的赌博技术和赌场老板身份时感到洋洋得意，霍普对自己错失当选市议员耿耿于怀并归咎于自己因妻子贝西去世伤心过度，麦格洛因一再宣称自己当警察时的恪尽职守，莫舍自豪地谈论自己成功地从姐姐贝西那里捞到剩余零钱的"智慧"，希基细致地向酒馆中的人讲述自己与妻子伊芙琳之间的往事，等等。但是，与能剧一样，作为主角的希基的回忆依然是整部剧里的重头戏，他的讲述始终牵动着酒鬼群体和观众的心。就像能剧开始便点出"仕手"的故事结局，再展开具体过程那般，剧中的希基亦是在第一幕便讲出自己妻子伊芙琳已经死亡的结局，接下来的回忆则是将妻子死亡的原因和过程进行展开讲述，揭示自己与妻子的生活以致最后杀死妻子的经过。与能剧一样，情节进展缓慢，缺少戏剧冲突，主角与配角之间并没有什么实质性的事件和冲突发生，充斥着的都是这些人毫无中心主题的语言和往事。他们之间虽然有一些打闹和争吵，但始终没有发展成为推动戏剧情节发展的事件，酒馆中的群体虽然对一本正经的希基表现出不解和不满，但他们之间始终没有现时的激烈矛盾。在这种类型的"回忆"剧中，外部情节处于停滞状态，因而戏剧的时间进程一般"可以通过每个角色的退缩程度来衡量，也可以通过他们需要展现的自我来衡量"①，就像希基先是宣布妻子死亡，随后又透露妻子是被人杀死的，最后袒露妻子是被自己杀死的一样，他对往事的坦白程度也就代表了戏剧的时间进程。

在《月照不幸人》一剧中，现在式的情节则丰富一些，似乎也出现了一些现实性的戏剧矛盾冲突——乔茜弟弟迈克与父亲霍根的矛盾、乔茜一家与地产商哈德的矛盾，因而也就有了乔茜帮助迈克逃走，哈德与乔茜、霍根谈判这种动态形式的情节发展。在主角现身之前这些看似没有主角参与的情节，实际上都与主角有关：弟弟迈克与乔茜的谈话引出了乔茜与小詹姆斯·蒂龙的暧昧关系，而蒂龙与哈德矛盾的焦点正是小詹姆斯·蒂龙所拥有的地产，这让小詹姆斯成了这部剧关系网的中心人物。虽然，这部剧人物较多，但小詹姆斯一出场便隐约透露出了他难以言说的心结，且剧情相当一部分内容就是乔茜试图引导他说出心结的过程。从小詹姆斯出场的那刻开始，他的隐秘往事不仅成了剧中乔茜和剧外观众注视的焦点，也成了戏剧后半部分的主体内容。如果将这部剧作看成是一部"复式能"，那么上半场就是由"胁"乔茜、霍根等人大致地透露"仕手"小詹姆斯的经历，呈现他现在的颓废状态组成；下半场是由戴上面具的"仕手"小詹姆斯上场进行讲述和表演，逐渐袒露自己的隐秘往事，从而将造成现在痛苦的经过和盘托出，最终再由细致了解了事情经过的"胁"乔茜帮助他消除执念组成。在小詹姆斯讲述自己难以启齿的往事时，戏剧的外部动作在相当长的一段时间内处于停滞状态，"通过戏剧动作的暂停和故事的讲述，引导观众进入一个短暂的梦幻般的美丽时刻"②，情节

---

① Michael Manheim, *The Cambridge Companion to Eugene O' Neill*, 上海：上海外语教育出版社，2000, p.89.

② Stan Lai, *Oriental Crosscurrents in Modern Western Theatre*, Berkeley: University of California, 1983, p.264.

停滞、动作静止，仿佛面对的是一幅小詹姆斯与乔茜月下谈话的静态图画，极具能剧色彩。也正是这幅看似静态的图画，揭示了本剧中小詹姆斯最为核心的隐秘往事，从而表现了执念于往事、陷入悔恨之中的小詹姆斯的心理状态，映射出现代人的精神困境，传达出本剧的主题。

总而言之，奥尼尔的这些晚期戏剧作品，不是重在表现现时戏剧人物之间的矛盾冲突和戏剧情节的发展动向，而是重在表现角色所回忆的往事。当剧中的角色（尤其是主角）在谈论自己过去的关键事件时，外部的戏剧性动作几乎都是处于一种停滞状态，而这也正是能剧最大的特点，"伴随着行动的停滞，过去和现在交织在一起，如同在能剧的镜子链之中，达到了与能剧同步的效果"①，且与能剧相似。奥尼尔晚期的戏剧表现出重"过去"轻"现在"的倾向，"过去"复杂而丰富，"现在"停滞而单一；另外，与能剧一样，重"过去"并非只为表现过去，轻"现在"也并非是将现在抹杀。如戏剧理论家彼得·斯丛狄所言，"戏剧的时间结构是一个绝对的当下序列，在戏剧中只有当下的瞬间是可见的"②，因而剧中所叙述的往事虽是过去，却也是人物当下意识的外现。当然，回忆和叙述并不能完整地再现过去，能剧中的"仕手"不例外，奥尼尔剧中的人物也不例外。通过叙述了解过去，势必让过去留下许多空白，而回忆本身亦带有加工想象的色彩，以过去映衬现在，以现在丰富过去，这也让读者、观众对当事人的过去产生更为丰富的联想，使读者和观众因个人经历不同、心境不同而产生不同但又相通的神秘情感体验，又在主角所回忆的往事与现实境遇的对比中，产生一种神秘的、难以言说的情感共鸣，这是能剧所具有的巨大魅力，亦是奥尼尔晚期戏剧的巨大魅力所在。这种情节几乎从头到尾处于"讲述进行中"的静态戏剧形式，与重"情节"冲突的传统西方戏剧所产生的紧张刺激的戏剧快感截然不同，而显得更加含蓄深邃。当然，情节的停滞并非舍弃情节、放弃动作，它们只

---

① Stan Lai, *Oriental Crosscurrents in Modern Western Theatre*, Berkeley: University of California, 1983, p.272.

② ［德］彼得·斯丛狄：《现代戏剧理论（1880—1950）》，王建译，北京：北京大学出版社，2006年，第135页。

是"以内在情绪的逻辑取代了自亚里士多德以来一贯讲究外在动作的因果逻辑"①，虽然外部情节未发生显著变化，但剧中人物的心理状态实际上却时刻发生着变化，而他们精神世界的动向便呈现了戏剧发展的进程。

三、相通的思想元素：佛教思想

能剧的发生和发展与从中国传入并与日本本土神道教相结合的佛教息息相关，其中蕴含着"众生皆苦""因果业报""轮回"等佛教思想，而奥尼尔对佛教的兴趣以及剧中传达的佛教思想，也让他的晚期戏剧映射出与能剧相通的思想元素。

奥尼尔晚期戏剧中的世界和众生相与能剧相似，大部分都是苦涩的。如同历经苦难、身体衰残的"仕手"一般，酒鬼群体、伊利和值夜者、蒂龙一家，他们一个个都是一副饱经沧桑的样子，浑身散发着悲苦的讯息，带着一种被生活无形逼迫的焦虑和无奈，甚至连笑都带着一副苦相。一如佛教主张的"万事皆空"，奥尼尔晚期戏剧中的人物都表现出一种对现实生活的疏离和对空无虚界的沉迷，就像"仕手"总是通过往事寻找归宿、用回忆支撑希望一样，他们也总通过虚妄的往事确证自己的存在和价值，用幻想支撑自己未来的生活，其所谓的信仰无非是对过去的自我吹嘘和对未来的自我陶醉以及自得其乐的幻想。正如佛教强调精神和想象的力量，肯定虚无对现实人生的影响和作用，能剧中的"仕手"无一不是通过想象的力量在精神世界建构希望，以使自己存续，而酒鬼群体、伊利和值夜者、玛丽、吉米等人，无一不是通过在意识中制造的幻象来摆脱他们难以名状的焦虑和绝望，在幻想中建构自己活下去的精神支柱，在这些虚无的梦幻之中拥有在现实中生存下去的能力；相反，失去了梦幻支撑，他们的人生就只剩下绝望和对死亡的恐惧。他们选择解脱的方式是退避和隐遁，几乎丧失了现实的行动力，试图以一种"使自己不在乎"的办法逃脱尘世的束缚，获得心灵的自由和超脱。这与西方

---

① 孙惠柱：《第四堵墙：戏剧的结构与解构》，上海：上海书店出版社，2006年，第49页。

的将希望寄托于上帝并依靠自身努力追求尘世幸福的基督教教义背道而驰。佛教思想不主张对尘世的改变，而是劝诫人类在精神上超脱尘世，从而获得个人身心的自由和解脱，是从人的自身寻找摆脱痛苦的根源和极乐境界的自我体认，而不是祈求于外在世界或者外在的神。而《送冰的人来了》中作为"真理代言人"的拉里认为白日梦给了他们生命，他的原型就是向奥尼尔传授过佛教教义的一位神秘论者特里·卡林，而奥尼尔对勇于打破白日梦的希基和帕洛特的毁灭结局，以及沉迷于白日梦的酒鬼们的欢乐结局的不同安排，也隐晦地表现出了他对"空无"的认可：白日梦虽然是虚假的，让他们的生活停滞，但却实实在在地支撑着他们的生存，让他们有活下去的希望。

《休吉》中的值夜者和休吉两个人物的生死，更是蕴含着东方的佛教生死观。剧中形容枯槁的值夜者，是一个与死亡有关的人物，他虽然站在伊利的面前，但灵魂却游荡在城市的黑夜之中。他犹如行尸走肉，似生非生，似死非死。他在职业上与伊利的好友休吉前后相续，且名字、年龄、外貌、形态与休吉也相似，还有着与休吉一模一样的神情，而最后值夜者真的"变成"了那个已经死亡的休吉，休吉在值夜者身上实现了"轮回转生"。在佛教的循环轮回之说中，死亡只是"生命物质存在形式的某种转换"①，其本身"只是进入另一种生命形态的开始，而不是生命的结束"②，如此，死亡只是生命历程中一个阶段的节点，既是生的结束，也是再生的开始。正如剧中的休吉虽然已经死亡，但是其生命却在值夜者身上得到了延续，从而以值夜者的生命形式继续存在。在这生死的神秘流转中，真正展现了生与死的相依相续、循环轮回。而值夜者脑海中的长夜"涅槃"③，亦是寂灭与重生的一种暗示。休吉的过去成为值夜者的未来，而值夜者的未来亦是休吉过去的重演，现实与过往之间发生着持续不断的转换。在这种神秘的流转变换之中，休吉与值夜者实现了共生，生死成为一体，打破单一线性的生命轨迹形式，实现循环；而因为值夜者的存在，伊利又重新获得了与已死休吉之间的联

---

① 海波：《佛说死亡》，张岂之主编，西安：陕西人民出版社，2013年，第94页。

② 莲花生：《西藏度亡经》，徐进夫译，北京：宗教文化出版社，2003年，第17页。

③ Eugene O'Neill, *Complete Plays Vol.3 1932—1943*, New York：The Library of America，1988，p.838.

系，亦跨越了生死之间的鸿沟，打破了西方生死二元论，与肯定死亡终极性的现代主义观念有所不同，而倾向于东方佛教的生死一元论。如同能剧中死亡只是灵魂离开肉体然后堕入轮回，生者依然可与死者实现交流一般，奥尼尔在西方特定的文化语境中，以伊利、休吉与现值夜者三人之间的相依共生，暗示了佛教的轮回的生死观。

结　　语

奥尼尔无疑是一位戏剧大师，他在晚期戏剧中塑造的这一系列形象，是以人物最本真的状态来诠释生活的面貌，展现人与人、人与社会之间最真实、最深刻的矛盾和现代人的生存状况的。他"将戏剧作为探索人类思想的武器，作为剖析人的内心世界的解剖刀"①，用自己的血泪将自己、将每一个现代人的隐秘灵魂展露无遗，期望为这些迷失在精神荒野中的灵魂寻找到归途。他的晚期戏剧是他为过去的生活所作的讣告，亦是他"对迷失了的人类精神的讣告，是对所有那些肉体尚存，而精神已死，或仍在灵魂深处苦苦挣扎，忍受着精神的巨大苦难的人的讣告"②。他以与能剧相似的一种戏剧形式，向世人展示了那个外表繁华的"美国梦"幻影下的真实的生存百态，展现了被物质占有的现代美国人空虚无望的精神世界。奥尼尔作为一位西方现代主义的美国剧作家，敏锐地体会到了现代西方人在心灵层面所遭遇的危机与困境，他不仅在剧作中对其进行了形象生动的描绘与表现，还以兼收并蓄的胸怀将视线投向东方文化并从中汲取创作资源与灵感，从而使自己的晚期剧作具备了非凡的艺术独创性和博大深邃的艺术魅力。

作者简介：郭苏苏，女，1993年生，曲阜师范大学文学院2017级硕士研究生，研究方向为比较文学与世界文学。

---

① 汪义群：《奥尼尔研究》，上海：上海外语教育出版社，2006年，第233页。
② 廖可兑主编：《尤金·奥尼尔戏剧研究论文集》，北京：外语教学与研究出版社，1997年，第62页。

朝鲜书院上梁文研究

娄玉敏

摘要："书院上梁文"是上梁文的一种，专为书院建筑上梁而写。朝鲜书院上梁文在内容、体制、精神范式等方面深受中国文化影响，尤其是儒家文化，对其影响最大。朝鲜书院上梁文继承了儒家文化传道和教化的传统，在其中极力尊贤明道，以期达到教化后生的作用，但朝鲜书院上梁文也有自身的创新之处，其所奉祀的先贤与在文坛的地位都有朝鲜社会自身的特点。同时，朝鲜文人在书院上梁文中寄寓着自我对朝鲜社会精神建构的殷切期望，这是朝鲜文人积极入世情怀的体现。

关键词：朝鲜；书院上梁文；儒家文化；社会精神建构

"上梁"是宫殿房舍施工中的一个重要步骤，出于犒劳工匠与祈福的缘故，常常会举行祝祷仪式，仪式中唱诵的祝祷词便是后世"上梁文"的前身。"上梁文者，工师上梁之致语也。世俗营构宫室，必择吉上梁，亲宾裹面（今呼馒头）杂他物称庆，而因以犒匠人。于是匠人之长，以面抛梁而诵此文以祝之。其文首尾皆用俪语，而中陈六诗。诗各三句，以按四方上下，盖俗体也。"①

中国古代上梁文的雏形是《诗经·小雅》里的《斯干》篇，从内容来

---

① ［明］吴讷、徐师曾：《文章辨体序说　文体明辨序说》，罗根泽校点，北京：人民文学出版社，1998年，第169页。

看，其是赞颂周王宫室之美，祝祷昌盛吉祥的诗。从体式来看，《斯干》全篇都没有上梁文的特点，更像是一首四言诗，所以，它还不是真正意义上的上梁文。吴曾在《能改斋漫录》中记有后魏温子升写的《阊阖门上梁祝文》，但在其后评价道"上梁有祝，其来久矣"，又说"第不若今时有诗语也"①，这些都说明它们还不具备上梁文的体式，也不是真正意义上的上梁文。上梁文的真正出现是在晚唐五代时期，这一时期敦煌文献中与"上梁"有涉的类似文字，已经具备了后世"上梁文"的所有要素。

在历史上，中国长期是朝鲜半岛国家的宗主国，朝鲜半岛受中国文化影响很深，其传世文献中亦有为数众多的"上梁文"，从中可以看出其受到中国文化影响的一面。其中最有特点的，当属书院上梁文。就整体而言，朝鲜半岛书院上梁文在体式、内容等方面深受中国文化影响，并对儒家文化有所传承，传承之中又体现会通创新。关于朝鲜半岛书院上梁文对中国文化的传承、会通与创新，以及书院上梁文所折射出的朝鲜文人精神气质，本文试论述之。

一、朝鲜书院上梁文的特点及分类

（一）朝鲜书院上梁文的特点

前文提到，在历史上，中国长期是朝鲜半岛国家的宗主国，中国的上梁文也在两国文化交流的过程中传入朝鲜，并对朝鲜文人的上梁文创作影响深远。朝鲜半岛传世文献中所见的书院上梁文，其体式、内容、精神范式等深受中国文化的影响。

首先是内容与体式方面，朝鲜半岛所见书院上梁文，主要收录于《韩国文集丛刊》（影印版），其内容与体式和中国宋代魏齐贤、叶棻在《五百家播芳大全文粹》中收录的34篇上梁文大致相同。《敦煌文研究与校注》一书将"上梁文"的内容分为五类，主要是宫殿；官宇、学校；府第；寺观；庙宇、桥船。② 这五

① ［宋］吴曾：《能改斋漫录》，北京：商务印书馆，1941年，第240页。
② 钟书林、张磊：《敦煌文研究与校注》，武汉：武汉大学出版社，2014年，第63页。

类也几乎涵盖了朝鲜早期上梁文的主要内容。在朝鲜各种类型的上梁文中，书院上梁文数量最多，发展最快，社会价值也最高。按照建筑的不同，朝鲜书院上梁文可分为书院庙宇上梁文和书院讲堂上梁文，以及为建造整个书院而写的上梁文。其中，书院庙宇上梁文对其所奉祀人物的品行关注更多，祭祀风气更浓厚；书院讲堂上梁文虽也奉祀先贤，但更加关注其学问渊源及对学术的贡献，讲学风气更重。

至于书院上梁文的体式，朝鲜半岛所见上梁文相关文献与中国类似，均分为首、中、尾三部分。文章起首与收尾均是韵文，夹以散文平铺直叙。这也是宋代上梁文的基本体式，"首"一般交代作文的缘由，起"引子"作用；"中"是上梁文的主体，写上梁的具体仪式；"尾"通常是歌功颂德，以"伏愿上梁之后……"结尾，做出祈愿。其祝文韵散结合，多以三、三、七、七、七的格式呈现，以"儿郎伟"开端，分别向"东""西""南""北""上""下"祝祷，最后以发愿希冀吉祥结尾。

其次是朝鲜半岛书院上梁文的精神范式。"书院"一词最早出现于唐朝，唐玄宗设立的丽正书院、集贤书院，为修书之地，而非士子肄业之所。[①]到了宋代，因文人推崇，讲学之风兴起，书院担负起了教学会讲的功能。而朝鲜的书院无论在起源还是制度上，都和中国的书院有着极深的渊源，甚至可以说是中国书院东传的结果。[②]朝鲜理学大家李滉在上书时说："惟我东国，迪教之方，一遵华制，内有成均、四学，外有乡校，可谓美矣，而独书院之设，前未有闻，此乃吾东方一大欠典也。"[③]（《上沈方伯》）由此可知，朝鲜半岛的书院是在中国书院的影响下设立的，其深受中国文化的影响。

（二）朝鲜书院上梁文的分类

传统书院的布局一般都是庙、学结合，既有作为祭祀用途的祠宇，又有作为讲学用途的讲堂，同时还有在入口处被称作"外三门"的阁楼，有的书

---

① 谢术福、王坤：《论汉字文化圈中的书院之功——以中国、朝鲜半岛、日本为中心》，《中外建筑》2018年第35期。

② 李华东：《朝鲜半岛古代建筑文化》，南京：东南大学出版社，2011年，第184页。

③ ［朝］李滉：《退溪先生文集》，《韩国文集丛刊》第29辑，首尔：韩国民族文化推进会，1989年，第265页。

院还建有藏书阁、典祀厅、文集板库等。

1. 书院庙宇上梁文

在朝鲜书院的初创期和泛滥期，朝鲜书院上梁文以书院庙宇上梁文为主，这种类型的上梁文以赞扬先贤品质、记叙先贤事迹为主要内容，且大都偏向于教化。

金玏（1540—1616）的《伊山书院祠庙上梁文》，写到了其奉祀的先贤——退陶先生，全文以赞扬其品质开篇，"恭惟我退陶先生，奎精报瑞，井气呈祥。纯洁精明，禀生圭璋之质；温安端肃，挺出麟凤之姿。肆讲学不资于师承，乃为仁无待于友辅。读其书而知其说，既能私淑乎人；求诸心而反诸身，终亦自得于己"①。全文就像为退陶先生写的一篇传记，始终围绕他的优秀品质及其主要事迹展开，显示出浓厚的尊贤教化意味。金堉的《花谷书院祠宇重建上梁文》，对花潭先生徐敬德的赞颂也集中于其品行，即使将他与孔子、颜回对举，也是为了突出其坚守自我、乐天安命的高洁情怀，"先生达识通微，英姿盖世。天根月窟，手探足蹑之尧夫；鱼跃鸢飞，格物致知之朱子。常寻孔颜之乐处，妙合程朱之绪言，归而求之有余，三百六旬之自悟。小者学而及大，二十五年而皆通，蔚为儒真，鸣于东国，谓天降之大任。奈民泽之难蒙，名登荐书，不屑就于科目，职辞宠擢，坚所守乎初心。忠君孝亲，礼尤谨于丧服；达理知命，意犹安于死生"②。徐敬德也是朝鲜性理学大家，与赵光祖同时，主导了朝鲜文坛一代学风的走向，但在这里，作者对徐敬德品行大加赞颂，而对其学问涉及甚少。统观全文，尊贤、教化的成分远远多于讲学和传授知识的成分。

2. 书院讲堂上梁文

讲堂是书院的核心部分，在朝鲜书院的发展期尤其如此。朝鲜文人在为书院讲堂撰写上梁文的过程中，虽然也会在其中尊奉一位先贤以示尊敬，但

---

① ［朝］金玏：《栢岩先生文集》，《韩国文集丛刊》第50辑，首尔：韩国民族文化推进会，1990年，第137页。

② ［朝］金堉：《花潭先生文集》，《韩国文集丛刊》第24辑，首尔：韩国民族文化推进会，1992年，第335页。

对先贤的称赞主要集中于其对学术及教育的贡献上。文人在书院讲堂上梁文中所寄寓的感情，也以自我内心对醇厚学风的渴慕及对儒学在朝鲜发扬光大的期望为主，同时还有将教育普及化的希冀。李家淳的《德南书院讲堂上梁文》，以松隐先生朴翊为奉祀对象，着重写了他的学术成就及对教育的贡献。"力扶五百年纲常，颓波独立；迹同七十贤义烈，杜门潜居……家传诗礼，服习乎耳濡目染之余；堂和埙篪，交修乎民彝物则之懿。"① 李景奭的《龙门书院讲堂上梁文》，从龙门先生赵昱的学术渊源入手，着重写了其对学问孜孜以求的态度及在艰难处境中治学带给他的乐趣，"惟我龙门赵先生，聪敏其资，孝友之。凤探程子朱子之道，梦寐如或见之，早游静庵冲庵之门，渊源有自来矣……发千古之微辞，有是中庸大易，克复则着绝句之言志，琢磨则从伯子之吹埙，何恤乎得失荣枯，所学者格致诚正"②。

书院讲堂上梁文最后的祈愿部分也与书院庙宇上梁文有很大的区别，在书院庙宇上梁文中，作者最后的祈愿更多的是希望人们遵守儒家所提倡的礼仪制度，以忠孝节义等核心价值观念规范自身言行，达到"风声所及，物色维新，想象欣慕之余，人多兴起；藏修游息之际，士争琢磨。挽世教于一丝，措国势于九鼎"③（《庙宇上梁文》）的社会效果和"时修礼义，士知趋向，必学古而有获，随处泰然，盍见贤而思齐"④（《松谷书院庙宇上梁文》）的思想境界。而书院讲堂上梁文最后的祈愿则更侧重于对美好学风的期盼，希望能通过书院的讲学使儒家学说在朝鲜发扬光大，促进社会上读书求学风气的形成，如李著秀在《明湖书院讲堂上梁文》的结尾祈愿："伏愿上梁之后，地灵呵护，儒教兴隆。笾豆静嘉，恭修四时之香火；衿佩彬苑，乐育一方之英材。诵其诗读其书，仰轨辙而思趾，居乎仁由乎义，攀户牖而同

---

① ［朝］李家淳：《松隐先生文集》，《韩国文集丛刊》第5辑，首尔：韩国民族文化推进会，1990年，第246页。

② ［朝］李景奭：《龙门先生集》，《韩国文集丛刊》第28辑，首尔：韩国民族文化推进会，1992年，第254页。

③ ［朝］权斗经：《观澜先生遗稿》，《韩国文集丛刊》第9辑，首尔：韩国民族文化推进会，1996年，第248页。

④ ［朝］郑葵阳：《泰斋先生文集》，《韩国文集丛刊》第8辑，首尔：韩国民族文化推进会，1990年，第666页。

归。二三子益懋讲明，千百岁永观成效。"① 希望能通过书院教育一方英才，进行学问传授与人才培养，发挥书院应有的作用。

二、朝鲜书院上梁文对儒家文化的传承与创新

朝鲜半岛的书院，乃是儒家思想东传的载体。一种文化思想的传播，往往是从体现这种文化的礼乐或器物层面开始，进而才是伦理道德、价值观念以及作为文化载体的文字等。② 在朝鲜书院兴起和发展的过程中，书院上梁文的创作也日益兴盛，并与朝鲜书院各个时期功能的发展变化紧密相连，并且，无论是书院庙宇上梁文还是书院讲堂上梁文，都散发着浓厚的儒家文化气息。

（一）对儒家文化的传承

中国书院重视传道，对"道统"的强调更胜于对知识的讲授，朝鲜半岛书院上梁文中亦体现了这一点，这在"书院庙宇上梁文"中体现得更为明显。如张显光的《临皋书院庙宇上梁文》，在肯定朝鲜儒者郑梦周学术地位的同时，认为其深得北宋五子"周程张朱之正传"，强调了其朝鲜儒家正宗的地位。"恭惟圃隐先生，钟日星之真精，禀山海之秀气，生宇宙最后之世，心三皇五帝之淳厖，立天地极偏之方，眼九州岛岛八荒之经纬，心融默识于天下之故，躬行力践者日用之常。得周程张朱之正传，泝渊源于孔孟；贱桓文管晏之卑业，志经纶于伊周。牧老发横竖当理之称。"③通篇文章对书院本身的书写与描绘很少，对郑梦周"至乃明节义于日月，唯刀巨鼎镬不能夺其坚贞，所以任纲常于乾坤，虽松柏金石岂得喻其劲确。不但高丽五百年一代忠

---

① ［朝］李蓍秀：《容轩先生文集》，《韩国文集丛刊》第7辑，首尔：韩国民族文化推进会，1990年，第619页。

② 张立文：《李退溪思想世界》，北京：人民出版社，2013年，第1页。

③ ［朝］张显光：《圃隐先生集》，《韩国文集丛刊》第5辑，首尔：韩国民族文化推进会，1990年，第623页。

弱，实惟朝鲜千万世吾党纯师"①的朝鲜儒学宗师地位反复强调，所以，统观全文，尊贤、教化，强调道统的成分远远多于对讲学与知识传授的重视。

中国书院强调教化，对"子欲善，而民善矣。君子之德风，小人之德草。草上之风，必偃"的儒家教化颇为重视。讲堂乃是布道设教的场所，"讲堂上梁文"对中国书院强调教化之风亦有所体现。"讲堂上梁文"往往在赞颂某位先贤学问的同时，对其道德文章进行颂扬，以突出教化之功用。金商雨在《明溪书院讲堂上梁文》中写道："恭惟容轩先生，钟彝德业，琬琰文章，祖杏村而父平斋，蔚乎诗礼之训三世，翊献陵而佐三庙，屹然柱石之臣四朝。学术渊源，出入圃隐，牧隐之堂奥，艺苑声价，上下春亭，佳亭之坛场，若其伟迹丰功，自有信笔良史，星辰历践，峻升紫薇之台垣。"②这里对容轩先生李原的事迹寥寥几句，一笔带过，并未做深入描写，而着重强调了其学术渊源、学问传承及学术风格。

作为上梁仪式上所宣读的文章，聆听者除书院学生外，亦有远近民众夹杂其间，这样一篇介绍先贤治学路径的文章，在为学生指明学习方法的同时，对远近民众也可以起到教化作用。此外，上文提到，朝鲜书院讲堂上梁文最后的祈愿，更多的是希望人们遵守儒家所提倡的礼仪制度，以忠孝节义等核心价值观念规范自身言行。由此可见，朝鲜书院讲堂上梁文通过治学路径的指示以及最后的祈愿，表明了对教化的重视，这显然是受到了中国儒家重视教化思想的影响。

朝鲜书院一方面与中国书院一样承担了同样的兴学为政、为国家输送人才的作用："唯有书院之教盛兴于今日，则庶可以救学政之缺。"③（《上沈方伯》）另一方面，其也扮演着引领士林潮流、针砭时弊的时代风骨角色。从燕山君即位到明宗即位（公元1495—1545年）的50年间，共发生过四次士

---

① ［朝］张显光：《圃隐先生集》，《韩国文集丛刊》第5辑，首尔：韩国民族文化推进会，1990年，第623页。

② ［朝］金商雨：《容轩先生文集》，《韩国文集丛刊》第7辑，首尔：韩国民族文化推进会，1990年，第617页。

③ ［朝］李滉：《退溪先生文集》，《韩国文集丛刊》第29辑，首尔：韩国民族文化推进会，1989年，第266页。

林惨祸，尽管儒者纷纷隐遁山林，但其不屈之风骨，为书院所继承。[①] 正如朝鲜半岛书院上梁文中所言："值天运小来而大往，凶邪如鬼如蜮，胥动铄金之流言，忠良为粉为齑，谁免焚玉之炎火。小大战战，势危于宋元丰交乱之时，中外汹汹，事难于赵如愚调护之日。……不顾万死，敢抗一封，恳恳乎忧国爱君，若范侍讲经世之疏，谔谔然辨邪扶正。"[②]（《三溪书院庙宇上梁文》）由此可知，朝鲜书院上梁文亦传承了儒家文人忧国忧民的思想观念。

（二）在继承基础上的创新

首先，朝鲜书院上梁文奉祀对象与中国不同。

中国的书院有"奉祀"的传统，其奉祀的人物以对儒家学说的贡献大小为准则，以此决定一位儒者能否进入被奉祀的行列。朝鲜书院受明朝大肆立祠、崇儒尊贤政策的影响，也注重对先贤的奉祀，据《朝鲜王朝实录·中宗实录》记载，成均馆直讲林霁光奏曰："臣伏见《大明一统志》，先贤祠庙，无处不有。此崇奖德义，以观后来之美事也。我国家典章、文物，悉仿中朝，而独于祠庙之制，盖阙如也，岂非圣治之欠典也？"[③] 但朝鲜书院供奉的对象比较宽泛，其奉祀的人物除了士林派中的名儒，如安珦、郑梦周等对性理学的发展做出过重大贡献的人物，也祭祀一些以忠孝节义闻名的普通人。[④] 如李集的《三溪书院庙宇上梁文》，并没有写出具体奉祀的人物，而只是着重强调了被奉祀者面对奸邪时大义凛然的气节和品质。"值天运小来而大往，凶邪如鬼如蜮，胥动铄金之流言，忠良为粉为齑，谁免焚玉之炎火。小大战战，势危于宋元丰交乱之时，中外汹汹，事难于赵如愚调护之日。……不顾万死，敢抗一封，恳恳乎忧国爱君，若范侍讲经世之疏，谔谔然辨邪扶正。"[⑤] 如此种种，还有《龟川书院上梁文》《伊渊书院上梁文》等，这是朝

---

① 高明士：《韩国朝鲜王朝的庙学与书院》，《湖南大学学报（社会科学版）》2006年第6期。

② ［朝］李集：《冲斋先生文集》，《韩国文集丛刊》第19辑，首尔：韩国民族文化推进会，1988年，第474页。

③ 《朝鲜王朝实录·中宗实录》卷34，中宗十三年（1518）十月丁卯条。

④ 李华东：《朝鲜半岛古代建筑文化》，南京：东南大学出版社，2011年，第195页。

⑤ ［朝］李集：《冲斋先生文集》，《韩国文集丛刊》第19辑，首尔：韩国民族文化推进会，1988年，第474页。

鲜书院上梁文在儒家文化基础上的创新之一，也是儒学在朝鲜的本土化和民族化的体现。

在中国，"上梁文"一度被认为是不足观的"小道"。正如清代文章学家刘师培在《论文杂记》中所言："有所谓上梁文者矣，出于《诗·斯干》篇。有所谓祝寿文者矣，始于华封人之《祝尧》。一二慧业文人，笔舌互用，多或累篇，少或数言，语近滑稽，言违典则，此则子云（扬雄）称为小技，而昌黎（韩愈）斥为俳优者也。"[①]而朝鲜文人所著的"上梁文"，不仅会正式收入本人的文集，还常常作为意识形态的载体与教化的工具。在封建社会意识形态的稳定高于一切，但凡与意识形态扯上关系，其地位与重要性便不可与昔日同语。为中国文人所不屑的"上梁文"传至朝鲜，因其承担意识形态宣传作用而登上了大雅之堂，不能不说是半岛文人的一大创新。

三、朝鲜书院上梁文与朝鲜文人的社会精神建构

众所周知，中国和朝鲜是古代儒家文化圈里两个重要的国家，两国的文化、文学发展有着千丝万缕的联系。[②]程朱理学在高丽末期传入朝鲜，经历上百年的发展，到朝鲜王朝时期得以发扬光大。在这一发展进程中，朝鲜文人根据社会的发展状况不断对儒学进行调整和改造，以使其更加适应本国国情。最终，中国的儒学以"性理学"的面貌在朝鲜传播开来。在这一过程中，书院发挥了重要作用。前文提到，书院是儒家思想东传的载体，儒家思想的主要内容随着朝鲜书院的建立纷纷在各地传播开来，对朝鲜文人的社会精神建构起到了重要作用。

（一）尊儒重教、涵养学风的精神

作为祝祷性质的书院上梁文，文人在其中寄寓着自我对朝鲜社会建构的殷切期望。这些专门为书院所写的上梁文，字里行间流露着作者对国家文教事业的关心和重视，以及对先贤学术学风延续的期盼。尽管在书院庙宇上梁

---

① ［清］刘师培：《中国文学讲义》，扬州：广陵书社，2013年，第176页。

② 曹春茹、王国彪：《朝鲜诗家论明清诗歌》，北京：中央编译出版社，2016年，第6页。

文中，奉祀教化的风气浓厚一些，但这并没有影响书院的儒学传播功能，这些被奉祀的先贤也大都是对性理学的发展做出过重要贡献的文人，即使是被尊奉的普通人物，也都是在忠孝节义等方面有着突出品行的人。书院讲堂上梁文自不必多言，在讲堂上讲授的都是传统的性理学内容，性理学是程朱理学在域外的分支，也自然是传统儒学的承续。所以，在朝鲜书院上梁文中，文人始终秉承着尊儒重教、培养人才、涵养学风的精神。

翻开朝鲜文人为书院写的上梁文，几乎每篇都会以一个名人开篇，这些人或者是朝鲜著名的儒家学说推崇者，或者是书院所在地的名人，总之，会以其突出的道德学问为开端，通过对先贤的赞颂和缅怀来引出对知识学问的推崇，进而写出作者尊儒重教、培养贤才、涵养学风的精神追求。如吴亿龄在《道峰书院上梁文》中写道："道德之归，远近咸仰，耳目所逮，观感尤深。既切矜式之诚，可废瞻依之所，恭惟静庵先生，受天间气，为世宗儒，虽圣德之乐蕴于心，不假外物。"① 称颂静庵先生赵光祖道德学问为士人楷模，高度赞扬了他高尚的道德品质，后面写到了该地的景色风物，从地理方面说明该地"人杰地灵"，最后希望通过书院的建设使儒家思想和学说得到更广泛的传播。金允安在《龟山书院上梁文》中写道："恭惟龟岩李先生，醇悫其质，正直之气，降生有同于申甫。既钟河岳之精，兴起不待于文王，能穷格致之学，积德必自于先祖，毓庆实关于斯文。"② 作者在这里将龟岩先生李桢的才学归功于对知识、学问的推崇和尊重，从侧面强调了学问的重要性，以此来弘扬向上学风，使学问普及化、平民化。李以恂在《宁川书院上梁文》中写道："恭惟四先生，星辉东国，玉挺南乡，繁竹溪之后昆，钟鹑江之淑气。志专儒术，家声不坠于肯堂，孝为行源，亲丧自尽于泣血。当时硕德，后日鸿名，猗两丁之嗣兴，实一代之英伟。"③ 金寿恒在《玉屏书院上梁

① ［朝］吴亿龄：《静庵先生续集》，《韩国文集丛刊》第22辑，首尔：韩国民族文化推进会，1988年，第175页。

② ［朝］金允安：《龟岩先生文集》，《韩国文集丛刊》第33辑，首尔：韩国民族文化推进会，1989年，第500页。

③ ［朝］李以恂：《游轩先生集》，《韩国文集丛刊（续）》第34辑，首尔：韩国民族文化推进会，2009年，第92页。

文》中写道："恭惟思庵先生，河岳精英，乾坤正气，家传诗礼，克绍讷翁之楷模，学究天人，早升潭老之堂室。襟期有退陶之独契，莹澈比清冰之一条，修身则内直外方，立朝则先忧后乐。濂洛人物，开天诗调，不愧皇华之评，松筠节操，水月精神。"[1] 这些上梁文都是以朝鲜的名家开篇，从道德、学问方面着手。这种模式一方面体现了朝鲜文人对学问大家的尊重，另一方面也让更多人了解了朝鲜学风之浓厚，对后人也起到了激励和引导的作用，有益于促进社会道德风气的养成。

这些为书院所写的上梁文，最后的祈愿部分也都有一个基本思想，即希望通过书院的讲学加强社会尊儒重教的风气，达到涵养学风、培养贤才的目的。在每篇书院上梁文的祈愿词中，都会流露出作者的这种情感，"伏愿上梁之后，人皆砥砺，士自琢磨，俯而读仰而思，宛若亲承乎謦欬；入则孝出则悌，定应惇叙乎伦彝"[2]（《龟山书院上梁文》）。"伏愿上梁之后，鬼神守护，河岳胚胎。负笈之肩常摩，诵诗之声不绝，如鹏之运，如鹄之举，风教振乎周庠。若冶之铸，若陶之甄，人才配乎鲁泮，施诸有政，非谋利计功，发之于文，皆依道据德，无坠厥绪，有永弥昌"[3]（《梨湖书院上梁文》）。这些祝祷都体现了文人对纯正儒家文治教化及浓厚学风的向往与追求，寄托着文人的理想社会建构。

（二）复兴儒学、重振儒风的精神

朝鲜书院功能的转变是与儒学的发展情况紧密相连的，透过这些书院上梁文，能看到不同时期儒学的发展情况及文坛风气的转变。当儒学发展较快，士林派文人占据主导地位时，朝鲜书院以讲学为主，发展较为健康。当儒学停滞不前，甚至陷入危机时，朝鲜书院也向着奉祀为主的方向发展，逐渐脱离其本职，沦为各种政治组织强化自己势力的工具。这些变化都可以从

---

① ［朝］金寿恒：《思庵先生文集》，《韩国文集丛刊》第38辑，首尔：韩国民族文化推进会，1989年，第364页。

② ［朝］金允安：《龟岩先生文集》，《韩国文集丛刊》第33辑，首尔：韩国民族文化推进会，1989年，第500页。

③ ［朝］李埈：《苍石先生续集》，《韩国文集丛刊》第65辑，首尔：韩国民族文化推进会，1991年，第56页。

书院上梁文中略窥一二。

在朝鲜历史上，曾经发生过多次"士祸"，也称"史祸"，其中规模和影响较大的一次是发生在燕山君四年（1498）的"戊午士祸"。这次士祸的起因是勋旧派和士林派的矛盾激化，但最终原因是燕山君想要借此机会清除自己王权独尊的障碍。在这次士祸中，士林派文人遭受重创，或被处死，或被流放，就连已经去世的金宗直也被挖出来鞭尸，士林派文人几乎消失殆尽。戊午七月二十七日，颁赐教文曰："不意奸臣金宗直，包藏祸心，阴结党与，欲售凶谋，为日久矣。假托项籍弑义帝之事，形诸文字，诋毁先王，洎天之恶，罪在不赦，论以大逆，剖棺斩尸。其徒金驲孙，权五福，权景，朋奸党恶，同声相济，称美其文，以为忠愤所激，书诸史草，欲垂不朽，其罪与宗直同科，并令陵迟处死。……李穆，许盘并皆处斩。姜谦决杖一百，籍产为奴。表沿沫，洪翰，郑汝昌，茂丰副正摠等，罪犯乱言，姜景叙，李守恭，郑希良，郑承祖等，知乱言不告，并决杖一百流三千里。……任熙载决杖一百，李胄决杖一百，极边付处。李宗准，崔溥，李黿，金宏弼，朴汉柱，康伯珍，李继孟，姜浑等，并决杖八十。……鱼世谦，李克墩，柳洵，尹孝孙等罢职。洪贵达，许琛，安琛等左迁。随其罪之轻重，俱已处决，谨将事由，告于宗庙社稷云。"[1]（《柳子光传》）由以上记载可知，这次士祸波及范围之大，受牵连人数之多。士林派师承朝鲜性理学大师郑梦周，以儒家学说为宗，主要在朝鲜传播儒家思想，推崇孔子、孟子、韩愈、二程等人，他们大都没有家族背景，是依靠自身才学通过科举进入仕途的义人，再加上燕山君本来就厌恶儒生，排斥儒学，所以这次士祸的发生就不足为奇了。

在这之后，朝鲜儒学一度陷入低谷期，"儒林丧气，重足侧目，学舍萧然，数月间无有读诵声。父兄相戒曰：'学足以应科举则止，何用多为?'"[2]（《柳子光传》）。到中宗朝，儒学才逐渐恢复，这种趋势在朝鲜文人写的上梁文中也可略窥一二。如李埈为金乌书院移建写的上梁文中，就明确提出了重兴儒

---

[1]　［朝］李穆：《李评事集》，《韩国文集丛刊》第18辑，首尔：韩国民族文化推进会，1988年，第185页。

[2]　［朝］李穆：《李评事集》，《韩国文集丛刊》第18辑，首尔：韩国民族文化推进会，1988年，第185页。

学的期望。"伏愿上梁之后，志颜学尹，崇儒黜哀，岁拔其才。文如班，马，董，贾，乡多善俗，学则礼乐诗书。壮元坊，兴今日之壮元，忠烈碑，慕往时之忠烈。蕴明体适用之学，经纶我邦，辟索隐行怪之徒，羽翼斯道。正教大振，文治复明。"① （《金乌书院移建上梁文》）

在朝鲜王朝以后的几百年中，"士祸"也时有发生，对儒学及士林文人造成了巨大影响。赵复阳在《凤岩书院移建上梁文》中就明确表达了对士林派文人惨遭士祸的同情与悲愤，"那知北门谗贼之祸，复见东都殄瘁之悲。偃月堂中，林甫之凶惨矣；首阳山侧，孟博之言哀哉。人代迭迁，士林之长痛无已；流风未泯，高山之景仰不衰"②。这些文人为书院所写的上梁文，都表达了这一时期文人对儒风重振的殷切期望，他们有着和杜甫"致君尧舜上，再使风俗淳"一样的精神追求。

朝鲜文人为书院写作上梁文的过程不仅仅是守护、传承儒家思想和学说，更在其中寄寓了他们复兴儒学、重振儒风的精神追求。他们在其中构筑了一个儒风醇厚、彬彬有礼的精神世界。在他们所建构的精神世界中，不仅要通过广兴书院、学舍，使文人能勤力于儒学，以振兴儒学为己任，同时也力求通过对儒学的推崇，使其在社会上广泛传播，以达到"家孔孟而户周程，文治炳蔚，敦诗书而悦礼乐，士习正淳"③ （《光州乡校大成殿上梁文》）的效果。

结　语

朝鲜书院上梁文不仅仅是一种祝祷性的文体，同时也反映了朝鲜书院的功能及发展状况。朝鲜文人通过书院上梁文的写作传达了朝鲜书院的大量信

---

① [朝]李埈：《松堂先生文集》，《韩国文集丛刊》第18辑，首尔：韩国民族文化推进会，1990年，第136页。

② [朝]赵复阳：《松斋先生文集》，《韩国文集丛刊》第23辑，首尔：韩国民族文化推进会，1988年，第560页。

③ [朝]奇大升：《高峰先生文集》，《韩国文集丛刊》第40辑，首尔：韩国民族文化推进会，1989年，第57页。

息，这为后世对朝鲜书院的研究提供了支持。就上梁文的本质而言，它是一种表达美好愿望和祝福的文体，是创作主体自身情感和精神倾向在实际生活中的体现，是沟通建筑活动与人的情感的文学桥梁。[①] 无论是朝鲜书院庙宇上梁文还是朝鲜书院讲堂上梁文，都有着朝鲜文人对儒家文化的认同与坚守，体现了朝鲜对中华正统文化的尊崇，这是朝鲜在政治、文化层面的自觉选择[②]。朝鲜文人在书院上梁文中也寄寓了自我对朝鲜建构尊儒重道、涵养学风的社会精神的殷切期盼，这是朝鲜文人积极入世情怀的体现。

作者简介： 娄玉敏，1993 年生，曲阜师范大学文学院 2017 级硕士研究生，研究方向为朝鲜古代文学与文化。

---

① 张慕华：《上梁文与宋代文人构建的理想国》，《安徽大学学报（哲学社会科学版）》2010 年第 79 期。

② 王国彪：《朝鲜"燕行录"中的"华夷"之辨》，《外国文学评论》2017 年第 35 期。

山姆·谢泼德戏剧《旅行者》中的双重文化观照

金新杰

摘要：《旅行者》（La Turista）是山姆·谢泼德从先锋剧到家庭剧转型时期的作品，该剧呈现了墨西哥文化与美国文化的特质，表达了剧作家对墨西哥印第安文化和美国现代文明的思考。在双重的文化观照中该剧启迪观众自觉主动地去判断和反思两种文化的不足之处。

关键词：山姆·谢泼德；旅行者；美、墨文化

1967 年，美国著名戏剧家山姆·谢泼德创作了两幕剧《旅行者》，该剧为他赢得了第四个奥比奖（外百老汇戏剧奖）。《旅行者》是谢泼德的第 12 部作品，该剧是山姆·谢泼德风格转变的标志之作，美国的学者和评论家都对《旅行者》给予了赞誉和肯定。这是谢泼德当时最完整最深刻的剧本，它不仅扩大了谢泼德戏剧的受众，也为谢泼德带来了更多的与剧院合作的机会。1969 年，《旅行者》被选为英国皇家剧院楼上剧场首演季的第二部作品，并且由资深导演罗杰·亨德里克斯·西蒙执导，这一选择凸显了谢泼德作品在剧场的重要地位。

一、《旅行者》剧情介绍

《旅行者》（La Turista）创作于剧作家在墨西哥旅居期间，剧本第一幕就发生在墨西哥。山姆·谢泼德在墨西哥尤卡坦半岛上完成了剧本的创作。尤卡坦半岛是玛雅文化的摇篮之一，时至今日，玛雅人口数仍在该岛人口数中占有很大比重，玛雅语仍然被广泛使用。该剧于1967年3月在纽约美国地方剧院首演，此后于1969年在伦敦皇家剧院上演。

La Turista是西班牙语，有旅行者和痢疾双重含义，这也点明了戏剧的主要情节，即一对在旅行中的美国夫妇因丈夫患上痢疾而求医的故事。剧作家采用了倒叙的方式：第一幕发生在墨西哥的乡村旅馆，肯特和萨勒姆这对年轻的美国夫妇在墨西哥旅行，肯特被严重晒伤，皮肤被晒成了鲜红色，他们针对肤色发表了一番言论，认为人类肤色的不同与死亡有关。肯特逐渐出现了腹泻的症状，与此同时，一个离家出走的墨西哥土著男孩进入了他们的房间，并要求给他们擦鞋以换取钱财，肯特以一个傲慢的美国人姿态对墨西哥土著男孩发表了一系列刻板的、蔑视性的言论。"我甚至不敢正视他，看他布满猪油的双手，猩红的双眼，难闻的气味，让他走。"[1] "如果我这么穷，我会自杀的。"[2] 小男孩向肯特脸上吐口水，接下来肯特的痢疾变得严重。肯特从卫生间出来，看到小男孩躺在他的床上后，突然晕倒在地。萨勒姆请求男孩帮忙找一个当地医生，墨西哥当地自诩无所不能的巫医前来救治肯特，巫医举行了一系列烦琐的巫术仪式，肯特的病还是毫无起色。第二幕回到了他们在去墨西哥之前的美国旅店，肯特患上了昏睡病，时不时就会昏睡过去，醒过来就会胡言乱语。在这一幕中，戏剧情节是不连贯的，人物的语言是碎片化的。他们向美国一流的名医求助，准备病好之后去墨西哥旅行。美国医生诊断他患了"慢性昏睡性脑炎"，给他开了名为苯丙胺的药，提出的诊疗方案也毫无疗效，只是让萨勒姆和医生助手搀扶着肯特在旅馆里一直踱步，而他自己却在诊疗过程中睡着了。萨勒姆对医生的玩忽职守感到愤怒，准备打

---

① Richard Gilman, *Sam Shepard: Seven Plays*, New York: Bantam Books, 1981, p. 262.

② Richard Gilman, *Sam Shepard: Seven Plays*, New York: Bantam Books, 1981, p. 261.

电话另找一家诊所，却发现电话线路在医生进来的时候就被切断了，他们因此爆发冲突，拔枪相向。

剧中，肯特和萨勒姆首先向美国医疗技术求助，然而美国名医连昏睡病都治不好，这表示先进的医疗技术有时也是无力的。于是，肯特和萨勒姆转而向墨西哥巫术求助，他们不再是以"游客"的边缘身份旁观着墨西哥的文化，转而成了古老巫术仪式的重要参与者，然而墨西哥的古老巫术也不能治愈肯特的疾病。

在《旅行者》中，山姆·谢泼德详细地介绍了巫医为肯特治病的过程。巫医以一袭典型的印第安装束出场，他的皮肤很黑，穿着凉鞋、黑色的短裤、鲜红的衬衫，衬衫的袖口和后背上都有精致的花朵图案。巫医的头上缠着一条紫色的大手帕，手帕四周边缘锁以流苏，两只手腕上分别倒挂着两只活鸡。在实施巫术的过程中，他手拿长绳、鞭子，腰间挂着一个大砍刀。他儿子的麻袋里则装满了熏香、鞭炮和蜡烛。在第二幕中，美国的医生则是南北战争时期的全副武装的乡村医生打扮，脚蹬长靴，穿燕尾服，系着领带，背吊裤带，挎着手枪，戴着宽边黑帽，背着一个装着各种仪器的黑色大背包。在第一幕中，墨西哥巫医在肯特和鸡群之间重复地画着十字，机械地念着同一句咒语。在第二幕中，美国医生提出的治疗方案就是让萨勒姆和医生助手搀扶着肯特在旅馆里不停地走动，而他自己却在诊治过程中睡着了。面对病人的需求他不管不顾，自说自话。萨勒姆与医生助手讨论如何救治肯特，而医生助手却讲起来塔特尔农场的老太太，表现了人与人之间的无效沟通。在剧中，剧作家没有呈现肯特与萨勒姆的社会关系，"电话"在两幕剧中都起到了关键的作用。在第一幕中，小男孩通过电话与父亲联系。在第二幕的结尾，肯特和萨勒姆的电话线路被切断，他们失去了与外部世界的联系，使得他们处于一个与世隔绝的荒原状态。肯特怀疑电话线路是被医生故意切断的，肯特与医生最终拔枪相向，肯特认为医生和他的儿子从一开始就不怀好意，是为了在他这个垂死的病人身上做一些不可告人的奇怪的人体实验，肯特用枪威胁医生的儿子，医生用枪指向肯特的妻子萨勒姆。美、墨的两种治疗方式都是荒诞不经的，无论是面对精神疾病还是身体疾病，全然不起作用，剧作家借此讽喻了现代文明与古老印第安文明的弊端与不足之处。

痢疾和嗜睡病都是最普通的病症。美国是先进的工业文明的代表，墨西哥则保留着古老的印第安文明。然而面对最普通的病症，它们同样无能为力。也就是说，无论是西方现代文明，还是墨西哥古老文明，都无法治愈现代人的心灵创伤，这两个国家各自固有的文化背景是无法医治人们的精神疾病的。

二、墨西哥与美国的双重文化观照

（一）墨西哥文化元素

在《旅行者》中，山姆·谢泼德相对真实地呈现了墨西哥与美国的两种不同的文化元素。在山姆·谢泼德的戏剧中，墨西哥不仅仅是一个地标，更是作为心灵的隐喻在其戏剧中扮演着重要的角色。墨西哥是玛雅文化的发源地，保留着较为完整的印第安文明。墨西哥的历史和文化深深地吸引着谢泼德，山姆·谢泼德的许多剧作都体现了他对墨西哥印第安文化的关注。他的处女作《牛仔》表现了嬉皮士与印第安人的冲突，《沉默的舌头》表现了印第安女性的生存状况，《康苏埃拉之眼》的场景设置为墨西哥丛林深处的乡村旅馆。

首先，在《旅行者》中，剧作家用了完整的一幕来呈现神秘国度的原始巫术仪式，详细地描写了墨西哥人的巫术活动，这表现了他对墨西哥地区神秘的原始巫术的着迷。在印第安人的观念中，大自然的力量和人类的状况之间存在着一种真切的关系，人类与这些不同的自然力量是不可割裂开来的。在墨西哥土著的生活中，人与自然界万物有着密切的联系，这种联系源于超自然的力量。在巫术仪式中，熏香是为了向上帝祈祷，墨西哥人相信烟气会把祈愿带入天堂。蜡烛是为了让上帝向下看，看到蜡烛的光就会知道有人在祈祷。放鞭炮则是为了驱除邪灵，使得灵魂从身体内解放出来。这个原始村落里的原住民相信灵魂附身，疾病是因为邪灵附体，要想病人恢复健康，必须用某种方法将邪灵赶出身体，他们用鞭子抽打肯特就是为了驱赶邪灵。将活鸡宰杀，用以祭祀，将鸡血滴在病人的背上，意味着好的灵魂进入他的体内，病人将会恢复健康。衣服会被烧掉，因为他们相信邪灵仍然附着在衣服上。最后鸡会被带往山顶，扔进火里以祭祀神明。

谢泼德在学者马修·鲁丹（Matthew Roudane）对他的访谈中解释了他的戏剧中何以使用如此多的墨西哥文化元素："墨西哥是美国应当成为的样子。墨西哥仍然保留本心、非凡的激情，保留了家庭和文化深深的根源。"①第二次世界大战之后，美国因为大发战争横财，成长为一个超级大国，对于此时欧洲社会年轻一代表现出的迷惘情绪，美国人民的感受并不强烈。但是到了20世纪60年代，美国政治及社会处于一个大动荡的状态。20世纪60年代嬉皮文化运动席卷全美，冲击了美国社会的传统伦理道德观念，消费社会的物质财富并不能填补现代人精神上的空虚和苦闷。墨西哥的物质条件虽然十分匮乏，但人们的精神处于饱满富足的状态，他们保留着非凡的激情，对未来的美好生活充满热烈的期待。

在墨西哥大地上，曾诞生过玛雅文明、奥尔梅克文明等印第安人建立的奴隶制文明。墨西哥较为完好地保留了印第安传统文化，山姆·谢泼德热衷于去墨西哥旅行，他视墨西哥的玛雅文化遗址图伦为人间天堂。玛雅至今仍是墨西哥56个印第安民族之一。玛雅人居住在尤卡坦半岛等地，在风俗习惯、民间艺术等方面仍保持着其民族传统。在谢泼德戏剧中的这个村落里，人们说着最纯正的玛雅语，它甚至比尤卡坦语中使用的玛雅语更加纯正，因为尤卡坦语中混合了西班牙语和拉迪诺语，而这个村落的人们仍保留着最纯正的玛雅语，这是剧作家理想化的投影。美洲原住民的语言、肤色不仅仅是他们独特的文明传承，而且还是他们的标签。

美国学者德·罗斯（De Rose）称谢泼德的这一行为为"帝国主义怀旧（imperialist nostalgia）②"，谢泼德称赞美洲原住民的精神、文化和生活方式，认为远远优于高度科技化、军事化、工业化的美国社会。谢泼德力图还原和再现印第安人的传说和仪式，希望以此引起人们对印第安人历史困境的关注。因此，在《旅行者》中，山姆·谢泼德用了大量的篇幅，力求真实地

---

① Matthew Roundan, *The Cambridge Companion To Sam Shepard*, NewYork: Cambridge University Press, 2002, p. 77.

② Shannon Blake Skelton, *The Late Work of Sam Shepard*, London: the British library, 2016, p. 165.

记录印第安人的巫术仪式并在舞台上呈现。然而印第安文化作为美国文化的"他者"，山姆·谢泼德不可避免地将其理想化和标签化了。美国原住民和他们的文化受到反主流文化的普遍崇拜并挪用，可视为反对主流文化传统的一个工具，然而他并不认为印第安文化是完美的，他在戏剧中呈现出了印第安文化的愚昧与不足。在《旅行者》一剧中，剧作家用他的悲悯之心关注到了女性的生存境遇以及墨西哥土著居民的贫困状况。"女孩们从14岁开始生育，平均寿命38岁，通常在她们去世之前要生15个孩子"①。墨西哥土著男孩的贫困与美国夫妇的富有表现了美国人与墨西哥人在当代世界资源分配中的冲突。巫医治病时用来祭祀的鸡是女性的替代品，因为在最原初的巫术仪式中，在政府立法之前，人们把年轻女孩供奉给神。

（二）美国文化元素

谢泼德是一个具有鲜明美国特色的剧作家，《旅行者》中充满了美国文化元素。肯特和萨勒姆都是美国香烟品牌，肯特是美国第二大烟草公司雷诺烟草公司（Reynolds Tobacco Company）旗下的美国卷烟品牌，是第一个流行的过滤香烟品牌，以其出色的口感和顶级品质的过滤嘴而闻名，肯特香烟更适合男性，因此用作丈夫的名字。萨勒姆香烟在1956年由美国雷诺烟草公司推向市场，是世界上第一个混合型薄荷专烟品牌，到现在依然是薄荷烟最著名的品牌之一，它的受众多为女性，因此用作妻子的名字。此外，萨勒姆也是美国以女巫文化闻名的小镇。肯特与萨勒姆在剧中可以看作是美国文化的象征。

人物出场时，萨勒姆阅读的是美国的《生活》杂志。《生活》是美国图画杂志，受众多为女性。而肯特阅读的是《时代》杂志，创刊于1923年，是美国三大时事性周刊之一，内容广泛，它是美国文化的一个鲜明符号，在世界范围内具有广泛影响力。肯特是一个非常傲慢的美国人形象，出场时他只着内衣，去卫生间后再次回到舞台，则以一副牛仔打扮出场，只见他头戴宽边巴拿马帽，着亚麻衬衫，穿手工制作的靴子，腰间还挎有一把手枪，皮肤也从出场时的深红色变为白色。他对墨西哥小男孩使用侮辱性词汇，对墨西哥

---

① Richard Gilman, *Sam Shepard: Seven Plays*, New York: Bantam Books, 1981, p. 272.

土著居民充满了刻板印象，认为他享受着当地人一辈子无法享受到的物质财富，这体现了当代美国年轻人对于自身物质文化的极大自信。

20世纪60年代末，美苏冷战不断升级，美国年轻人普遍笼罩在战争的恐慌之中，促使年轻人尤其是一代嬉皮士对现代文明及赖以生存的价值基础进行重新思考。肯特和萨勒姆作为美国文化的象征，他们的病并不是表面上如此简单好治的痢疾，而是美国青年人内在精神层面的病症。因为美国梦和原有的精神信仰破灭，他们产生了巨大的精神危机。墨西哥与美国相比，与自然的联系更紧密，也更具有现实的根基，它通过保存完好的美洲原住民文化与过去建立了联系，而美国缺少的正是这种根源。《旅行者》中的旅行正是许多遭遇精神危机的美国年轻人的寻根之旅，寻找的是美国文化的根基。而这种根基不在美国主流文化中，也不在墨西哥土著文化中。

剧本在萨勒姆与医生助手哼唱《当约翰迈步回家时》（*When Johnny Comes Marching Home*）中走向尾声，这一歌曲在第一幕中曾以哼唱的形式出现。在墨西哥文化中，美国文化始终作为一块背景板渗透其中。这是一首美国南北战争时表达人们期盼战场上的亲人朋友早日回家的歌曲，以一首爱尔兰的反战歌曲——*Johnny I Hardly Knew Ye* 的旋律为主旋律。剧作家运用此歌曲表现了他作为嬉皮士的反战精神。

三、《旅行者》的戏剧艺术特征

20世纪60年代嬉皮士反主流文化运动在美国兴起，它冲击了中产阶级道德观。一方面，嬉皮士们离经叛道，反叛主流文化传统，另一方面，反主流文化价值观不足以支撑他们的理想，因此他们去其他文化中寻求补充和支持。这种嬉皮青年的困境在谢泼德的《旅行者》中得以体现。

《旅行者》是山姆·谢泼德的第一部两幕剧，是谢泼德从先锋剧到现实主义戏剧过渡时期的作品，兼有二者的特征。一方面，戏剧具有先锋剧的特征，台词具有跳跃性和即兴发挥的特点，缺乏前后连贯性；另一方面，戏剧具有基本完整的情节和主题。

　　两幕剧的形式形成了一种镜像的相互观照。两幕剧分别发生在墨西哥和美国，形成了对照的两端。首先，在戏剧的场景设置上，两幕剧形成戏剧反差，也分别具有各自的民族特色。第一幕发生在墨西哥旅馆中，第二幕发生在美国旅馆中。在第一幕中，色彩是明亮的，整个后台墙是明亮的淡黄色，门是鲜橙色。在第二幕中，淡黄色和鲜橙色分别被棕褐色和灰色取代。无论是从房间的整体到标语都形成了一种对照关系，第一幕中使用的是红色的西班牙语标语，"CUARTO DE BANO"（浴室），"NO MOLESTAR FOR FAVOR"（请勿打扰），在第二幕中则使用黑白相间的英文标语。在场景设置上，第二幕的关键词是"塑料"，谢泼德特别强调了电话、床脚以及萨勒姆的衣服都是由塑料制成的，这表现了20世纪60年代美国工业文明的发达程度。

　　其次，这种对照表现在肯特所患病症的不同上。在美国，肯特所患的疾病是嗜睡病，是一种典型的美国富人精神病症。而在墨西哥，因为物质条件较差，肯特所患的是痢疾。这两种疾病，一个是精神疾病，一个是身体疾病。这样的安排反映了谢泼德的一种迷茫状态：在美国主流文化中，他萎靡不振；而在墨西哥文明中，他又无法满足自身基本的物质需求。

　　最后，这种对照表现在工业文明和农业文明的对比上。美国的一流名医使用最先进的仪器进行检测，而墨西哥巫医使用的都是自然的工具，祈求的是自然的力量。美国作为先进的现代文明国家，与墨西哥这个保留印第安文化遗产的国家形成鲜明对比。在美国，肯特处于一种谵妄的状态，他无法正常地思考，也无法与人交流。这是当时存在于美国年轻人中的精神危机，表现人内心深处的孤独、空虚、迷惘。肯特的病正是美国人内在的精神病症。墨西哥的物质文明虽然极度匮乏，但是人们的精神处于一个满足的状态，对神灵朴素的信仰使得他们敢于面对现实生活中的种种苦难。

　　这是谢泼德常用的戏剧处理方式，这种对照，使观众很难在其中窥见作者内心的天平倾向于哪一边。他只是将对立的两极不加色彩地呈现在戏剧舞台上，这样的处理在《情痴》中也可以看到，关于理智与情欲的两难，谢泼德不偏不倚，从不会告诉观众答案。他只是把问题剖析在我们的眼前，至于观众如何抉择，那就具有了无限的空间和延展性。在戏剧中，观众与演员的表演不是分离的，小男孩面向观众做鬼脸互动，促使观众活跃地参与到戏剧中去，对戏剧的意义进行积极思考，促使观众内省。

墨西哥恰恰是美国的一个参照物，西方现代文明与古老的印第安文明形成了相互观照，身在墨西哥旅行的谢泼德，暂离美国的社会环境，促使他在另一地域冷静地审视美国社会、美国价值观和美国梦，在其他文化中寻求心灵探索和自我超越。美国的现代文明与墨西哥的古老文明都无法医治好最普通的病症，那么美国梦的幻灭、精神上的危机如何得以解决？现代物质文明是无法医治现代人的精神危机的，而古老的文明也有弊端，谢泼德希望找到一条道路，拯救精神危机，解决社会问题。他希冀在两者之间寻找到一种理想的平衡，以纠正现代文明的不足。

谢泼德的戏剧引导观众以新的方式看待问题，"六十年代是一个相信魔力和无邪，对个人愿望的无穷威力保持着一种动人信仰的时期"[1]，肯特穿过旅馆的墙壁，离开舞台，在墙壁上留下了一个剪影，这是谢泼德提出的医治人心之道，即"打破"，打破舞台上的墙，打破规定，粉碎权威，冲击中产阶级传统伦理道德。精神的疗愈需要由内而外来完成。他希望借用印第安古老文明作为反主流文化的旗帜，反叛中产阶级的文化传统，为20世纪60年代美国社会年轻人的精神危机找出救赎之道，促使他们寻求真实的自我，追求自由，获得精神的安宁。

总之，谢泼德通过《旅行者》一剧，表达了他对墨西哥印第安文化和美国现代文明的思考，可以看出，他对两者都是持怀疑和批判态度的。印第安文化神秘却也充满迷信和愚昧，美国现代文明看似先进却也充满贪欲和谎言，所以剧作家把两者放在一起进行对比联结，让观众自觉主动地去判断和反思，启迪观众主动寻求解决精神危机的办法。

作者简介：金新杰，1996年生，曲阜师范大学文学院2018级硕士研究生，研究方向为美国当代戏剧。

---

[1] ［美］Morris Dickstein：《伊甸园之门——六十年代美国文化》，上海：上海外语教育出版社，1985，第211页。

基于BCC语料库的"吃+×"结构研究

魏婵媛

摘要：论文以汉语中"吃+×"结构作为研究对象，以BCC语料库为基础，搜集与"吃+×"相关的语料，建立小型数据库，对语料进行统计整合，探讨"吃+×"结构的形式特点和隐喻特点。基于语料统计观察发现：在音节方面"吃+×"结构以双音节和三音节为主，在语法方面"吃+×"结构以动宾结构为主，并且"吃+×"结构的隐喻义与"×"的性质有着可预测的关系，此外"吃+×"结构的隐喻义还有进一步泛化的倾向。

关键词："吃+×"；结构；形式；隐喻

一、问题的提出

"吃"是现代汉语中的一个常用动词，义项十分丰富，《现代汉语词典（第七版）》中"吃"有8个义项。由"吃"构成的常用词语，《现代汉语词典（第七版）》中列出的就有74个之多，可见"吃"具有非常强的构词能力。而且，由"吃"构成的词语多为"吃+×"结构。

"吃+×"结构一直是学界关注的研究对象。以"吃+×"为主题在中国知网中进行检索，共有11篇相关论文。在"吃+×"结构的研究中，以往的研究多集中在"吃×饭"结构的研究、吃的隐喻义研究以及对吃的文化内涵研究等方面。代表性的作品如董雯雯的《熟语性"吃×饭"结构的多维研究》[①]、刘红云的《汉语中"吃+×"类词汇的文化内涵及对外汉语教学》[②]等。我们看到，目前对"吃+×"结构的研究多是举例分析，基于语料库进行统计分析的文章还没有见到。在"吃+×"结构的研究中还存在薄弱环节，在其广度与深度上还有待进一步探索。

在当代语言生活中，"吃+×"结构在语法构成、语义功能等方面究竟有什么样的表现和特点呢？"吃"究竟可以和哪些词语搭配，又可以组成什么样的结构呢？带着这些疑问，我们以BCC语料库为基础，对"吃+×"结构进行语料统计，随机搜索了500条语料，建立了一个小型数据库（不包含"吃了、吃的"等不合格语料）。北京语言大学BCC汉语语料库语料来源广泛，语体风格多样，有利于做较全面、客观的考察，是可以全面反映当今社会语言生活的大规模语料库。文章拟在语料统计的基础上，对"吃+×"结构的语言现象进行观察和研究。

二、"吃+×"结构的形式特点分析

（一）"吃+×"结构以双音节词和三音节词为主

"吃+×"结构是由动词"吃"和"×"两个基本要素构成的，其中，"吃"是固定的常量，此时，整个结构变化集中点在变量"×"上。通过对语料的观察可以看出，能进入该结构的"×"具有丰富性和多样性。

通过观察，我们发现"×"的结构可以分为以下几种类型：

1．"×"为单音节词：吃药、吃醋、吃惊、吃亏等；

2．"×"为双音节词：吃劳保、吃白饭、吃皇粮、吃豆腐等；

3．"×"为三音节词：吃闭门羹、吃哑巴亏、吃定心丸、吃大锅饭等；

---

① 董雯雯：《熟语性"吃×饭"结构的多维研究》，硕士学位论文，哈尔滨师范大学，2013年。

② 刘红云：《汉语中"吃+×"类词汇的文化内涵及对外汉语教学》，硕士学位论文，陕西师范大学，2013年。

4．"×"为多音节词：吃一鼻子灰等。

表1　"×"的音节数量统计表

"×"的音节类型	数量	比例（%）
单音节	225	45
双音节	218	43.6
三音节	43	8.6
多音节	14	2.8
总计	500	100

从表1中可以看出，"×"的音节数量有多有少，单音节的例子占45%，数量最多；其次是双音节，占43.6%；二者共计，占88.6%。可见，在"吃+×"结构中双音节、三音节的情况居于主流地位。"×"为三音节和多音节的情况较少，总共占11.4%。"吃+×"结构中，双音节和三音节数量的领先地位体现了语言的经济原则，多音节数量较少，如"吃闭门羹、吃哑巴亏、吃定心丸"等俗语，形式已经固定，普遍具有固定意义，用于特定语境。

（二）"吃+×"句法结构以动宾结构为主

通过对500条语料进行分类整理与筛选，我们发现"吃+×"为动宾结构的有476条，占了语料的绝大多数，"吃+×"为动补结构的仅有24条，如表2所示。

表2　"吃+×"的句法结构数量统计表

"吃+×"的句法结构	数量	比例（%）
动宾结构	476	95.2
动补结构	24	4.8
总计	500	100

1．"×"做宾语

当"×"做宾语时，"吃+×"是动宾结构。"吃+×"的动宾结构可以分成两种情况，一类是"吃+单宾语"，另一类是"吃+双宾语"，如表3所示。

表3 "吃+宾语"的数量统计表

"吃+宾语"的类型	数量	比例（%）
吃+单宾语	463	97.27
吃+双宾语	13	2.73
总计	476	100

吃加双宾语的语料相对较少，仅有13条。例如：

（1）那就吃他两顿饭，就完事了。

（2）既然如此，你们应该出来管管闲事，吃他一杯喜酒啊！

"吃"后面可以跟双宾语。"他两顿饭、他一杯喜酒"都是双宾语。"吃他两顿饭、吃他一杯喜酒"是动宾结构。例（1）中"吃他两顿饭"的意思为吃饭时别人付账。例（2）中"吃他一杯喜酒"的意思是喝他的喜酒。

"吃+单宾语"的语料有很多，占全部语料中"吃+×"是动宾结构语料的97.27%。当×为单宾语时，在"吃+×"这个动宾结构中，"×"可以属于名词类、动词类、形容词类，如表4所示。

表4 "×"的词类统计表

"×"的词类	数量	比例（%）
名词类	409	88.34
动词类	1	0.21
形容词类	53	11.45
总计	463	100

当"×"为名词类词语时，"吃+×"为动宾结构的语料最多，共计409例。名词按照意义可以分成普通名词和专有名词。"在语义上一般具有专指性的词，即它不是几个成分意义的简单相加，而是专门所指的称为专有名词。"[①] 例如：国家、政府、劳保等词语。除专有名词之外的一切名词称为普通名词。例如：醋、干饭、鸭蛋等词语。

---

① 王丹：《〈骆驼祥子〉名词研究》，硕士学位论文，河北大学，2014年，第12页。

表5　"×"为名词类词语的数量统计表

"吃+×"为动宾结构	数量	比例（%）
"×"为专有名词	51	12.47
"×"为普通名词	358	87.53
总计	409	100

如表5所示，当"×"为专有名词时，"吃+×"为动宾结构的语料有51条。例如：

（3）因为非营利性的教育、文化艺术、科学研究、医疗卫生、社会福利等机构都由政府主办并主管，经费依靠财政拨给，就是所说的吃政府。

"政府"是专有名词，在"吃+×"结构中做宾语，"吃政府"是动宾结构。在例（3）中，"吃政府"的意思为依靠政府生存。

如表5所示，当"×"为普通名词时，"吃+×"为动宾结构的语料最为普遍，有358条。例如：

（4）面条吃小碗。

"小碗"是普通名词，在"吃+×"结构中做宾语，"吃小碗"是动宾结构，"吃小碗"是"用小碗吃饭"的意思，表示食物量比较少。①

当"×"为动词类词语时，"吃+×"的动宾结构搭配最少，只有1条，就是"吃请"。"吃、请"都是动词，二者可以组合成动宾结构。

当"×"为形容词类词语时，"吃+×"为动宾结构的语料有53条。"×"均为单音节的形容词。例如：

（5）这位她从前瞧不起的男人，现在竟这样放肆和大胆。她为此感到吃惊。

"惊"为单音节形容词，"吃""惊"组合构成动宾结构。"吃惊"的意思

---

① ［博茨瓦纳］莫非：《汉语"吃"和博茨瓦纳"Ja"对比分析》，硕士学位论文，上海师范大学，2014年，第15页。

为"受惊"。①

2."×"做补语

当"×"做补语时，"吃+×"为动补结构。动补结构的语料只有24条，在这些语料中"×"都为双音节补语。例如：

（6）在王非的训练下，姚明打十来分钟就得下来休息一下，否则根本吃不消。

"吃不消"为动补结构，有受不了的意思。例句的意思是姚明打一会儿就要休息，否则身体承受不起。

在这24条语料中，有5条比较特殊，包括"吃回来、吃回去、吃下去、吃进去、吃起来"。例如：

（7）他们一边吃着十几盘牛肉还要一边大喊把61元当122元的吃回来。

（8）泪沿着手臂淌下来，他慌忙地踩住它，眨眨眼，把悲伤的泪全部吃回去。

（9）做四五样精致的下酒菜，烫几壶陈年的竹叶青，请你连酒菜一起吃下去。

（10）他最终吃下多少记不清了，只记得烟丝嚼在嘴里咽不下，吐出来，父亲又逼他吃进去。

（11）明天就算一个人吃湖南大碗菜也要吃起来。

"回来、回去、下去、进去、起来"是双音节动词，在"吃+×"结构中做补语，与"吃"组合构成了动补结构。

三、"吃+×"结构的隐喻特点分析

（一）"吃+×"结构的隐喻义用法比例高于本义

在"吃+×"结构的表述中，"×"是"吃"这个动作的内容，通常与"吃"搭配的是食物，但当吃的内容发生隐喻或转喻性映射时，"×"出现了本

---

① 中国社会科学院语言研究所词典编辑室编：《现代汉语词典（第7版）》，2016年，第172页。

身之外的意义，不会再受制于与食物相关的事物，甚至有可能不再是吃的内容。

表6 "吃+×"结构的意义用法统计表

"吃+×"结构的意义	数量	比例（%）
既有本义也有隐喻义	9	1.8
只有本义	138	27.6
只有隐喻义	353	70.6
总计	500	100

如表6所示，当"吃+×"结构既有本义也有隐喻义用法时，语料有9条。例如：

（12）据报载，常吃豆腐，有食肉之利，增加营养成分，有益身体。

（13）你不要慌！我同女人是规规矩矩的，不揩油，不吃豆腐。

"豆腐"是食物，"吃豆腐"除了具有本义外，还有隐喻的意义。例（12）中，吃豆腐使用的就是本义。例（13）中的"吃豆腐"为隐喻用法，可以理解为"调戏（妇女）"①。

如表6所示，当"吃+×"结构只有本义用法时，语料有138条。例如：

（14）那么当一个孩子生病的时候，他不愿意吃药，你要是告诉他这是药，他就永远不吃，病也不会好。

"药"是食物，例（14）中的"吃药"是本义用法。

如表6所示，当"吃+×"结构只有隐喻义用法时，语料有353条。例如：

（15）有关专家认为，高科技行业是个"吃青春饭"的行业，如何让人才尽早地做出贡献显得尤其重要。

在中国，工作通常作为谋生手段，所以"吃……饭"常用来表达靠某种工作谋生。"吃青春饭"是指依靠青年时期才能从事的职业赚钱生活。吃饭本身与工作之间存在着隐喻的映射关系。②

---

① 中国社会科学院语言研究所词典编辑室编：《现代汉语词典（第7版）》，2016年，第172页。

② 王新清：《从文化和认知视角看汉语"吃"的隐喻》，《湖南广播电视大学学报》2014年第2期。

（二）"吃+×"结构的隐喻义与"×"的性质有可预测关系

1．"×"为名词类词语

当"×"为名词类词语时，"吃+×"是一个搭配范围特别广的结构。当"×"为可食之物时，"吃+×"结构通常具有非隐喻义。当×为非可食之物时，"吃+×"结构具有隐喻义（包括转喻义）。

如表7所示，"吃+×"结构有本义用法的语料有101条，通常"×"为可食用之物，例如：

（16）你吃米饭还是吃煎饼？

吃米饭（吃煎饼）的意思是把米饭（煎饼）等放到嘴里经过咀嚼咽下去，例句中使用的是吃米饭（煎饼）的本义。

如表7所示，当"×"为非可食之物时，"吃+×"结构有隐喻义用法的语料有239条。例如：

（17）他的身体已经康复了，不愿意再靠国家、吃父母。

父母为专有名词，代替吃的内容。例（17）中"吃父母"的隐喻义为靠父母生活。

如表7所示，当"×"为非可食之物时，"吃+×"结构有转喻义用法的语料有69条。例如：

（18）上大学后，我才开始住校吃食堂。

吃食堂指吃食堂的饭，从某一地方转指某一地方的饭。例句可以理解为上大学后，我才开始吃食堂里的饭，从食堂转指食堂里的饭，有转喻的意义。

表7 "×"为名词类词语时"吃+×"的意义统计表

"×"为名词类词语	数量	比例（%）
"吃+×"结构有本义	101	24.69
"吃+×"结构有隐喻义	239	58.44
"吃+×"结构有转喻义	69	16.87
总计	409	100

2."×"为动词类词语

经语料检索发现，"吃"和动词性成分组合的情况极少，"×"为动词的语料共有6条。第一类为单音节动词，这一类的语料只有1条，就是"吃请"。第二类为双音节动词，这类语料有5条，分别为：吃回来、吃回去、吃下去、吃进去、吃起来。其中，"回来""回去""下去""进去""起来"做"吃"的补语。该结构是否发生隐喻，要由语境决定。而"吃请"，可以视为具有转喻义。例如：

（19）村里人婚丧嫁娶、批宅基地，村干部概不吃请。

"请"是动词，"吃请"指"接受邀请（多指对自己有所求的人的邀请）去吃饭"①。

3."×"为形容词类词语

"吃"和形容词性成分组合在一起比与动词性成分组合更容易，搭配更多。"×"为形容词的语料有53条。"吃"与描写食物特性的形容词相结合，引申出了其他含义，形成了转喻义或隐喻义。

如表8所示，当"×"为形容词类词语，"吃+×"结构只有转喻义的语料有43条，例如：

（20）以前在微软，技术研发人员很吃香。

（21）我在她身上看到为什么中国人特别适合做投资了。因为我们很勤劳，能吃苦。我们离成功还远吗？

"香""苦"都是单音节形容词。例（20）中的"吃香"指"受欢迎；受重视"。② 例（21）中的"吃苦"指"经受艰苦"。③"吃香、吃苦"都具有转喻义。

如表8所示，当"×"为形容词类词语，"吃+×"结构既有转喻义也有隐喻义的语料有10条，例如：

（22）老鼠要偷油，猫儿要吃腥。

---

① 中国社会科学院语言研究所词典编辑室编：《现代汉语词典（第7版）》，2016，第173页。
② 中国社会科学院语言研究所词典编辑室编：《现代汉语词典（第7版）》，2016，第173页。
③ 中国社会科学院语言研究所词典编辑室编：《现代汉语词典（第7版）》，2016，第172页。

（23）谁能够告诉我天下有男人不吃腥的吗？

"腥"是形容词，指腥的东西，例（22）中"吃腥"指吃有腥味的东西，本来具有转喻义。随着人们对语言新颖化的追求，又引发了隐喻义，例（23）中的"吃腥"指出轨、搞婚外情，天下男人有不出轨、不搞婚外情的吗？

表8　"×"为形容词类词语时"吃+×"的意义统计表

"×"为形容词类词语	数量	比例（%）
"吃+×"结构只有转喻义	43	81.13
"吃+×"结构既有转喻义也有隐喻义	10	18.87
总计	53	100

结　语

在现代语言生活中，"吃+×"是一个高频使用的结构。在音节方面"吃+×"结构以双音节和三音节为主，在语法上"吃+×"结构以动宾结构为主，该结构在使用中高频发生隐喻。"吃+×"结构的隐喻与"×"的性质有可预测的关系。当"×"为名词、形容词时，"吃+×"结构发生隐喻的概率高达72.2%。此外，"吃+×"结构的隐喻义还有进一步泛化的倾向。

作者简介： 魏婵媛，1993年生，曲阜师范大学文学院2018级硕士研究生，研究方向为语言学及应用语言学。

民国时期现代汉语词典出版研究①

王梓赫　　刘善涛

摘要："词"是伴随着中国现代语言学发展才确立起来的语言单位，"词典"是以"词"为明确收录单位的工具书。民国时期是我国现代汉语词典的初创时期，为新中国的词典编纂和词典学建设打下了坚实基础。文章通过对该时期相关词典信息的搜集和整理，建立词典数据库，从词典出版时间和词典类型的角度展现这一时期词典编纂面貌，阐述不同阶段词典的编纂与出版差异，对典型词典的内容和主要特征进行列举说明，归纳民国时期现代汉语词典编纂的总体特征，力求准确科学地展现民国时期现代汉语词典编纂的整体面貌。

关键词：民国时期；汉语词典；阶段特征；类型特征；时代特点

民国时期，新旧文化交替，辞书承担了整理传统和吸收新知的职责，在启蒙国民和服务教育方面发挥了重要作用，推动了文化的普及和知识由精英知识分子向一般识字群众的扩展。民国时期也是我国词典现代化转型时期，在词典编纂出版史上具有重要地位。学界对这一时期词典编纂的关注大多集中于对词典编纂史的研究，如《中国辞书编纂史略》（林玉山，1992），《近百年的中国汉语语文辞书》（杨文全，2000），《中国辞典史论》（雍和明，

---

① 本文为国家社科基金项目"民国时期汉语语文辞书研究及其数据库建设"（18CYY049）的阶段性成果。

2006），《汉语语文辞书发展史》（徐时仪，2016）等，对民国时期词典进行断代、集中的专题性研究偏少。本文在数据统计的基础上，对民国词典编纂概况进行梳理，展现民国时期现代汉语词典编纂的整体面貌，同时也为当下词典编纂与出版事业的发展提供参考与借鉴。

我们获取信息的渠道如下：（1）已出版的工具书索引，如《民国时期总书目（语言文字分册）》《国内工具书指南（辞书部分）》《八千种中文辞书类编提要》等；（2）网络数据库，如"读秀学术搜索""CADAL数字图书馆""民国文献大全数据库"；（3）旧书网站，如"孔夫子旧书网""中华古玩网"等。在已有成果的基础上，通过以上渠道，我们对民国时期词典的出版信息进行了较为全面的采集、甄别与整理，最终建成"民国时期现代汉语词典数据库"，共收集现代汉语词典68部，它们在各年份的出版情况如下图所示：

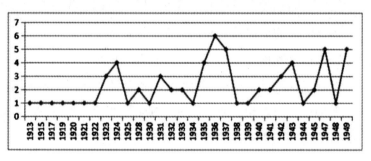

图1　民国时期现代汉语词典出版年度分布图

一、民国时期现代汉语词典出版的阶段特征

民国时期，随着西学东渐和新文化运动的蓬勃发展，新旧思想碰撞，东西方文化交流频繁，社会处于急速变革之中，"社会口语骤变，报纸鼓吹文明，法学哲理名辞，稠叠盈幅，然行之内地，则积极消极，内籀外籀，皆不知为何语"[1]，以"词"作为主要收录对象的现代汉语词典应运而生，并受民国社会文化环境影响呈现出不同的阶段性特征。

---

[1] 陆尔奎等编纂：《辞源（上册）》，上海：商务印书馆，1915年。

（一）平稳起步阶段（1912—1921）

20世纪，西方语言学发展迅速，"语言文字之学"（章太炎，1907）的独立性在我国学界得以传播，新词语、新术语的大量涌入冲刷着传统的"字"的观念，汉语复音化成为不可回避的现实，在我国数千年的辞书编纂传统和西学东渐以来汉外辞书的编纂创新等因素的综合影响下，我国辞书编纂在选词、注音、词性标注和义项设置等方面逐步走上现代化的道路。这一阶段共出版了6部现代汉语词典，包括1部综合语文词典《辞源》（1915），2部普通语文词典《国文成语辞典》（1917）、《注音新辞林》（1921），3部专项语文词典《南通方言疏证》（1913）、《蜀方言》（1919）和《作文类典》（1920），虽然数量不多，但汉语语文辞书现代化正导源于此。

（二）缓慢上升阶段（1922—1927）

词典编纂与出版应顺应时代潮流，以国家形势和社会文化需求为导向，词典内容必然反映时代面貌，同时受到时代影响和制约①。新文化运动大力提倡文化革新，语言文字是其中一个重要方面。注音字母运动、国语运动、白话文运动等语文现代化运动促使语言共同化、文体口语化、文字简便化、表音字母化等观念逐渐得到社会认可②。在时代潮流的推动下，大批学人积极倡导并投身其中，陆续推出一批以"国语""国音"命名的词典，以中小型为主，在20世纪20年代最为集中，如《国语辞典（京音、国音对照）》（1922）、《国语普通词典》（1923）、《学生词典（国音白话注）》（1924）等。这些辞书还不断推出修订本，配合并推动了语文现代化运动的开展，满足了民众学习国语、国音的要求，也取得了良好的经济效益。

在新文化运动的持续推进和进步学人的积极努力下，本阶段共出版了9部现代汉语词典，包括综合语文词典2部，如《学生词典（国音白话注）》（1924）、《新式学生辞林》（1925）；普通语文词典4部，如《国语辞典（京音、国音对照）》（1922）、《国语普通词典》（1923）、《学生辞典》（1924）、《白话词典》（1924）；专项语文词典3部，如《虚助词典》（1923）、《闽方言

① 杜冰心：《民国时期辞书出版发展概况及特点研究》，《编辑之友》2019年第11期。
② 邹酆：《汉语语文词典编纂理论现代化的百年历程》，《辞书研究》2000年第3期。

考》（1923）和《国语同音词类辨》（1924），在1924年迎来了现代汉语词典出版的第一个小高峰。

（三）快速发展阶段（1928—1937）

伴随着军阀混战的结束和南京国民政府的成立，国民教育的稳步发展与趋于定型，稳定的国语研究机构、出版机构和研究队伍等因素，为本时期现代汉语辞书编纂提供了开放自由的发展空间①。同时，相关出版政策的制定对词典的编纂和出版也起到了一定的推动作用，1930年国民政府颁布了《出版法》，1931年出台《出版法施行细则》，1937年对《出版法》进行修订，并出台《出版法实施细则》②，使得现代汉语词典出版业快速发展。本时期词典类型多样，种类繁多，共出版了26部现代汉语词典，包括：综合语文词典6部，分别是《王云五大辞典》（1930）、《辞源续编》（1931）、《王云五小辞典》（1931）、《辞林（大众实用）》（1936）、《辞海》（1936）和《中学生辞林》（1937）；普通语文词典10部，分别是《标准语大辞典》（1935）、《小朋友词典》（1935）、《新知识辞典》（1935）、《中华成语词典》（1936）、《学生小辞林》（1936）、《掌中学生辞典》（1936）、《汉语辞典》（1937）、《康德新词典（注音、插画）》（1937）、《中国常用成语辞典》（1937）和《学生小辞汇》（1937）；专项语文词典10部，分别是《广新方言（二卷）》（1928）、《潮汕注音字集》（1928）、《分类学生辞源》（1931）、《客方言（十二卷）》（1932）、《广东语辞典》（1932）、《广东俗语考（上下卷）》（1933）、《钟祥方言记》（1933）、《虚词典》（1934）、《潮汕字典》（1935）和《外来语词典》（1936）。

（四）曲折前行阶段（1938—1949）

本阶段正值抗日战争时期和解放战争时期，人民生活在水深火热之中，交通、纸张生产和出版机构均受到影响，辞书编纂和出版也受到一定程度的制约，本时期的词典出版在前期基础上，呈起伏发展的态势，共出版了27部现代汉语词典，包括：综合语文词典4部，分别是《辞源（正续编合订

---

① 刘善涛、王晓：《民国辞书编纂与社会文化互动》，《中国出版史研究》2020年第2期。

② 赵佩娟：《民国社会科学工具书出版与知识下沉》，《出版发行研究》2018年第4期。

本）》（1939）、《启明辞林》（1940）、《词典精华》（1947）和《新编小辞典》（1947）；普通语文词典9部，分别是《中山大辞典"一"字长编》（1938）、《中华国语大辞典》（1940）、《国民辞典》（1941）、《学生求解、作文、成语、辨字四用辞汇》（1942）、《新辞典》（1943）、《学生白话大辞林（依新标准国音订正）》（1943）、《大众小辞林》（1945）、《学生小辞汇（标准国音）》（1947）和《实用学生辞典》（1949）；专项语文词典14部，分别是《北平助量词》（1941）、《重庆方言》（1942）、《黔雅》（1942）、《王云五新词典》（1943）、《潮汕方言》（1943）、《国语拼音词汇（连写、定型、注调、分部）》（1944）、《尺牍用语小辞典》（1945）、《国音电报词典》（1947）、《关西方言钩沉》（1947）、《五用小辞典（注音、求解、作文、成语、辨字）》（1948）、《新名词学习辞典》（1949）、《新名词辞典》（1949）、《新名词解释辞典》（1949）和《北平音系小辙编》（1949）。

二、民国时期现代汉语词典编纂的类型特点

（一）普通语文词典编纂情况

普通语文词典主要为满足民众识字和普及科技文化知识的需求，民国时期的普通语文词典以中小型为主，数量最多，共计25部。清朝末年，随着西方列强的入侵，落后挨打的现实使许多中国人将文字的难易作为衡量国民愚智、国家强弱的标准，将汉字的繁难视为中国贫穷落后的根源。在这样的背景下，主张汉字拉丁化、字母化成为当时文化界的主流声音。1913年，以章太炎的记音字母为蓝本的注音字母由中国读音统一会制定。1918年，北洋政府教育部正式颁行注音字母。1920年，在全国各地陆续开办"国语传习所"和"暑期国语讲习所"，推广注音字母。自此，现代汉语词典中的字、词开始使用注音字母标注，以方便民众学习识字。

《注音新辞林》（1921）专供学校及社会普通作文之用，涵盖大量普通作文以及书函所需的词语。该词典所收词汇为一般常用词，采用注音字母注音，并附释义，按中文部首编排，分子丑寅卯等十二集，每集各自分部，每

部以笔画多少为次序，每部先解释单字，再解释两字、三字、四字的词。词典中附有检部表和检字表，查询方便。

《国语辞典（京音、国音对照）》（1922）是我国第一部白话词典①。其收录受过中等以上教育的北京人所常用的口语词语约5 500条，所有下流社会的俗语土话都不被采用，也不收单字。词典中每一条目用注音字母注音，用北京口语解释词义，并举例句，使用者既可查寻国语中各种辞句的读音和解说，也可以用来练习国语，对学习和研究北京话具有很好的参考价值。

1930年国语罗马字促进会成立，推行国语罗马字。"单'宣传'是无用的，再'讨论'也是废话"，唯有多多地准备：翻译读物，编订辞典②。1932年，《国音常用字汇》公布，以北平地方音为国音之标准，以注音符号及国语罗马字注音，并将此作为正确国语的标准，由此促使了一批标准语词典的涌现。

《标准语大辞典》（1935）是全国国语教育促进会国语建设工作之一，也是现代汉语规范词典的早期代表。作为专供研习检查标准语应用的工具书，全书采用注音符号和国语罗马字注音，收录词语36 000多条，以北京地区的通行语为收词范围，社会上普通应用的词语和适合谈话、作文的成语也一并收入，外来词都附原文便于对照研究，其中一个字有几个音或声调的，也按照意义和用法分别排列，以方便应用。

《中华国语大辞典》（1940）主要用于普通民众阅读标准国语文章或研究标准国语之用。全书用注音符号和国语罗马字注音，按照《康熙字典》旧部首分部排列。共收录日常习用词和古今习用语4万多条，包括标准语中习用的古今成语、报纸常见的新词、教育部公布的简体字，以及民间通行的俗体字等。口语中应用的新意义也一并收入，并附例句及用法，释义详备。

民国时期最具代表性的现代汉语普通语文词典应属中国大辞典编纂处编纂，商务印书馆出版的《国语辞典》（1937—1943），该词典定位为民族共同语（即"国语"）的中型描写词典，坚持"普通、适用"的收词原则，共收

---

① 刘善涛、王晓：《民国辞书编纂与社会文化互动》，《中国出版史研究》2020年第2期。
② 黎锦熙：《国语运动史纲》，北京：商务印书馆，2011年，第289页。

单字1.5万条目，复词9万条目，全书按注音符号排列，对每个单字、词语的旧入声字、尖音字皆注明来源。采用注音符号、国语罗马字和汉字直音注音，并标明四声。字形以常见字体为主，附以简体、异体。义项设置合理恰当，条目释义简明浅显，为国语的定型和推广产生了积极作用，在现代汉语语文辞书史上发挥着承上启下的重要作用，"开启了现代汉语描写性语文辞书编纂的先河"①，是"中国语文乃至文化迅速走向现代化的最显著标志"②，至今仍被海峡两岸学者查考参阅，在台湾更是不断修订，经久不衰。

（二）综合语文词典编纂情况

综合语文词典汇集了语文词汇、百科词汇以及相关知识信息等，以大中型词典为代表，发展势头迅猛，共出版了13部，其中《辞源》（1915）、《学生词典（国音白话注）》（1924）、《王云五大辞典》（1930）和《辞海》（1936）在词典编纂上具有开创意义，《辞源》（1915）和《辞海》（1936）这两部大型词典的编纂者已具有很高的编纂水平。

《辞源》（1915）是我国第一部大型综合性词典，成书于1915年。词典收词极为广泛，共收单字1.1万余，复词8.7万余，除去单字和一般词汇外，还包括成语、掌故、典章制度、天文、地理、音乐、医卜和鸟兽虫鱼等多方面材料和各种新名词，内容范围之广，为以前字书所未有。其创新性地将"词"的概念引入辞书编纂，首次确立"以字率词"的辞书体例，从根本上改变了传统辞书的编排方式③，明确区分出字典和词典两种辞书类型，使辞书从经学的附庸向现代查检工具的独立地位迈出了坚实的步伐④。

《学生词典（国音白话注）》（1924）是我国第一部白话学生词典⑤。使用对象面向国民学校（三年级以上）和高等小学校里的儿童，共收单字5 000多个，复词、成语3万余条，采用中文部首笔画排列，注音字母注音，且所收词语大都取材于中小学教科书、通行报纸等，涉及范围十分广泛，涵盖历

---

① 王宁：《论辞书的原创性及其认定原则》，《辞书研究》2008年第1期。
② 张志毅、张庆云：《理论词典学》，北京：商务印书馆，2015年。
③ 杜冰心：《民国时期辞书出版发展概况及特点研究》，《编辑之友》2019年第11期。
④ 刘善涛、王晓：《民国辞书编纂与社会文化互动》，《中国出版史研究》2020年第2期。
⑤ 刘善涛、王晓：《民国辞书编纂与社会文化互动》，《中国出版史研究》2020年第2期。

史、地理、法政、农业、商业、动物、植物、矿物、理化等学科。词典字义注释简要、通俗易懂，且释义文风为近口语体的白话文，开启了白话词典的先河。

《王云五大辞典》（1930）对所收字词先注明词性和所属类别，再解其义，同时释义简明，是我国第一部标注词性的白话学生辞典。全书用直音、注音字母和国语罗马字注音，并且采用了王云五自己发明的四角号码检字法进行排检，这种检字法较之中国传统的部首检索、声韵检索、义类检索，有其便捷之处[①]。词典共收字1万左右，词语5万多条，虽然收词数量和辞典体积都小于《辞源》，但所收录的词语包括社会科学、文艺、史地、哲学、宗教等各类，包含文体词、语体词、各地方言、外来语等多种形式，解释词义和举例多采用现代白话文，并且用多个词语具体说明词义[②]，在传统辞书释义方式的基础上做出了一定改进。

《辞海》（1936）是集中国单字、语词兼百科于一体的综合性大辞典，是继《辞源》后出版的第二部综合性大辞典。其编纂体例虽与《辞源》相似，但后出转精，注重收录常用词、俗语词、新词语和百科性词语，共收复词10万余条，在释义和举例上也有了较大改进，补充修正了原有辞书的不足，对外来新词标记英文书写形式，词条例证不仅注明书名，还注明篇名，以便核查，"无论在体例、条目的收列、释文等方面都取得了新的成就"[③]，开创了"百科性词典"新品类。

（三）专项语文词典编纂情况

专项语文词典收词和释义常限制在语言的某个方面，民国时期共出版专项语文词典30部，占民国时期现代汉语词典出版总数44%，常见的有成语、方言、虚词、新词语等类型。以下是民国时期专项语文词典出版概况：

---

① 周荐：《文化达人王云五对汉语辞书学的贡献》，《河北师范大学学报》2013年第6期。
② 万艺玲：《〈王云五大辞典〉的词语释义及其历史贡献》，《辞书研究》2017年第4期。
③ 李开：《现代词典学教程》，南京：南京大学出版社，1990年，第87页。

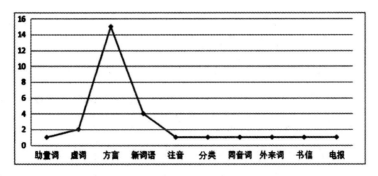

图2 民国时期专项语文词典出版数量分布图（部分）

民国时期的专项语文词典数量最多的是方言类词典，共15部，占专项语文词典的50%，其中包括以吴语为研究对象的《南通方言疏证》（1913）等，以西南方言为研究对象的《蜀方言》（1919）、《钟祥方言记》（1933）等，以闽语为研究对象的《闽方言考》（1923）等以及以粤语为研究对象的《广东俗语考（上下卷）》（1933）等。方言类专项词典之所以得以大量出版，是因为国语运动的兴起和汉语方言调查的开展。要推广民族共同语，首先需了解汉语方言的基本情况[①]，随着对各地方言的调查陆续展开，学者们对方言的研究不断深入，有的地区还专门组织了民间方言调查活动，进一步推动了方言研究。这一时期西方传教士也认识到研究中国方言的重要性，成立了一些教会出版机构，陆续出版了一系列供西方人学习中国不同地区方言的书籍，这也对我国方言词典编纂具有借鉴意义。良好的出版环境和出版社高度的文化责任感，亦是民国时期大量方言类著作得以出版的重要原因[②]。

《南通方言疏证》（1913）一书，以南通方言为研究对象，以方言词汇溯源为主要目的。全书共分为四卷五十类，大致以人事、自然、生物为序，注音方法包括直音、读若、反切三类，引证广泛，例证丰富。作为一部历史方言研究著作，其对于研究近代南通方言的语音、词汇、语法及其演变起着重要的作用。它不仅成为阅读古代文献的重要参考书，而且还为后人研究音韵、词义和文字提供了丰富的资料，虽在音理分析和词源分析方面存在缺

① 郎元智：《民国时期国语运动探微》，《理论界》2007年第10期。
② 张向真：《民国时期方言类著作出版原因及启示》，《编辑之友》2019年第3期。

失①，但就总体而言，它在文献、语料和史料方面仍具较高的研究价值。

《蜀方言》（1919）原名《今蜀俚语类录》，所选方言以成都地区方言为主，兼采四川其他地区方言。全书较全面地记录了清代四川方言的语音，并用科学方法考求方言词语的本字，共分两卷，收词786条，所收词条按照词语类属意义编排，包含天文、地理、称谓、身体、疾病、医疗、动作、穿戴和饮食等多个方面，所征引的典籍不仅包括古代典籍，还包括俗语专书和散见于诗歌、笔记等形式中的方言俚语，范围广泛，种类繁多。其不仅在典籍征引、音韵流变、文字考订、语词溯源上有极高的学术价值，同时也有助于人们了解清代四川的风土人情。

除了方言类专项词典，民国时期还有几部具有代表性的专项词典，例如注音类词典《国语拼音词汇（连写、定型、注调、分部）》（1944），其收词2万多条，按国语拼音字母顺序排列，每一拼音后注出汉字，不加字义解释。作为我国第一部用拉丁字母拼写汉语的词典，其对我国现代汉语拼音的发展起到了积极的推动作用。外来词类词典《外来语词典》（1936）是第一部以"外来语"命名的新词语辞典，汇集古今外来语3000多条，按首字笔画排列，每条大都附有原文。

《虚词典》（1934）在词典体例和内容编纂层面实现了一定的突破。全书分为文言和白话两部分，文言部分将每字用法分为普通和特殊两种，普通用法为社会通用，特殊用法适用于嗜古者，而白话部分皆为现代语法。全书共九章，十万多字，以单字为纲，合字之词都取其首字，共收录副词、连词、介词、助词、感叹词等虚词500多条目。每一虚词均先释词性，再释其义，后注例句，例句多数选自古籍，并注明出处。

《新名词学习辞典》（1949）专供工人、学生、知识分子及一般旧时人员学习与教师讲解之用。全书采用部首排列，所采用的新名词均是当时新发生的常见而不知意义的，包括政治、经济、国际、历史、地理、哲学、文学、艺术、科学、数学、军事、人物、社会和普通用语等十余门类，每一名词下

---

① 周远富：《孙锦标与南通方言研究》，《南通大学学报》2019年第1期。

均以略语注明类别，不附注音。对于世界动向和国际知识及国内的新知识、新思潮、新学说的收录十分全面，对于大众日常生活应用的新词语，亦广为收录，对人们提高学习兴趣、学习新名词有很大帮助。

三、民国时期现代汉语词典编纂的总体特征

（一）词典出版呈现多样化的局面

伴随着白话文运动和国语运动的兴起，一批现代汉语词典或拟定编纂，或着手编纂，或出版发行。在已经出版的图书中，专项语文词典种类多样，大约可分为16种，成语、作文、新词语和外来语等类型的词典纷纷问世。考虑到使用对象的多样性，遵循读者本位的编纂原则，这一时期的现代汉语词典涵盖以学生为对象、作为学校教辅工具的学生辞典，如《学生辞典》（1924）、《学生词典（国音白话注）》（1924）等，以一般学者为对象，作为手边案头查检之用的《标准语大辞典》（1935）、《辞海》（1936）等，以及以专业人士为对象，供查检专业知识的各类专科词典，如《国音电报词典》（1947）等，反映了词典编纂和出版类型的丰富和完善。

但在这种多样化中也存在着明显的不均衡性。中小型词典由于编纂难度小，编纂周期短，出版成本低，读者范围广，因而出版数量可观，而大型词典易受经费不足、政局动荡、人员流动等因素影响编纂工作，因而出版数量相对较少，像《中国大辞典》《中山大辞典》等词典更是由于受阻严重不得不中断编纂。不仅如此，各编纂出版机构的发行量也有明显差异。民国时期的出版社分布于上海、北京、广州和重庆等多地，但发行量最高的是中华书局和商务印书馆，这两个机构的出版数量占总数量的近40%，其中中华书局在民国时期共出版了13部现代汉语词典，代表性词典有《作文类典》（1920）、《新式学生辞林》（1925）、《辞海》（1936）等，商务印书馆在民国期间出版了17部现代汉语词典，代表性词典有《辞源》（1915）、《王云五大辞典》（1930）、《国语辞典》（1937）等。这种丰富的发展局面不仅见证了民国时期辞书出版业的兴衰，也为确立民国时期现代汉语词典在中国辞书史上的地位

打下了基础。

（二）词典编纂推陈出新，具有创新性

民国时期的词典编纂体例不仅延续传统，同时也展示了前所未有的现代化趋势。在条目排序上，我国早期词典的排序方式多继承《说文解字》《康熙字典》的部首排序方式和《广韵》《集韵》的韵母排序方式。《国文成语词典》（1917）、《注音新辞林》（1921）等词典在编排上继承了传统的地支十二集分部，《辞源》（1915）、《国语辞典（京音、国音对照）》（1922）等词典延续采用笔画索引的编排方式，1937年出版的《汉语辞典》突破性地改变了传统辞书的排序方式，以注音符号的声母为纲，以韵母为目，被认为是我国第一部严格意义上的音序词典，后来编纂的《现代汉语词典》也完全继承了这种按音序编排的方法。在注音方面，民国时期的现代汉语词典逐步实现了由反切法、直音法向字母法的转变，《南通方言疏证》（1913）采用直音、读若、反切三种注音方式，《辞源》（1915）和《辞海》（1936）以反切和直音为主要注音方式，民国后期除了部分词典保留汉字直音注音方式，《汉语辞典》（1937）采用字母注音方式和"国音字母第二式"注音方式，《中华成语词典》（1936）、《中华国语大辞典》（1940）等词典均采用字母注音方式。在收词上，民国现代汉语词典逐步突破传统严格的收词标准，开始注重口语词、俗语词的收录，《学生词典（国音白话注）》（1924）在释义上具有明显的口语化风格，《汉语辞典》（1937）大都收录近代口语词，《五用小辞典（注音、求解、作文、成语、辨字）》（1948）对各地方言、口语均有收录。1935年8月中华民国教育部发布《第一批简体字表》，次年出版的《辞林（大众实用）》（1936）、《中华成语词典》（1936）等词典在书后附有简体字表，《中华国语大辞典》（1940）等把教育部公布的简体字也纳入收词范围。《国语同音词类辨》（1924）突破性地采取了横排的文字排版方式，《钟祥方言记》（1933）在1939年版次中也采用了横排的排版方式，是阅读模式由竖排右起向横排左起转变的逐步尝试。民国现代汉语词典从传统辞书向现代辞书一步步转型，在"推陈出新"中形成了我国现代新式词典的基本类型和样式，促进了我国教育事业的发展和文化的普及。

（三）词典编纂与出版以国家形势和社会文化需求为导向

民国时期内忧外患，普及教育、开启民智成为当时社会各界的共识。在这一时期，一批学者致力于汉字规划和变革，其中在字音方面的探索主要体现在国语运动中。1912年，王璞个人著作《京音字汇》出版，1919年《国音字典》出版，1920年，王璞录制的《中华国音留声机片》在上海发行，次年2月，国语统一筹备会公布了《国音字典》的修订本，定名为《校改国音字典》，10月王璞出版了个人著作《国音京音对照表》。1924年《学生词典（国音白话注）》出版，该书对所收录的词以注音字母注音，以白话释义，并附有国音字典改校一则，给予民众学习汉字很大帮助，也为注音字母的推广起到了很大作用。

而在20世纪初，虽有不少字典和词典，但多为供成年人参考使用，专供小学生查询应用的词典没有。正是在这样的社会背景下，《学生词典（国音白话注）》（1924）问世，它采用国音注音，不仅给单字注音，也给复音词注音，因为注音所依据的是未修订的《国音字典》，所以所用的注音字母仍为老国音，但其仍具有出色的注音规范作用。除此之外，在选词方面主要选取小学教科书和日常生活中的词语，注释偏口语化，清晰易懂，既充分考虑了使用对象，也顺应了社会文化需求。《牛津大词典》的出版也在民国学术界引起了不小的波澜，黎锦熙、王云五、刘半农等人都想以此编纂汉语的《中国大辞典》《中山大辞典》等大型工具书，于是在1928年成立中国大辞典编纂处，以"结算四千年来的国语（义字和语言）及其涵包的一切新旧学术义化等底总帐"[1]，1936年王云五成立编纂处，计划仿《牛津大词典》的编纂体例完成一部收单字约六万、词语约六十万的大词典。然而由于战事绵延不断，国无宁日，这两部词典终未能编成，后来仅能从《释"巴"》（黎锦熙）、《释"一"》（刘半农）这两篇文章和《中山大辞典"一"字长编》中窥见词典部分面貌，不能不说是个遗憾。

20世纪40年代，大量新词语出现，编纂新词语词典是普及知识、传播文

---

① 黎锦熙：《国语运动史纲》，北京：商务印书馆，2011年，第296页。

化的重要手段。于是，《王云五新词典》（1943）、《新名词学习辞典》（1949）和《新名词辞典》（1949）等新词语词典应运而生，以当时产生的新词为主要收录对象，并且涉及经济、政治、自然等多个领域。其中《王云五新词典》收新名词近4000条，区分了旧词新义和新造词两类，对旧词新义追溯新名词来源，各举其所见之古籍篇名与词句，并作简要释义。除了新词语专项词典，还出版了《国语拼音词汇（连写、定型、注调、分部）》（1944）、《尺牍用语小辞典》（1945）、《国音电报词典》（1947）和《（注音、求解、作文、成语、辨字）五用小辞典》（1948）等专项词典以适应人们日益增长的科学文化需求，为新中国的文化发展打下了坚实的基础。

作者简介：王梓赫，1996年生，曲阜师范大学文学院2019级硕士研究生，研究方向为语言学及应用语言学。

刘善涛，1985年生，现为曲阜师范大学文学院副教授，陕西师范大学博士后，主要研究方向为词汇学与词典学。

现代汉语"要p才q"句式的语里意义

滕克红

摘要："要p才q"作为现代汉语中一种常用的条件句式，在语里意义方面具有很多独特之处，在具体语境中起着重要的表达作用。本文对"要p才q"句式进行了语义分析，发现并总结了这一句式在条件与结果方面呈现出来的多样性，细致阐述了条件和结果的层级性、条件的性质和结果实现的可能性、条件与结果的语义类型、条件的"真"与"假"等。

关键词："要p才q"句式；语里意义；语义分析

绪　　论

（一）选题缘由

在检索现代汉语语料库时，我们发现现代汉语中存在着大量的"要p才q"这一特殊句式，比如："难道要我枯等七年或者甚至二十五年，静待革命过去才读书吗？""少数汉字如'蜘、蝴、玻、琉'等，只有字形和字音，而没有字义，它们要和别的字结合起来（如'蜘蛛、蝴蝶、玻璃、琉璃'等），才有意义。"之所以言其特殊，是因为上述这两个句式，与现代汉语中已经被学者总结研究过的"只有p，才q"和"只要p，就q"既有一定的相似度，但同时又有不同之处。

就我们目前搜索到的研究性文献来看，语言学界对于构成"要p才q"这一句式的关系词语——助动词"要"和副词"才"独立进行的研究非常深入，但尚未对"要p才q"句式进行过整体系统的研究。

通过初步分析从语料库中搜集的语料，我们发现，"要p才q"句式在语表形式、语里意义等方面具有复杂多样性的特点，在具体语境中起着重要的表达作用，因此对这一句式进行专门研究是很有必要的。

本研究将借鉴现有的研究成果，主要运用"两个三角"语法理论，从多角度出发探究"要p才q"句式，期望通过较全面的描写与较充分的阐释，总结出"要p才q"这一未曾被研究过的句式的一些规律，从而进一步丰富有关复句研究的理论成果，此研究亦可用于指导将汉语作为第二语言学习的实践中。

（二）研究现状

虽然语言学界对于"要p才q"句式的研究尚处于空白状态，但对这一句式中重要的标记性的关系词语——助动词"要"与副词"才"已经有了大量丰富的研究成果，这些成果对于我们分析"要p才q"句式有一定的帮助。另外，由于本文将研究对象"要p才q"句式确立在复句范围内加以研究，语言学界有关复句理论的研究在一定程度上也会对我们分析"要p才q"句式起到启发作用。因此，我们对研究现状的梳理就从构成"要p才q"句式的词语"要""才"及复句方面展开。

1. 助动词"要"的相关研究

学者们对助动词"要"主要进行了语法功能方面的研究、与其他相近助动词的对比研究等。

1.1. "要"的语法功能

丁声树等在《现代汉语语法讲话》（2004）一书中，将助动词"要"的用法归纳为三点：第一，表示意志上的要求；第二，表示事实上的需要；第三，表示必然。

黎锦熙在《新著国语文法》（2007）一书中，将"要"的用法整理为两类：一类是表意愿，另一类是表当然。

朱德熙在《语法讲义》（1982）一书中，提出"要"有两个义项：一是表示愿望；二是表示事实上需要如此或是情理上应该如此。

吕叔湘在《现代汉语八百词》（1999）一书中，划分出了"要"的五个义项：第一，表示做某事的意志；第二，须要、应该；第三，表示可能；第四，将要；第五，表示估计，用于比较句。

刘月华、潘文娱、故韡在《实用现代汉语语法》（2001）一书中，对助动词"要"概括出三个义项：第一，表示有做某事的意愿；第二，表示事实上或情理上需要；第三，表示"可能""会"的意思；第四，用来表示一种看法、估计，多用于比较句。

彭利贞在《现代汉语情态研究》（2007）一书中，把"要"的情态意义分为动力情态、道义情态、认识情态三类。动力情态"要"表示"意愿"，即主语有"意愿"使某一事件成真；道义情态"要"表达"义务"，说话人用这种"要"表达对事件成真的要求；认识情态"要"可以表达认识情态意义"可能"或"必然"，表达说话人对事件的事实性或命题的真值的必然性推断。

郭昭军、尹美子在《助动词"要"的模态多义性及其制约因素》（《汉语学习》，2008）一文中，从模态语义角度出发，将"要"分为义务模态、意愿模态、认识模态，并考察了助动词"要"的各种意义之间的差别及其制约因素。

1.2."要"与其他相近助动词的对比研究

蒋平在《"要"与"想"及其复合形式、连用现象》（《语文研究》，1983）一义中，考察了表"欲"义的"想"和"要"的区别以及"想要"和"要想"的复合形式和连用现象。

张维耿在《助动词"想"和"要"的区别》（《语言教学与研究》，1994）一文中，阐释了"想"和"要"在意义和用法上的不同之处。

李小聪、郭琼在《能愿动词"要"与"愿意"的对比》（《语文学刊》，2010）一文中，从语法和语用两个方面出发，对"要"与"愿意"进行了细致的区分。

2. 副词"才"的相关研究

语法学界对于副词"才"以及"才"与其他相近副词的研究，主要集中在句法语义和语用方面。

2.1. "才"的句法、语义研究

吕叔湘在《现代汉语八百词》（1999）一书中，将副词"才"解释为：（1）刚刚；（2）表示事情发生或结束得晚；（3）表示数量少，程度低；（4）表示只有在某种条件下，或由于某种原因、目的，然后怎么样；（5）强调确定语气。

张谊生在《现代汉语副词"才"的句式和搭配》（《汉语学习》，1996）一文中，以副词"才"的句法功能和表义功能为划分依据，将"才"的语义分为基本义和派生义，又将"才"的基本义分为趋大义和趋小义。

张谊生在《现代汉语副词"才"的共时比较》（《上海师范大学学报》，1999）一文中，从句法、语义、语用等多个方面对副词"才"及其相关副词"就、刚、再、只、方才、不过"等进行了比较。通过比较和分析，进一步深化了对"才"的意义和用法、个性特征和逻辑关系的认识。

史锡尧在《副词"才"与"都""就"语义的对立与配合》（《世界汉语教学》，1991）一文中，对"才"与时间、数量、跟时间数量有关的活动结合时的语法、语义情况做了分析，并简要论述了副词"都""就"与上述情况下副词"才"相对立和配合时的语义、语用情况。

史锡尧在《副词"才"的语法组合功能、语义、语用考察》（《烟台大学学报》，1990）一文中，论述了"才"的语法组合功能、"才"的语义和语用价值，从而深化了对"才"的理性认识。

2.2. "才"的语用研究

邵敬敏在《从"才"看语义与句法的相互制约关系》（《汉语学习》，1997）一文中，以《现代汉语八百词》中列举的"才"的义项为例，把"才"的语用意义归纳为"显示说话人对'条件、原因、目的'的看法"和"显示说话人对'时间、数量、年龄'的看法"两条路线。并以此为基础在更高层次上归纳为：显示说话人对客观事实是否符合预想标准的一种主观看法。

陈小荷在《主观量问题初探——兼谈副词"就""才""都"》（《世界汉语教学》，1994）一文中，从主观量这一角度出发，分析了副词"才""就"

"都"前指和后指时所表示的主观量大小的不同。

学术界对于助动词"要"和副词"才"的研究已经十分深入。在对"要"的研究方面，主要是对其语义进行了深入分析，这对我们研究"要 p 才 q"句式具有重要意义。但对"要"的研究，基本上都集中在对"要"的其中一个词性即助动词进行探讨上，而忽略了其动词用法，也很少有文章将"要"放在一个具体的句式中，结合句式进行细致研究。本文所论述的"要 p 才 q"句式，不仅有对句式本身详细的描写与分析，还对句式的关系词"要"在词性和意义方面给予了阐释，希望对"要"的研究有所补充。在对"才"的研究方面，学者们主要围绕其句法功能、语义解释、句式搭配以及语用价值等方面展开论述。其中，其语义解释对我们研究"要 p 才 q"具有借鉴和指导意义。

3. 复句的相关研究

国内关于复句的研究已经相当成熟，代表性著作是邢福义先生的《汉语复句研究》（2001）一书。此专著主要依据"两个三角"的语法研究思想，对复句进行了前所未有的突破性的理论创新。此书将复句分为因果类、并列类和转折类三部分，条件复句归于因果类，条件复句又可分为充分条件句和必要条件句。此外，除了邢先生采用复句三分法外，其余多数学者都采用传统二分法，即将复句分为联合复句和偏正复句，条件复句归为偏正复句。例如：黄伯荣、廖序东在其主编的《现代汉语》（2002）一书中，将条件复句分为有条件复句和无条件复句，义将有条件复句分为充分条件复句和必要条件复句。胡裕树在《现代汉语》（2011）一书中，将条件复句分为假设的条件复句、特定的条件复句和无条件复句。

尽管学者们对于复句以及条件复句的分类方法各不相同，但在分析条件复句时，都不约而同地对"只有……才……"和"只要……就……"这两种典型句式进行了深入研究，这两种句式对我们研究"要 p 才 q"句式具有重要意义，因此本文对其做重点综述。

语言学界对于"只有……才……"和"只要……就……"这两种句式的研究，主要集中在其条件的性质方面和两者的对比研究方面。

在条件的性质方面，学者们对"只有……才"所表示的条件具有三种不同的观点：一是认为"只有……才"表唯一条件，代表学者有吕叔湘（《现代汉语八百词》，1999），胡裕树（《现代汉语》，2011），史锡尧（《试论"只要""只有"和"无论"所表示的条件》，《语文研究》，1982）等；二是认为"只有……才"表必要条件，代表学者有邢福义（《汉语复句研究》，2001），张斌（《新编现代汉语》，2008），黄伯荣、廖序东（《现代汉语》，2002）等；三是认为"只有……才"表何种条件需要具体分析，代表学者有吕正春（《"只有……才"句式表达何种假言判断》，齐齐哈尔师范学院学报，1983）。学者们对"只要……就"所表示的条件看法基本一致：认为此句式表示充分条件。代表学者有邢福义（《汉语复句研究》，2001），王维贤（《现代汉语复句新解》，1994），张斌（《新编现代汉语》，2008），黄伯荣、廖序东（《现代汉语》，2002）等。

学界对"只有……才"和"只要……就"两种句式的对比多集中在语义和语用方面。邢福义在《汉语复句研究》（2001）一书中，从"条件的性质"和"强调的重点"两方面区分了两个句式的不同：邢先生认为"只有……才"主要表达必要条件；"只要……就"偏重表达充足条件。贺阳在《"只要"与"只有"》（《语文建设》，1997）一文中，探讨了在同一个表示条件和结果的句子中，是使用"只有"还是"只要"要受到语法、语义和语用三方面的制约。尤其在语用方面，贺阳认为在符合语法条件并且不受语义制约的情况下，在孤立的句子中"只有"和"只要"可以相互转换，但把句子放到具体的文章中，情况就会改变。傅颖和武琼在其硕士论文《对外汉语教学中的"只有"和"只要"》（南昌大学，2014）和《现代汉语条件类关联词语研究》（南京师范大学，2007）中都分别从句法、语义和语用三方面分析了"只有……才"和"只要……就"的不同之处以及相互转换的条件。

上述学术界已有的丰富的相关性研究成果为我们确立、研究本选题提供了有益的指导，在此基础上，我们充分分析语料之后，进行了一定的创新性探索。

首先，在我们所研究的"要 p 才 q"句式中，"要"与"才"是表示复句内部关系的词，其词性的判定，借鉴综述里面提到的大多数学者的观点，"关系词语不具有划一性，有的是纯粹标明复句关系的语法成分，有的则在标明复句关系的同时兼做某个句中成分"[①]。确定标准如下：

关系词"要"可以后接谓词性、体词性成分。当"要"后为谓词性成分时，"要"为助动词；当"要"后为体词性成分时，"要"为动词。因此"要"既可以是助动词，也可以是动词。关系词"才"的词性仅有一种，为副词。例如：

[1] 动词的配价能力［要］进入一定的句法结构［才］能显现出来。

[2] 书［要］一个钟头［才］能到。

"要"在上述两例中，词性分别为动词和助动词，其后分别接谓词性成分和体词性成分，在句中既起关联作用，又兼做状语；"才"为副词，在句中同样既起关联作用，又兼做状语修饰后面的谓词性成分。

其次，根据本文的研究对象，我们沿袭了学界对于条件复句约定俗成的界定标准，将"要 p 才 q"总体的语里意义认定为条件关系，但同时，根据语料库中"要 p 才 q"呈现的特点，我们将语里意义分别细化为条件和结果的层级性、条件的性质和结果实现的可能性、条件与结果的语义类型、条件的真假等问题进行了全新的阐释。

（三）研究对象

对一个语法现象进行研究，既可以从历时角度进行溯源，又可以从共时层面展开具体分析。

1. 历时探源

本文将研究对象限定在现代汉语范围内进行分析，但要想对之进行深入研究，有必要对它追根溯源。

我们首先通过查阅历史文献，对这一句式进行了一番语法化历程的梳理。

以下是 CCL（中国语言学研究中心）语料库中"要 p 才 q"句式在历代使用的具体情况。

---

① 邢福义：《汉语复句研究》，北京：商务印书馆，2001年，第30页。

1.1. 宋代的"要p才q"

"要p才q"句式最早出现在宋代的《话本选集》和《朱子语类》中。共有8例。比如：

[3]［要］好趁这个遗漏人乱时，今夜就走开去，方［才］使得。(《话本选集》——《碾玉观音》)

上例中，"要p才q"句式和当今的用法一样，都是表条件关系，可见条件句"要p才q"萌芽于宋代。

1.2. 元代的"要p才q"

元代使用"要p才q"句式的数量与宋代持平，在CCL语料库中共发现了8例。这8例分别出现在元代《话本选集》中的《勘皮靴单证二郎神》和《蒋兴哥重会珍珠衫》两篇文章中，以及《老乞大新释》一文中。比如：

[4]心中暗喜："这事已有五分了!且莫［要］声张，还［要］细记这妇人来历，方［才］有下手处。"(《话本选集》——《勘皮靴单证二郎神》)

[5]兴哥久闻得"上说天堂，下说苏杭"，好个大码头所在，有心［要］去走一遍，做这一回买卖，方［才］回去。(《话本选集》——《蒋兴哥重会珍珠衫》)

[6]常言道。常防贼心。莫偷他物。依我的话。必［要］留一个人看房子［才］是。(《老乞大新释》)

1.3. 明代的"要p才q"

明代使用"要p才q"句式的数量较元代增多，CCL语料库中共有146例。这146例全部都出现在小说作品中：包括《西游记》《今古奇观》《水浒全传》《三宝太监西洋记》《喻世明言》等15部作品。比如：

[7]两个妖精虽则灵变，却［要］驾着雾借着云［才］会飞。(《三宝太监西洋记》)

[8]行者道："十万八千里，十停中还不曾走了一停哩。"八戒道："哥啊，［要］走几年［才］得到?"(《西游记》)

[9]却说城中有一人，姓张，名委，原是个宦家子弟。为人奸狡诡谲，残忍刻薄，恃了势力，专一欺邻吓舍，扎害良善。触着他的，风波立至，必

［要］弄得那人破家荡产方［才］罢手。（《今古奇观》）

［10］只见李氏慌对杨公说："不可开船。还［要］躲风三日，［才］好放过去。"（《喻世明言》）

1.4. 清代的"要 p 才 q"

"要 p 才 q"句式在清代共有 1 030 例，出现次数较明代大幅度增加。它们绝大部分出现在《红楼梦》《儒林外史》《儿女英雄传》《八仙得道》等 40 部小说作品中，仅有几例出现在《曾国藩家书》中。比如：

［11］宝钗说："亏你说，还是特特的带来的才放了一二十天，若不是特特的带来，大约［要］放到年底下［才］送来呢。（《红楼梦》）

［12］娄太爷吃的粥和菜，我们煨了，他儿子、孙子看过还不算，少爷还［要］自己看过了，［才］送与娄太爷吃。（《儒林外史》）

［13］只因里面地方过窄，［要］等安太太先见过了，然后大家［才］好进来。（《儿女英雄传》）

［14］贫道愚见，以为凡是修仙之人，都［要］有此种坚决的意态，和宏伟的毅力，［才］真有成仙之望。（《八仙得道》）

1.5. 民国的"要 p 才 q"

"要 p 才 q"句式在民国共出现 498 例，数量较清代有所下降。此句式全部出现在小说作品中，包括《清朝秘史》《上古秘史》《大清三杰》等 32 部作品。

［15］此时监国摄政王励精图治，每日朝晨五时即进养心殿，批阅章奏，无论是否紧要，总［要］从头至尾，瞧完卷［才］歇。（《清朝秘史》）

［16］帝尧一定［要］等羿完全复原之后［才］肯动身，所以君臣三个不是闲空谈天，就是到左近山间游玩，差不多各处都游玩遍了。（《上古秘史》）

［17］人生在世，总［要］做些创业之事，方［才］不愧天生斯人。（《大清三杰》）

我们将历代使用"要 p 才 q"句式的情况用表 1 加以对比。

表1 "要p才q"句式不同历史时期的用量统计

朝代	宋代	元代	明代	清代	民国
数量	8	8	146	1 030	498

综上，"要p才q"句式萌芽于宋代，但使用数量极少。到了元、明、清时期，使用数量逐渐增多，清代的使用数量达到顶峰，民国时期有所下降。在以上历史阶段，"要p才q"句式通常使用在文艺语体中（主要是在小说中），口语化色彩较浓，所表达的语义关系与现代大同小异，都是条件句。

表1显示，民国使用"要p才q"句式相较清朝大为减少，这可能与CCL语料库所收录的语料不够丰富有一定关系。比如，与近代化相伴生的期刊在此语料库中就很少被收录，这种文本类型的整体缺失会大大影响采集样本的数量与样本多样性的呈现。只不过，由于本文的研究主要限定于如下所述20世纪后半叶的现代汉语范围内，20世纪后半叶之前的数据完善与否不会影响我们对本选题的研究，因此，我们没有补充新的语料库对历史溯源的完善。

2. 共时探究

针对本文的研究对象，有必要交代一下其研究范围以及内部结构。

进入20世纪50年代，随着现代汉语在社会各领域的广泛运用，"要p才q"的用法逐渐多样化，不仅出现在口语中，在书面语中也大量存在。"要p才q"进入句法结构中，其功能也大大拓展，依据"要p才q"句式内部的间隔情况及其出现的句法环境来看，主要可以构成复句和紧缩句，个别"要p才q"进入更大的语句中充当某种句法成分。

"要p才q"出现在复句中。比如：

[18] 教田径赛的老师会告诉你，"跳远的时候，眼睛 [要] 看着远处，你 [才] 会跳得够远。"

[19] 一个队 [要] 拥有各种类型打法的好手，[才] 能立于不败之地。

"要p才q"以紧缩句的形式使用。比如：

[20] 我一般 [要] 过很久 [才] 能忘记不愉快的事情。

［21］直拍选手［要］创新［才］有出路。

"要 p 才 q"进入更大的语句中充当某一句法成分。比如：

［22］特殊消费品是价格高、使用时间长、购买过程中［要］花费很多时间［才］能买到的商品。

以上几种用法之中，"要 p 才 q"出现在复句中频率最高，所在的句式也更为复杂，因此，本文着重探讨"要 p 才 q"构成复句与紧缩句的用法，例［22］中的"要 p 才 q"是在单句中充当定语，此类句式不在我们的研究之列。

作为复句与紧缩句的"要 p 才 q"句式，主要由关系词"要"和"才"、要件"p"和"q"两大部分构成。当"要 p 才 q"句式为复句时，p、q 之间往往用逗号隔开，例如"每次一定要争取听一场京剧，才感到不虚此行"；当"要 p 才 q"句式为紧缩句时，p、q 之间一般不带逗号，例如"很多话都要联系具体的语言环境才能了解它的确切的意思"。由于作为复句与紧缩句的"要 p 才 q"在语表形式上有很多特点基本相同，我们在进行研究时，就没有刻意区分。

我们将划入本文研究范围内的"要 p 才 q"句式的内部结构分为两部分：

"要"和"才"是构成复句的关系词，"p"与"q"是构成复句的两个要件。

其中，关系词"要"与"才"的词性、作用在研究综述里已经确定下来了。

两个要件"p"与"q"，分别表示条件与结果。如"我的房子在院子的最深处，要走过很长的盘山道才能走到"。此句中，"p"即"走过很长的盘山道"，为条件；"q"即"能走到"，为条件作用下的结果。

（四）研究方法

本研究着重运用"两个三角"理论中的"小三角"语法理论，兼顾"三个平面"语法研究理论，主要运用语料库分析法、形式描写与意义阐释相结合的研究方法等，对"要 p 才 q"句式做全方位的揭示。

1. 语料库分析法

本文以北京大学 CCL 的现代汉语语料库为语料来源，建立了本选题展开研究的语料库。我们以"要……才……"为搜索关键，并借助语料库中的

"在结果中搜索"功能，共检索出23 023条语料。我们将这23 023条语料中的单句形式、"要p才q"句式做句法成分以及其他不符合"要p才q"句式的例子剔除，剩余17 606条。在这17 606条语料中，充分考虑到了类型多样化的特点，利用随机抽取与个别替换的原则，最终保留了1 000条作为本文的有效语料。

2. 形式与意义结合法

利用自建的语料库，本文力求细致描写"要p才q"句式在语表形式上体现出的各种特点，比如，既描写了关系词"要"与"才"的使用情况，又探究了要件"p""q"内部的构成情况，还对"要p才q"句式的特殊形式，如前置结构、否定式等做了详细论述。

在细致描写的基础上，对于"要p才q"句式在语里意义方面呈现出的特征，也有比较深刻的挖掘，比如，根据条件"p"与结果"q"内部的层级性，我们将其分为单一型条件、复合型条件和单一型结果、复合型结果，力求清晰地呈现条件"p"和结果"q"内部的层级关系。

此外，如前文所述，本文还运用了历时与共时相结合的研究方法等，力求呈现"要p才q"句式历史溯源与共时特征等多方面的样貌。

"要p才q"句式的语里意义

根据"小三角"理论，一个句法结构的语里意义主要是指潜隐在其语形内的抽象意义。"语里意义"在"小三角"理论中简称为"语里"，我们在分析语里意义时常常换用语法学界统一的名称"语义"。"要p才q"句式总体表达的是条件语义关系，和条件相伴随的是相应的结果。通过分析语料库，我们发现"要p才q"句式在条件与结果的层级、性质、语义类型等方面均有着不同的特点。下面进行具体阐发。

（一）条件和结果的层级性

"要p才q"句式在语表形式上具有连用、要件"p""q"的构成以及"要p才q"的前置等特点。因语表形式与语里意义是相互反映、相互渗透的，上述语表形式上的特点，实际上是某种语义关系的反映。具体来说，就是条件与结果的层级性。

1. 条件的层级性

在语料中，我们发现"要 p 才 q"句式中的条件有时不止一个，常常存在多个条件同时出现的情况。例如："要仔细研究，认真琢磨，才能把我们的出版工作做得更有成效。"此例中有两个条件"仔细研究"和"认真琢磨"。我们根据句式中条件是否只出现一个，将条件分为单一型条件和复合型条件。

1.1. 单一型条件

单一型条件是指在"要 p 才 q"句式中只出现一个条件。例如：

[1] 大家［要］团结［才］能抵抗外敌。

[2] 演员们常常［要］忙一个多小时［才］能回住地休息。

例［1］［2］中都只出现一个条件：例［1］中的条件是"团结"，例［2］中的条件是"忙一个多小时"。

1.2. 复合型条件

复合型条件是指在"要 p 才 q"句式中出现多个条件。这些不同的条件之间具有不同的关系，可以分为叠加型和选择型两种。

1.2.1. 叠加型

叠加型是指句式中的所有条件必须同时存在，缺一不可。叠加型包括内含型、平展型和外拓型。

1.2.1.1. 内含型

内含型是指一个关系词"要"引导多个条件，这些条件必须同时存在。我们根据这些条件之间不同的关系将其分为并列式、连贯式和递进式。

1.2.1.1.1. 并列式

[3] 企业［要］强化质量管理，不断提高产品质量，满足市场的需求，［才］能使名牌长盛不衰。

[4] 军队［要］讲三大纪律八项注意，一切行动听指挥，步调一致，［才］能得胜利。

例［3］中，"强化质量管理""不断提高产品质量""满足市场的需求"

三者之间是并列关系，这三者缺一不可。例［4］中，"讲三大纪律八项注意""一切行动听指挥"和"步调一致"之间具有并列关系。

1.2.1.1.2. 连贯式

［5］当他站在球场上准备发球时，总［要］用脚和球拍"哒哒哒"地把场地敲打一番，然后把球拍了又拍，最后［才］发球。

［6］郭达的记录是极其认真的，一字一句从不轻易落笔，都［要］在他的脑子里转几个圈，再得到我们的共认［才］工整地写在纸上。

例［5］中，"用脚和球拍'哒哒哒'地把场地敲打一番"和"把球拍了又拍"两个条件之间是连贯关系，这表明两者之间是先后完成的。例［6］中，"在他的脑子里转几个圈"是先进行的条件，"得到我们的共认"是后进行的条件，两者具有连贯关系。

1.2.1.1.3. 递进式

［7］选择吃蔬菜和水果时，一定［要］经常变换品种，搭配食用，并且适当配合脂肪、蛋白质等一同进食，这样［才］能补充身体所需的营养物质。

［8］大王决心拜他为大将，［要］择个好日子，还得隆重地举行拜将的仪式［才］好

例［7］中，"经常变换品种"和"适当配合脂肪、蛋白质等一同进食"间是递进关系。例［8］中，"择个好日子"和"隆重地举行拜将的仪式"之间是递进关系。

1.2.1.2. 平展型

平展型是指多个关系词"要"引导多个条件，这些条件必须同时存在。我们根据这些条件之间不同的关系将其分为并列式和递进式。

1.2.1.2.1. 并列式

［9］车手既［要］有强劲的腿力，又［要］有敏捷的身手和技巧，［才］能应付一段接一段的沙土路、上下坡和沟壑坎坷。

［10］就全国人大及其常委会的立法工作来说，既［要］考虑到全国的大局，也［要］照顾到各地的不同具体情况，只有这样，立法［才］能行之有效。

例［9］中，"有强劲的腿力"和"有敏捷的身手和技巧"是车手需要同

时具备的两种能力，它们之间是并列关系。例［10］中，对于全国人大及其常委会的立法工作来说，必须要做到"考虑到全国的大局"和"照顾到各地的不同具体情况"，这两者之间是并列关系。

1.2.1.2.2. 递进式

［11］一个合格的企业管理者不仅［要］有丰富的实践经验，而且［要］不断吸收新知识，开阔眼界，只有这样［才］能适应现代社会的发展。

［12］谈及序跋，陈伯吹很有感叹地说，写序跋难，［要］仔细读正篇，还［要］熟悉作者创作或研究作者的走向和意愿，然后［才］能有的放矢。

例［11］中，"不断吸收新知识，开阔眼界"是在"有丰富的实践经验"的基础上企业管理者所要达到的进一步的要求，两者是递进关系。例［12］中，写序跋时，"仔细读正篇"是基础工作，"熟悉作者创作或研究作者的走向和意愿"是进一步的工作，两者是递进关系。

1.2.1.3. 外拓型

外拓型是指一个关系词"要"引导一个条件，在此条件之前还有其他一种或多种条件。外拓型可以分为递进式、并列式和先后式。

1.2.1.3.1. 递进式

递进式是指第一个条件是初级条件，后一个条件是在初级条件的基础上进一步的条件，两者之间是递进关系。递进式又分为包含式和肯定式。

1.2.1.3.1.1. 包含式

在包含式中，一般会出坝"除了"一词，但"除了"不是表示"排除"义，而是表示"包含"义。

［13］作为一个完整的产品开发，除了做好技术工作外，最终还［要］进行大量推销工作，［才］能走向市场，特别是走向国际市场。

［14］除了凭借聪明，还［要］有至精至诚的心劲［才］能把"无字天书"酿造为文字，让我们肉眼凡胎的人多少也能阅读。

例［13］中，"做好技术工作"是包含在内的第一步的条件，"进行大量推销工作"是进一步达到的条件。例［14］中，"凭借聪明"是结果实现的所必须包含在内的条件，"有至精至诚的心劲"是在"凭借聪明"的基础上进一步完成的条件。

1.2.1.3.1.2. 肯定式

在肯定式中，一般会出现否定词"不"，但"不"不是表示"否定"，而是表示"肯定"。

[15] 要学会下棋，单靠看棋谱是不行的，还［要］亲自和人对弈，［才］能逐步精通它。

[16] TOP赞助商不是交纳了赞助费后就坐享其成了，他们还［要］继续追加投资进行宣传，［才］能收回效果。

例［15］中，"单靠看棋谱是不行的"表示"要看棋谱"的意思，与后面进一步达到的条件"亲自和人对弈"之间是递进关系。例［16］中，"TOP赞助商不是交纳了赞助费后就坐享其成了"是"TOP赞助商要交纳赞助费"的意思，"继续追加投资进行宣传"是进一步需要完成的条件，两者之间是递进关系。

1.2.1.3.2. 并列式

并列式是指多个条件之间是并列的关系。

[17] 正如卫生部副部长殷大奎所言，在重视护士执业资格管理的同时，也［要］加强对护士执业中的管理，加强护士在职教育，这样［才］能不断提高护理服务质量和水平。

[18] 我国棋手在不断提高棋艺的同时，也［要］特别注重心理素质的培养，［才］能尽快打破李昌镐的不败神话。

例［17］中，"重视护士执业资格管理"和"加强对护士执业中的管理，加强护士在职教育"是需要同时具备的条件。例［18］中，"不断提高棋艺"和"特别注重心理素质的培养"是实现结果所需的同步条件。

1.2.1.3.3. 先后式

先后式是指其中一个条件已经具备，具有先行性，而另外一个条件还未具备，具有后行性。

[19] 有了过硬的质量，还［要］有与众不同的独到之处，［才］能吸引更多的消费者，进而在市场中站稳脚跟。

［20］过了平地关，还［要］过好秧苗疏密补稀关、除草关、施肥关，［才］能保证水稻丰收。

例［19］中，从"有了"一词可知，"有了过硬的质量"是已经先行具备的条件，"有与众不同的独到之处"是还未具备的条件，需要进一步具备。例［20］中，从"过了"一词可知，"过了平地关"是先行已然条件，"过好秧苗疏密补稀关、除草关、施肥关"是后行未然条件。

1.2.2. 选择型

选择型是指句式中存在可供选择的多种条件。

［21］你［要］冲着窟窿大吼一声，或者用手放进去打个手势，［才］能表明你所需的东西和数额。

［22］每个车位至少［要］卖10万元，或者年租3万元，或者每小时收费8元，［才］有投资价值。

例［21］中，"冲着窟窿大吼一声"和"用手放进去打个手势"是可供选择的两种条件，只需选一种条件去实施即可。例［22］中，"卖10万元""年租3万元"和"每小时收费8元"是三种条件，需要三者选其一。

2. 结果的层级性

在语料中，我们发现在"要 p 才 q"句式中结果有时不止一个，存在多种结果同时出现的情况。例如："要让公子郧师感到我们无意保护大王，这样，他才会尽快下手，我们也才能尽早除掉他。"此例中存在两个结果"他才会尽快下手"和"我们也才能尽早除掉他"。我们根据结果是否只出现一个，将其分为单一型结果和复合型结果。

2.1. 单一型结果

单一型结果是指句式中的结果只有一个。

［23］小孩上学［要］在空荡的山里上上下下走一个多小时［才］能到学校。

［24］雅娃曼博士强调："［要］有好的饵料［才］能养殖出好的对虾。"

例［23］［24］中都只有一个结果：例［23］的结果是"能到学校"，例

[24] 的结果是"能养殖出好的对虾"。

2.2. 复合型结果

复合型结果是指在"要p才q"句式中出现多个结果。复合型结果包括内含型和平展型。

2.2.1. 内含型

内含型是指一个关系词"才"引导多个结果，这些结果必须同时存在。我们根据这些结果之间不同的关系将其分为并列式、递进式和连贯式。

2.2.1.1. 并列式

[25] 他多次说，历史是客观存在的，[要] 正确对待历史，真实记录历史，[才] 对得起前人，对得起今人，对得起后人。

例 [25] 中，"对得起前人""对得起今人""对得起后人"三者间是并列关系。

2.2.1.2. 递进式

[26] 当然，绝对 [要] 随时掌握敌情，[才] 能了解敌我的优劣，并制敌于先。

例 [26] 中，"了解敌我的优势"是基础结果，"制敌于先"是进一步达到的结果，两者是递进关系。

2.2.1.3. 连贯式

[27] 解释者 [要] 完全超脱自己的历史环境，[才] 可能在永恒中与神化的作者交流，然后再把这种神谕传达给世间的读者。

例 [27] 中，"在永恒中与神化的作者交流"是先发生的行为，"把这种神谕传达给世间的读者"是后发生的行为，二者是连贯关系。

2.2.2. 平展型

平展型是指多个关系词"才"引导多个结果，这些结果必须同时存在。我们根据这些结果之间的不同关系，将其分为并列式和递进式。

2.2.2.1. 并列式

[28] 评价人物和历史，都 [要] 提倡全面的科学的观点，防止片面性和感情用事，这 [才] 符合马克思主义，也 [才] 符合全国人民的利益和愿望。

［29］凡是乐器，一般都［要］有旋律［才］能充分发挥其特点，乐器的表现力也［才］能丰富起来。

例［28］［29］中都存在两个结果，同时与表并列关系的"也"搭配使用，这就表明"符合马克思主义"和"符合全国人民的利益和愿望"之间具有并列关系，"能充分发挥其特点"和"（乐器的表现力）能丰富起来"之间具有并列关系。

2.2.2.2. 递进式

［30］［要］敢于"面对"自己的恐惧，［才］会知道自己恐惧的究竟是什么，［才］可以最终消除这个恐惧。

［31］工会［要］加大协调劳动争议的力度，加强维护职工的合法权益，只有这样，［才］能增强广大职工对改革的理解和支持，［才］有助于加快转换企业的经营机制。

例［30］中，"会知道自己恐惧的究竟是什么"是得到的初步结果，"可以最终消除这个恐惧"是在初步结果的基础上得到的最终结果，两者之间具有递进关系。例［31］中，"能增强广大职工对改革的理解和支持"从而就会"有助于加快转换企业的经营机制"，两者是层层递进的关系。

（二）条件的性质和结果实现的可能性

通过观察分析语料，我们发现"要 p 才 q"句式中条件的性质并不是唯一的，它可以是必要条件，可以是唯一条件，也可以是或然条件。不同性质的条件所对应的结果实现的可能性不同。

1. 条件的性质

1.1. 必要条件

必要条件是指对于结果的实现来说此条件是不可或缺的，缺了这一条件，结果就不会实现。有时，说话人为了强调条件的必要性，往往会在条件前添加一些情态副词"一定""更""绝对"等或在"要 p 才 q"句式的后面添加"否则非 q"来进一步强调条件的必要性。

［32］纽约大学斯特恩商学院院长戴利说："互联网界转变得太快，你一定［要］置身其中［才］能真正认识它。"

[33] 老年人更［要］保持良好的心态，［才］能身健体壮。

[34] 吃的时候一定［要］专注于吃饭，这样血液［才］能聚集在肠胃系统，否则吃不好，也工作不好。

例［32］中，戴利认为，想要真正认识互联网，就要"置身其中"，如果不"置身其中"就不会真正认识互联网，情态副词"一定"强调了"置身其中"的必要性。例［33］中，"保持良好的心态"是老年人身健体壮的必要条件，情态副词"更"强调了"保持良好心态"的必要性。例［34］中，"否则吃不好，也工作不好"强调了"专注于吃饭"的必要性。

1.2. 唯一条件

唯一条件是指具备此条件，结果一定实现；不具备此条件，结果就不会实现。也就是说，对于结果的实现来说，此条件是有且仅有的。条件具备唯一性的语料一般是具有规律性、普遍性的事件，如真理、客观事实等。

[35] 镍不怕热，一般［要］到1 500℃［才］熔化。

[36] 他现在伤病交织，每次给小队员上训练课都［要］扎上近8寸宽的护腰［才］敢做动作

例［35］中，"镍不怕热"是"镍"这种物质的固有特性，因此镍想要熔化，必须要将其加热"到1 500℃"，加热"到1 500℃"是镍"熔化"的唯一条件。例［36］中，说话人客观陈述了"他"的伤病情况，因为"伤病交织"，所以要"扎上近8寸宽的护腰"才敢做动作，"扎上近8寸宽的护腰"是实现"敢做动作"这一结果的唯一条件。

1.3. 或然条件

或然条件是指条件是不确定的。或然条件的前面常常带有"可能""也许""或许""预计"等表不确定义的词语。

[37] 我喜欢扎加洛，他是世界上最好的教练，我或许［要］用两辈子［才］能达到他那样的功绩。

[38] 你必须知道旧的习俗已经延续数千年，也许［要］再过数千年［才］会完全改变。

例［37］［38］中都有表示"可能"义的词语"或许""也许"，这就说明

句中所述的条件是不确定的：有可能"用两辈子"就能达到他那样的功绩，也有可能即使"用两辈子"也达不到他那样的功绩；同样的，旧的习俗可能"过数千年"会完全改变，也有可能"过数千年"也不会完全改变。

2. 结果实现的可能性

条件与结果之间的关系往往表现为一种相互依赖的关系，结果的实现依赖于条件的实现。① 换句话说，结果是否能实现完全取决于条件。上文中，我们对条件的性质进行了分类：必要条件、唯一条件和或然条件，那么这些不同性质的条件对结果的实现具有怎样的影响呢？无非有两种影响：一是结果可能实现，二是结果必然实现。

2.1. 结果可能实现

结果可能实现是指在条件的作用下，结果有可能实现。当条件具有必要性和或然性时，结果可能实现。但在这两种不同性质的条件下，结果实现的可能性大小是不同的。

2.1.1. 必要性条件下结果实现的可能性大小

必要性条件是指缺少此条件，结果一定不会实现，但具备此条件，结果不一定会实现。所以必要性条件下的结果实现的可能性大小是不确定的。但当此必要条件越是结果实现所需要的重要的或关键的条件时，结果实现的可能性就越大。

[39] 我们常说，在激烈的市场竞争中，产品［要］保持自身的特色，［才］能站稳脚跟。

[40] 我们一定［要］深刻记取工作中的失误和教训，［才］利于开拓新的改革试验，争取更大的成功。

例［39］中，我们知道，产品想要在市场上站稳脚跟，需要多种因素共同发挥作用，产品"保持自身的特色"只是"站稳脚跟"的必要条件之一，只有这一个条件并不一定能实现"站稳脚跟"这一结果，所以此结果是可能实现的，实现的可能性大小不确定。例［40］中，"深刻记取工作中的失误和

---

① 胡秀梅：《汉语条件句的语义焦点与视角的双向性》，《汉语学习》2013年第2期，第44页。

教训"是"利于开拓新的改革试验，争取更大的成功"的必要条件之一，因此结果的实现具有可能性，但"深刻记取工作中的失误和教训"是众多条件中最关键的一个，说话人特意使用"一定"一词来强调其关键性，所以其结果实现的可能性偏大。

2.1.2. 或然性条件下结果实现的可能性大小

因为或然性条件是指条件可能实现，也可能不实现，也就是说条件实现的可能性为50％，所以与之相对应的结果实现的可能性也为50％。

［41］考虑到其技术的复杂和成本的高昂，刘小榕认为，我国观众或许［要］到下个世纪的头十年［才］有望较普遍地应用这种数字电视收看节目。

［42］没有根基的、外乡来的飘零者，也许［要］打破头，［才］能在这土地上得到一席之地。

例［41］中的条件"到下个世纪的头十年"是或然性的，例［42］中的条件"打破头"也是或然性的，它们所引出的结果也都是可能实现的，实现的可能性都为50％。

2.2. 结果必然实现

结果必然实现是指在条件的作用下，结果一定能实现。当条件具有唯一性时，结果一定实现。

当条件是唯一条件时，这就说明此条件是结果能够实现的有且仅有的条件。所以说，在唯一条件下，结果一定能实现。

［43］钱币放进去之后，［要］打破扑满［才］能取出来。

［44］外因［要］通过内因［才］能起作用。

例［43］所述是一种常识，钱放进扑满之后，确实要打破扑满才能取出来，"打破扑满"之后，结果"钱能取出来"一定能实现。例［44］是客观真理，外因"通过内因""能起作用"，是外因"能起作用"的唯一条件，因此结果"外因""能起作用"一定会实现。

（三）条件和结果的语义类型

在语表部分，我们分析出要件"p"主要由动词、形容词和名词构成，要件"q"主要由动词和形容词构成。"p"与"q"在语表形式方面的特点，体现的是条件与结果语义类型的多样性：条件"p"可以表示动作行为，可以表示状态，也可以表示数量；结果"q"可以表示某种动作行为或某种状态，"q"还可以在"要 p 才行/好/是"此类特殊形式中表示强调。

1. 条件的语义类型

1.1. 表动作行为

当条件"p"是动词或动词短语时，它常常表示一种动作行为。

［45］大厅内人来客往，餐厅座无虚席，有不少海外游客常常［要］预订客房［才］能落脚。

［46］礁上苦、累、险的事，党员、干部都［要］走在前，只有这样，［才］能赢得战士的信任。

例［45］［46］中，"预定客房"和"走在前"分别是动宾短语和动补短语，两者都表示动作行为。

1.2. 表状态

当条件"p"是形容词或形容词短语时，它常常表示某种状态。

［47］番茄酱的料［要］足，［才］能保证口感和卖相。

［48］两个翅膀都［要］硬［才］飞得高。

例［47］中的"足"表现了"番茄酱"量大的一种状态。例［48］中的"硬"表示"翅膀"结实、强这样一种状态。

1.3. 表数量

当条件"p"是名词或名词性短语时，其中的名词或名词性短语多是数量短语，它常常表示一种数量。

［49］这六字箴言的奥秘，［要］一本长篇小说［才］说得清楚。

［50］这棵树［要］25 年［才］开花。

例［49］中的"一本长篇小说"是表名量的数量短语，例［50］中的"25 年"是表时间的数量短语，两者都表明了数量。

2. 结果的语义类型

2.1. 表动作行为

当结果"q"为动词或动词性短语时，它往往表示一种动作行为。

［51］他们［要］花费很长的时间和很大的精力［才］能发展自制力的品质。

［52］每次他去都受到人们的围观，保卫人员［要］费尽九牛二虎之力，［才］能为他开出一条通道。

例［51］中的"发展自制力的品质"是动宾短语，例［52］中的"为他开出一条通道"是状中短语，都表示一种动作行为。

2.2. 表状态

当结果"q"为形容词或形容词性短语时，它往往表示某种状态。

［53］这种粥［要］在空腹时喝，效果［才］最好。

［54］我在火锅城或街头摊点吃麻辣烫时［要］另加麻辣调料［才］过瘾。

例［53］中的"最好"表示效果达到顶峰的一种状态。例［54］中的"过瘾"表示"我"的味觉感受达到"过瘾"这样一种状态。

2.3. 表强调

在语料中，"q"一般是由动词性或形容词性短语构成，但有时会由单个词"行""好""是"等充当，构成"要p才行/好/是"的形式。通过分析这种形式，我们发现了一些特点：一是"才行/好/是"不再表示条件之后的结果，而是起强调条件的作用；二是"才行/好/是"在一定条件下可以删去，语义不变。

下面将具体分析。

2.3.1. "才行/好/是"表示强调

在"要p才q"句式中，"q"一般是由动词性或形容词性短语充当，此时"q"表示条件之后的结果。但我们发现在"要p才行/好/是"形式中，"行/好/是"不再表示结果，而是起到强调条件的作用。为什么会出现这种现象呢？我们认为，这是因为表示结果的"q"前置或后置了，为了使句式完整，说话人就用"行/好/是"来起强调条件的作用。例如：

［55］他听了，心里很不高兴，气愤地说："他正是俺要找的贤能之士。求贤［要］礼贤下士［才］行，他睡得正香，你怎么能喊他呢？"

［56］现在中原安定，四方归服，自古以来，很少有这样的日子。但是我还得十分谨慎，只怕不能保持长久。所以我［要］多听听你们的谏言［才］好。

［57］"这回总［要］说上几句［才］好，不然就太没有礼貌了。"他想，

于是就镇定了一下自己，向佐藤富子说明了来意。

［58］咱们知道了这个道理还不够，［要］让大家伙都知道［才］行！大伙儿都明白过来，就能有力量！

［59］至于临战时的随机应变，就不是事先能预测到的，往往［要］反应敏锐，灵活机动地乘机把握对我方最有利的方法策略［才］是。

例［55］中，条件"礼贤下士"的结果不是"行"，而是条件之前的"求贤"，"要礼贤下士"才能"求贤"，"行"强调肯定条件"礼贤下士"。例［56］中的结果是前文中的"中原安定，四方归服"的现状"保持长久"，"我要多听听你们的谏言"才能使"中原安定，四方归服"的现状"保持长久"，"好"起强调肯定"多听听你们的谏言"的作用。例［57］［58］中的结果"有礼貌"和"有力量"后置，"要说上几句"才"有礼貌"，"好"强调肯定"说上几句"；"要让大家伙都知道"才能"有力量"，"行"强调"让大家伙都知道"。例［59］中的结果"随机应变"前置，"要反应敏锐，灵活机动地乘机把握对我方最有利的方法策略"才能"随机应变"，"是"起强调作用。

2.3.2. "才行/好/是"删除后语义不变

在"要p才行/好/是"中，"才行/好/是"可以删除且语义不变，但并不是任何情况下删去"才行/好/是"之后语义都不变。我们在上文分析出"才行/好/是"不表结果而表强调的原因是因为结果前置或后置了，由此我们可以推出：只有当前置或后置的结果与"要p才行/好/是"同时出现时，"才行/好/是"才可以删去且语义不变。例如：

［60］要想干好任何一项事业，［要］有一批热爱这项事业的人支撑［才］行。

［61］他给我们算了一笔账："我们5个老师傅，每剃一个头按耗时半小时收费1块5计算，25万元的营业额，［要］我们5个老头子一天24小时不吃不喝没日没夜地干上2年［才］行。

［62］中国的演出舞台［要］迅速和世界接轨［才］是。

例［60］［61］中，结果与"要p才行/好/是"同时出现，可以删去"才行"，语义不变：要想干好任何一项事业，要有一批热爱这项事业的人支撑；

25万元的营业额，要我们5个老头子一天24小时不吃不喝没日没夜地干上2年。例［62］中，"要"句前没有出现结果，所以不能删去"才是"，删去后语义改变。

2.3.3. "要p才行/好/是"与"要p才VP/AP"能否互换的情况

当前置或后置的结果与"要p才行/好/是"或"要p才VP/AP"中的"VP/AP"同时出现时，两者可以互换；当前置或后置的结果与"要p才行/好/是"或"要p才VP/AP"中的"VP/AP"没有同时出现时，两者不可以互换。

2.3.3.1. "要p才行/好/是"与"要p才VP/AP"可互换

［63］老年人要使自己快乐，必须以现实的眼光来看待自己，［要］制定切合实际的目标，［才］能有快乐。

［64］因为在刚成立的山区游击队里，有这样崭新的机枪是很稀罕的；把它从敌人手里夺过来，［要］经过一场相当激烈的战斗，付出不少伤亡的代价，［才］能到手的。

［65］这里关键的问题是规范所有者和经营者的权限问题，［要］有一整套完善的企业制度［才］行。

［66］获得科技成果一等奖、二等奖还不够，科研成果要转化成生产力，［要］把一等奖变成一千万元的有效知识产权［才］行。

例［63］［64］中，结果与"VP/AP"同时出现，因此"要p才VP/AP"可以转换成"要p才行/好/是"：例［63］中的前置结果"使自己快乐"与位于"q"上的结果"有快乐"同义且同时出现，因此可以将"有快乐"换成"行/好/是"：老年人要使自己快乐，必须以现实的眼光来看待自己，要制定切合实际的目标才行；例［64］中的前置结果"把它从敌人手里夺过来"与位于"q"上的结果"到手的"同义且同时出现，所以"到手的"可以换成"行/好/是"：把它从敌人手里夺过来，要经过一场相当激烈的战斗，付出不少伤亡的代价才行。例［65］［66］中的结果"这里关键的问题是规范所有者和经营者的权限问题"和"科研成果要转化成生产力"前置，与"要p才行/好/是"同时出现，因此"要p才行/好/是"可以转换成"要p才VP/AP"：这里关键的问题是规范所有者和经营者的权限问题，要有一整套完善的企业制度才能解决规范所有者和经营者的权限问题；科研成果要转化成生产力，要把一等奖变成一千万元的有效知识产权才能将科研成果转化成生产力。

2.3.3.2. "要 p 才行/好/是"与"要 p 才 VP/AP"不可互换

[67] 他们［要］看大量的材料、具有大量的上机经验［才］能把握计算机领域的前沿。

[68] 在县城上学的沈默，［要］走五里路［才］能回到家中。

[69] ［要］全面动起来［才］行啊！

[70] 邻里之间的交往就［要］注重感情联系［才］行。

例 [67] [68] 中的前后都没有出现与位于"q"上的结果"把握计算机领域的前沿"和"回到家中"同义或近义的另一个结果，因此它们不能转换成"要 p 才行/好/是"的形式。例 [69] [70] 中没有出现前置或后置结果，因此它们不能转换成"要 p 才 VP/AP"的形式。

（四）条件的"真"与"假"

我们发现，在语料中有一些条件是"真"条件，而有一些条件是"假"条件。何谓条件的"真"，何谓条件的"假"呢？"真"条件是指在现实世界中真实存在或已经发生过的条件，即"真"条件；"假"条件是指在现实世界中还未发生过的条件，即"假"条件。

1. "真"条件

"真"条件包括已然性"真"条件和常态性"真"条件。

1.1. 已然性"真"条件

在现实世界中已经发生过的条件就是已然性"真"条件

[71] 前几年我［要］排很久的队，还［要］托熟人、找关系甚至到票贩子那里［才］能买到票，没想到这次竟然3分钟就买到了。

[72] 此前，一辆新车入户［要］经过13个窗口签字［才］能办好手续。

例 [71] [72] 中的"前几年"和"此前"充分说明条件"排很久的队，还要托熟人、找关系甚至到票贩子那里"和"经过13个窗口签字"是已经发生过的"真"条件。

1.2. 常态性"真"条件

在现实世界中真实存在的条件就是常态性"真"条件。

[73] 国内现存仅数十只的华南虎，是老虎的8个亚种中最具观赏价值的一种，一般 [要] 两三年 [才] 生产一次。

[74] 这时，所长秘书小傅对陈部长说："陈竺老师每天都 [要] 忙到深夜 [才] 回家，现在实验室即使到了晚上，仍是灯火通明。"

例 [73] 中，"两三年"是华南虎生产的一般时间规律，因此是常态性的"真"条件。例 [74] 中的条件"忙到深夜"是陈竺老师常态性的工作模式，"每天""都"两词更能说明常态性。

2. "假"条件

在现实世界中还未存在或实现的条件就是"假"条件。

[75] 她想：人生短暂，我 [要] 奋力做好这件大事，这样 [才] 对得起自己，对得起所有翘首期盼着佳音的领导和同志们。

[76] 中国队至少 [要] 在后三场比赛中保证2胜1平，[才] 可能获得出线权。

例 [75] 中的"奋力做好这件大事"是"她"的计划和打算，在"她"说话时还未发生，所以是"假"条件。例 [76] 中，"在后三场比赛中保证2胜1平"是说话人对于中国队能够获得出线权的最低估计，是否能获得出线权，要看之后的比赛，也就是说，说话人说话时中国队并未进行后三场的比赛，因此句中条件是"假"条件。

3. "假"条件到"真"条件的转化

当"假"条件在未来的某个时间点实现之后，"假"条件就会转化成"真"条件；相对应的，如果"假"条件在未来的某个时间点没有实现，那么"假"条件就不会转化成"真"条件。

3.1. "假"条件能够转化为"真"条件

[77] 中国女队的邓亚萍和乔红、男队的王涛和孔令辉已取得了奥运会参赛资格。剩余的名额则 [要] 等3月份在日本的奥运会预选赛打完 [才] 能确定。

[78] 总队的飞行人员不会忘记，1965年3月23日，敬爱的周恩来总理指

示飞行总队:"中国民航不飞出去,就打不开局面,一定[要]飞出去,[才]能打开局面。"

例[77]中,说话时还未开始比赛,因此"等3月份在日本的奥运会预选赛打完"是"假"条件,但一旦预选赛打完之后,"假"条件就会变成"真"条件。例[78]中,周总理在进行指示时,中国民航还没有"飞出去",此时属于"假"条件,而此后中国民航完成了周总理的指示,"飞出去"了,此时"假"条件就变成了"真"条件。

3.2. "假"条件不能转化为"真"条件

[79]粉房小学书记贺玉芝愤恨地说:"我觉得应该把他千刀万剐,让每个受害者都[要]咬一口,砍他一刀,[才]能解心头之恨!"

[80]唐骏在盛大策划了盛大收购新浪计划,策划了"盒子计划",他还告诉陈天桥说:"盛大未来[要]做一个媒体,只有这样,盛大[才]会成为真正伟大的公司。"

例[79]中,"咬一口,砍他一刀"是"贺玉芝"出于对"他"的愤恨而假设的一种情况,属于"假"条件,而这种"假"条件绝对不会变成"真"条件,因为法律不允许这种情况的发生。例[80]中的"做一个媒体"是"唐骏"的计划,属于"假"条件,但后来"盒子计划"失败,说明"做一个媒体"的计划并未实现,"假"条件没有转化成"真"条件。

小　结

本小节主要论述了"要p才q"句式的各种语义情况。分别包括条件和结果的层级性、条件的性质和结果实现的可能性、条件和结果的语义类型、条件的"真"与"假"四大部分。

由于本部分对于"要p才q"句式的语义分析层次过多,特将结构层次用流程图表示如下:

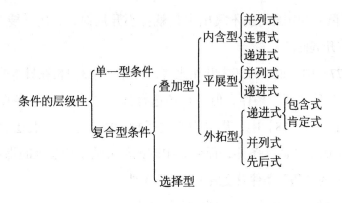

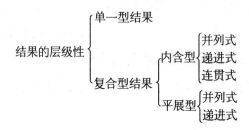

图1　条件和结果的层级性

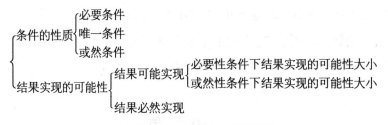

图2　条件的性质和结果实现的可能性

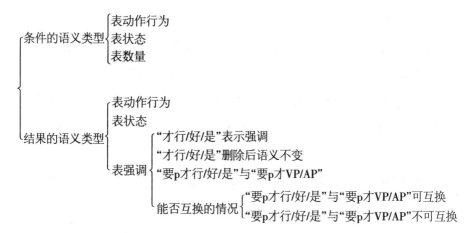

图3 条件和结果的语义类型

"真"条件 ┤ 已然性"真"条件
         └ 常态性"真"条件

"假"条件

"假"条件到"真"条件的转化 ┤ "假"条件能够转化成"真"条件
                          └ "假"条件不能转化成"真"条件

图4 条件的"真"与"假"

本部分，在条件和结果的层级性方面，我们根据句中的条件或结果是否只出现一个，将其分为单一型和复合型。其中，复合型条件和结果都较为复杂：复合型条件又分为叠加型和选择型，叠加型包括内含型、平展型和外拓型；复合型的结果分为内含型和平展型。

在条件的性质和结果实现的可能性方面，我们根据语料，观察出"要 p才 q"句式中条件"p"可以是必要条件、或然条件，也可以是唯一条件。同时，不同性质的条件对结果"q"的实现具有不同的影响：必要条件和或然条件下的结果有可能实现，并且必要条件下结果实现的可能性大于或然条件下结果实现的可能性；唯一条件所对应的结果必然实现。

在条件和结果的分类方面，条件"p"和结果"q"都具有不同的类型：条件"p"可以表动作行为、状态、数量。结果"q"可以表动作行为、状态和强调，其中当结果"q"表强调时，会产生一种特殊形式"要 p才 行/好/是"，在此形式中，"才行/好/是"不再是结果，而是对条件"p"的强调，且可以删除，语义不变。

在条件的"真"与"假"方面，"真"条件是现实世界中已经存在或发生的条件，"假"条件是现实生活中还未发生的条件。当"假"条件实际发生之后就会转化成"真"条件，反之，则不会转化成"真"条件。

上述条件与结果语义的复杂多样性，是借助某种语表形式为架构，体现的是语言表达者运用"要 p 才 q"这一句式的不同思想认识与主观态度。

作者简介： 滕克红，曲阜师范大学文学院 2017 级研究生，研究方向为汉语言文字学。

略论鹿善继《四书说约·大学卷》 修身思想

沈　刚

摘要： 鹿善继在《四书说约·大学卷》中认为修身为本，他事为末。修身的途径则要做到心中有"虑"，达到定中境界，有定才能有静中精神，静中精神有了，心才能安定。心绪安定就可以呈现善的本体，进而达到至善。八条目作为实现人生价值的不同阶段，处处体现着修身。格物致知要人用心深入了解外物外事，以身应物，心动一意，物感此身，只有修身修心才能得良知。诚意的关键在慎独，慎独的同时要回归本心，不能被杂念所驱使，要谨守本心。家齐之人必定拥有良好的道德修养，国是大家，治国者常怀赤诚之心，以德教民则国大治。平天下的人君从人心处秉持絜矩之道，修身修德，最终才能得民得财。

关键词： 鹿善继；《四书说约·大学卷》；修身；心学

鹿善继（1575—1636），字伯顺，号乾岳，晚年自号江村渔隐，谥号"忠杰"，北直隶定兴（今河北定兴）人。万历四十一年（1613）赐进士出身，观使兵部，后授户部山东司主事。万历四十七年（1619），鹿善继依旧例扣留"金花银"以解辽东缺饷之急，虽降至外调，其公忠体国之心名动天下。天启元年（1621）随孙承宗征战辽东。阉党祸起后，积极解救东林名士。崇祯九年（1636），清兵攻定兴，乡绅请鹿善继入城谋划守御。虽非本职，但鹿氏慷慨担承。城破死之，被追赠大理寺卿，谥"忠杰"，建祠祭奉。鹿善继著有《四书说约》三十三卷，《认真草》十六卷，《鹿忠节公集》二十一卷等，另有鹿善继学生陈铉编写的《鹿忠节公年谱》二卷，可参见其一生行迹、学术渊源、学术主旨等。

崇祯八年（1635）《四书说约》刊印。因鹿善继服膺阳明心学，故该书以心学理论探求四书内涵，并倡导以身实践。鹿善继在《认理提纲》中说："夫读圣贤书而不反求之心，延平所比之于玩物丧志者，可汗人背也。即云反求之心，而一切着落不以身实践之，徒以天倪之顿见为承当。"[1] 其认为，"天生万物，人得其生物者以为心……人得以生此心，与天并大，推而论之……都呼吸一气之中，故曰宇宙中物皆性中物……《大学》之明德……皆是物也，乃合下生成本来面目也"[2]。"至善是明德之本体……可见治天下的算计都从本来面目上生出，离却治身，径去治人，便是以昏镜照物，安得不以修身为本?"[3]（卷一）在鹿氏看来，《大学》位列四书首位，字字以修身养德教人，通章只修身为本一句可以尽之。本文从此角度出发，探求鹿善继在《四书说约·大学卷》（后文简称《大学卷》）部分是怎样通章阐述修身思想的。

一、《大学》以修身为本

经一章是《大学》的总纲领，鹿善继在《大学卷》的开篇部分就扼要地指出："四书中，学字总以此章为头脑，说个大学之道，要着人抬起头来认认生来性命，莫把原大的家当自家小了，即紧说个近道之方；要着人寻着把柄——脚踏实地，莫把有定的路数自家差了，晓得从本上做，而道自得矣! 通章只修身为本一句可以尽之。"[4]（卷一）鹿氏认为只"修身为本"一句就可

---

[1] 《四书说约》，天津图书馆藏清道光二十八年刻本，第2页。
[2] 《四书说约》，天津图书馆藏清道光二十八年刻本，第1页。
[3] 《四书说约》，天津图书馆藏清道光二十八年刻本，第2页。
[4] 《四书说约》，天津图书馆藏清道光二十八年刻本，第2页。

以穷尽《大学》整篇之内容：《大学》的道就是要人从自己的性命处着手。这"性命"已是近道，人们不要忽视它，不要走偏了，只需脚踏实地，按照这样的路径去实践，那么"道自得矣"。路径是什么呢？就在修身一事上。

为了进一步论证"修身为本"是《大学》的主旨，鹿善继认为孔子在春秋时期已经提出"修身"的重要性。"子路问君子。子曰：'修己以敬。'曰：'如斯而已乎？'曰：'修己以安人。'曰：'如斯而已乎？'曰：'修己以安百姓。修己以安百姓，尧、舜其犹病诸？'"①王阳明也认为"明明德、亲民犹修己、安百姓"。"孔子眼见治天下国家的都径在治人上做，全不治己，纵才情驱驾成个小康，而到不得至善去处。人自有个虚灵一窍，万物同体，是天命之为人性，乃至善之理，只为人于此处，不曾透现，千思百虑只在天下上搜求，便民风主德，总不到家，舍己而求民，两失之也。教人两得之道是个修身，而修身为本之所以然在知止一节。惟其知止，而后能得，故须以修身为本也。"②（卷一）修身就是修己，即求自身的善性。人性的至善之理，若千思百虑只向天下百姓身上索求，舍弃自己不修身，当政者只能失之天下，不治己仅治民，最终只会己民"两失"。

回到《大学》经一章的原文上来看，"大学之道，在明明德，在亲民，在止于至善"。朱熹曰："至善，则事理当然之极也。"③朱子心中的至善是"存天理，去人欲"，穷尽天理之极，没有一丝人欲存在，如此做才能达到至善的境界。鹿善继则认为："至善是明德之本体，其着落在天下，而非有一定格式之可执。即圣人欲得至善亦须要虑，而此虑如不从明善来，便非定中境界、静中精神、安中意绪，怎得至善？可见治天下的算计都从本来面目上生出，离却治身，径去治人，便是以昏镜照物，安得不以修身为本？"④（卷一）要达到至善，不是非要按照一定的方式去做才能达到，需要有"虑"。这个"虑"要从明善来方可达到至善。人有了"虑"，才能到达"定中境界"，

---

① 杨伯峻译注：《论语译注》，北京：中华书局，2006年，第179页。
② 《四书说约》，天津图书馆藏清道光二十八年刻本，第2页。
③ ［宋］朱熹：《四书章句集注》，北京：中华书局，1983年，第3页。
④ 《四书说约》，天津图书馆藏清道光二十八年刻本，第2页。

有了"定"，才能展现出"静中精神"，"静中精神"有了，心中的意绪才能安定。心绪安定、心境平和、不急不躁、思虑周详，这样的心理状态可以自然地呈现善的本体，进而达到至善。内心安定，自身达善，推而广之，方可治人。若自身不善，只想着治人，便是用"昏镜照物"，最终只能己民两失。

从上文鹿善继关于修己身与治人的关系论述中可以看出，《大学》原文中的"物有本末，事有终始"一段，本即是修身，末则是他事。人若以修身为本，修己以德，则天下太平。"物有本末四字，开举世之迷，事即跟物来，处物即是事，惟有本末，故有终始，知所先后，非做了本再做末。只一味在本上做，也亦非遗末不做，做本原在末上做也。所谓修身为本，言我只事事自修而天下已平了。天下、国家、身、心、意、知、物，原在一处，偶举其一事而各样齐到，不然，八件可先干那一件？"王阳明认为本末为一物："夫木之干，谓之本，木之梢，谓之末。惟其一物也，是以谓之本末。"①（卷一）明德与亲民也为一事："新民之意，既与亲民不同，则明德之功，自与新民为二。若知明明德以亲其民，而亲民以明其明德，则明德亲民焉可析而为两乎？先儒之说，是盖不知明德亲民之本为一事，而认以为两事，是以虽知本末之当为一物，而亦不得不非为两物也。"鹿善继沿袭王阳明的思想，物即事，本末原是一事，"做本原在末上做也"。八条目"格物、致知、诚意、正心、修身、齐家、治国、平天下"原是一事，是本也是末，做本也是做末，做到"事事自修"，修身修心才能"天下已平"。

二、"修身"思想贯穿于八条目始终

格物、致知、诚意、正心、修身、齐家、治国、平天下是《大学》中的八条目，鹿善继一直在《大学卷》中言称修身是《大学》的主旨，本章将考查修身思想是如何体现在八条目中的。

---

① 《四书说约》，天津图书馆藏清道光二十八年刻本，第2页。

（一）格物致知

朱熹曰："物格者，物理之极处无不到也。"① 格物求理的人，对事物的微小之处无一不探究到。朱子说格物要从外部求，王阳明也曾与人一同格物，但七日后劳思致疾，方知要格物之功只在身心上做。鹿善继从心学理论出发，认为"身处天下国家之中，与相感应，物感此身，此心便起一意以应之，应物者失其理，便是身不修"②（卷一）。以心感物，因己身不修而探知不到其中的天理。心失其正，"因所起之意未得诚"，原本自在的天理、良知也感受不到。"良知既在，而不得致者又不是在知上有不能解之物，乃在物上有不实尽之知也。"③（卷一）这"不实尽之知"就是身不修。"知至者，吾心之所知无不尽也"。④ 想要做到这一点，仍是要"随其物之感，而实依本然之知以应之，使物无不妥"，这本然之知就是人原有的内心，想要致知，还得要人的自身与内心皆修养得当，方能掌握最终的真知。由此可见，修身在"格物—致知"这一过程中的重要性。

（二）诚意正心

鹿善继在"所谓诚其章"中认为，"诚意是主意，慎独是工夫"，想达到诚意，必须通过慎独的途径。"诚其意，慎其独，不是两事。诚其意是主意，慎其独是工夫。两个慎独又不是两事。前慎是议论，后慎是发明，中间两慎独相连，以申说求痛快，首尾两诚意相应，以推究求恳切。圣贤不以板样道理，正襟论是非也，全以自在不自在上动人。"⑤（卷一）慎独要怎么做呢？君子独自一人时表里如一、人前人后行为如一。"人情畏外不畏中，以其独知之地，指视听所不到也。故外面事体，还求做模做样，责以诚意一段生活，绝没肯上这船的。夫诚其意，是毋自欺，毋自欺，是能自慊。此境不对一人，此几不容半错，人关鬼关，自出自入，故君子慎独。"⑥（卷一）人立于

① ［宋］朱熹：《四书章句集注》，北京：中华书局，1983年，第4页。

② 《四书说约》，天津图书馆藏清道光二十八年刻本，第2页。

③ 《四书说约》，天津图书馆藏清道光二十八年刻本，第3页。

④ ［宋］朱熹：《四书章句集注》，北京：中华书局，1983年，第4页。

⑤ 《四书说约》，天津图书馆藏清道光二十八年刻本，第9—10页。

⑥ 《四书说约》，天津图书馆藏清道光二十八年刻本，第10页。

世，是个社会人，在外面会受到大众的监督，畏惧他人的眼光与批评，很多事情不敢干，而到了无人之地，没有了他人的目光与言语，能不能做到克制全在于自己，这就要求人具有良好的修养。时刻讲究慎独、时时以修身养性为信念的人做到不自欺，方能自由出入。为了进一步说明慎独是修养中的重要一环，鹿善继将小人与君子相比较。"小人只是个不省的独字，他为不善于闲居，而舍着空劳，肺肝如见，则诚中形外，原是不易之理，而君子即欲不慎独敢乎哉？十目十手有味乎？曾子之戒心于独也，谁谓独可不慎，而任其意之不诚也。素为不善者，心忙手乱，莫掩其中之恶。身诚有德者，心广体胖，莫遏其中之善。中外原是相因，苦乐皆人自取，从长计议，意不诚可乎？君子知诚中而形外也，安得不戒欺而求慊也。"[1]（卷一）小人指的是道德意志不够坚强的一般人，他们极易受外界的诱惑，人前人后不一，自欺欺人，不掩盖内心的恶。而君子知道"人之视己，如见其肺肝然"，本身诚实、内心有德，心广体胖，不遏内心之善。究其根本，还是二者在修身养德一事上有不同的认识。君子诚其意、慎其独，修身养德，诚中而形外。

除了要时时提醒自己慎独，人心常常感到忿懥、恐惧、忧患、好乐。这些原本是内心所常见的，但现在其中"一物偏据于中，把我虚灵真宰，逼得失位了，心不得其正，便说是心不在……心不在，则视听食息，谁为之主，不见不闻不知味，把此身作践到极不堪处，传者横览宇内，个个都没了心，遂个个摧残其身，至不可言"[2]（卷二）。心不得其正的原因在于其被忿懥、恐惧、忧患、好乐所左右，心被这些情绪所驱使，进而导致心不在，摧残其身。针对这种情况，鹿善继提出要立足于心之本身，不是心没了，只是心不在焉。只要坚持回归正心这一修身之法，人就能回复本来面貌。"然心故在也，去了有所之念，他照旧复位。一复位时，回头把一向得意的作用都似颠狂，把一向得意的受享都是恶秽，那作用急忙改之，还靦颜半日，那受享急忙推掉，还恶心半日。这七尺之躯才有见人的日子。"[3]（卷二）

---

① 《四书说约》，天津图书馆藏清道光二十八年刻本，第10页。

② 《四书说约》，天津图书馆藏清道光二十八年刻本，第1页。

③ 《四书说约》，天津图书馆藏清道光二十八年刻本，第2页。

（三）家齐，国治，天下平

家齐者必因己修身。一个和睦的家庭必定父慈子孝、兄友弟恭、夫妇和顺，每个人都做好自己分内之事。可是现实中常常是"人莫知其子之恶，莫知其苗之硕"，人们往往会对自己的孩子偏私，看不见他的缺点，总看不到自己家的禾苗壮硕，却总以为别人家的庄稼更好。如何让自己不"偏辟"，鹿善继认为"齐家者，使家之人改恶以就美也。然家人之手足，视吾身之好恶以为措，家中那得全美的人，亦那得全恶的人，所恃以提挈而齐一者，政凭主人好恶，不偏美中恶、恶中美，都一一不使相掩，则家之心志自一。耳目不乱，而齐在是己。今用情既辟，一成不返，所谓猢狲当家，人怎服事。传者模写曲尽矣。这样个身，家怎得齐？故以身不修不可以齐其家结之"①（卷二）。如何齐家？用情不辟。不因个人情感而偏向某一方，不偏向"美中恶、恶中美"，想要做到这些，就需要良好的修养，即"齐在是己"。在齐家中修身要能够看到"美中恶、恶中美"，"鼓舞机权，全在捐我成心，以肖物之品使当吾好恶者，激劝并承。观吾好恶者，适从有定。齐家治国，总不外此"。

治国齐家，一大一小，殊途同归。《大学》讲到此处说"治国在齐其家"，何解？治国章从齐家章后出，"孝者，所以事君也；悌者，所以事长也；慈者，所以使众也"。这三句说的是齐家功夫，在家能孝，出门就能事君；在家能悌，故能尊长；在家慈爱，故能使他人甘心做事。又引《诗经》："桃之夭夭，其叶蓁蓁；之子于归，宜其家人。""宜兄宜弟。"在鹿善继看来，"他那个不是要教国的人，而只于自家夫妇兄弟父子，兢兢求宜"②（卷二）。这几句原是讲齐家的，夫妇、兄弟、父子之间谨慎和谐。家是一个小的国，家庭和谐是国家安定的基础，家齐后才能国治。所以此处虽假借三个齐家方法说是家、民该做的，其实这也是治国者该做的。治国者爱民之心赤诚，"如保赤子"，时时刻刻想着百姓所需，秉承恕道，将心比心。治国者常怀一颗为民请命之心，常以忠恕之道勉励自己，时时修身自警，天下百姓才能从之，所以"尧舜之民仁，桀纣之民暴，皆一人为帅而天下从之也"，故

---

① 《四书说约》，天津图书馆藏清道光二十八年刻本，第2—3页。
② 《四书说约》，天津图书馆藏清道光二十八年刻本，第4页。

"治国在齐其家"。既然治国与齐家同，那么治国者与治家者有何异呢？鹿善继认为"教国者，教一国之人承上接下……使教民的勾当，民皆有而我偏无，则便只以号令硬使他，有何不可。然人有上下，理无异同，我所教民的，此身椿椿皆备。我但说他，他就看我，不言之中，其心全不难见。他大众一齐睁眼瞅住一人，仁让贪戾，如形之于影。尧舜之民仁，桀纣之民暴，皆一人为帅而天下从之也。上之教民难以令，而民之从上则以好。令与好反，虽令不从。是故君子求非，也不能废，而有无先考诸己，知道藏身不恕，断无喻人之理也"① （卷二）。治国者位居上位，上之所好下必效之。尧舜好德，百姓为仁，即使命令他们作乱，他们也不会做；桀纣性暴，百姓为乱，即使命令他们安分守己，他们也不会听。所以位居上位的君子要先检查自己的德行所好，诚以修心，"民之为仁为暴，从好不从令也"。

治国要将心比心，平天下同样如此，此乃君子的"絜矩之道"。絜，《说文解字注》曰："絜束也。是知絜为束也。束之必围之，故引申之围度曰絜。"② 朱熹曰："絜，度也。"矩，画直角或方形的用具，引申为法度。鹿善继说："一人为天下之主，天下有不遂之心则不平。然天下之大，何处去查点？圣贤从人心同处讨出捷法，只一个将心比心，万不失一，絜矩二字。所谓寻根本，会源流，袖褪乾坤的手段也。这个道理，明明白白，在天地间为君者行之。不是屈尊，为天下计。"③ （卷二）鹿氏认为天下之主不能有随欲望的不遂之心，要常怀赤子之诚，秉持絜矩之道，为天下百姓考虑，也就是为政以德。"盖人君絜矩便是有德也。有人即是得众，而一连说道到有财有用，复大发聚财之不可者，人君所以不与民同好恶。其大端专为爱财，自奉重，遂为民轻也。不知财跟着人，人跟着德。慎德者，有人有财，而贪财者，争民施夺。本末非倒持之衡，财民岂两聚之物，顾财遂不能顾民，而失民岂能有财。"④ （卷二）人君要谨记修身修德，有德就会获得人民的支持，

---

① 《四书说约》，天津图书馆藏清道光二十八年刻本，第3—4页。

② ［汉］许慎、［清］段玉裁：《说文解字注》，上海：上海古籍出版社，1981年，第1161页。

③ 《四书说约》，天津图书馆藏清道光二十八年刻本，第5页。

④ 《四书说约》，天津图书馆藏清道光二十八年刻本，第5—6页。

获得人民的支持才能拥有财富；贪财的人只会与民争利。"物有本末"，德为本，财为末。有本才有末，有德终有财。

平天下除了内要有人君的德，外还要有"辅君慎德"。"贤人保子孙，而其作用在利黎民。奸人不能保我子孙，而其作用，先殆黎民。如必说到着底，辅君慎德，黎民便利；辅君聚财，黎民便殆。总此勾当非别有腾，那用人与聚财不聚财，原在一搭。虽此处不必一一饶舌，而至末二节，复通在一处，其意自明矣。"① （卷二）人君用人要用忠诚专一、好善贤德的良臣贤人，这种人能辅佐人君保子孙、利黎民；若人君重用贪财敛财之臣，既不能保子孙，又会失百姓。"夫贤人必要利民，奸人必要殆民，所以未从人主发落，民心已先有算计，切切指望。爱民的仁者，去奸用贤，全是雷劈斧断的生活，迸绝在一人，而万民之生意，方得回春。不然，如命如过，隐忍迁延，这其间极不便于贤者而极便于不贤者。"② （卷二）所以人君有德、辅臣有德才是平天下的关键。

结　　语

鹿善继在《四书说约·大学卷》中认为，修身是《大学》的主旨，修身为本，他事为末。修身的途径则要做到心中有"虑"，达到定中境界，有定才能有静中精神，静中精神有了，心才能安定。心绪安定就可以呈现善的本体，进而达到至善。八条目作为实现人生价值的不同阶段，在鹿善继看来，其中处处体现着修身。通过以上论述分析可知，格物致知要人用心深入了解外物外事，以身应物，心动一意，物感此身，只有修身修心才能得良知。诚意的关键在慎独，慎独的同时要回归本心，不能被杂念所驱使，要谨守本心。家齐之人必定拥有良好的道德修养，因为他用情不辟，不偏向"美中恶、恶中美"，"齐在是己"。国是大家，治国者常怀赤诚之心，以德教民则国大治。平天下的人君从人心处秉持絜矩之道，修身修德，并善用有德之臣，

---

① 《四书说约》，天津图书馆藏清道光二十八年刻本，第6页。
② 《四书说约》，天津图书馆藏清道光二十八年刻本，第6—7页。

最终才能得民得财。

作者简介：沈刚，1990年生，曲阜师范大学文学院2018级博士研究生，研究方向为中国古典文献学。

《周易》"终则有始"观对班固史学
思想影响新探

荣姗姗

摘要：《汉书》的历史叙事充分体现了班固原始察终、见盛观衰的辩证史学观，而这种史学观与《周易》"终则有始"的观念密切关联。班固在运用《周易》"终则有始"观念考察历史因果联系、兴衰变动的过程中更加注重"原始"的作用和价值，在评价人事中更是汲取了《周易》察微知几、见机而作的理念，用于褒贬历史人物、反对权臣干政和论说教育等。

关键词：《周易》；终始观；《汉书》；班固；史学观

《周易》作为一部流传千年的哲学著作，其哲学思想在历史的积淀中更加凸显深邃性和广博性，因而为历代史学大家所重视。班固首创断代体史书《汉书》，在其行文叙事中亦不可避免地受到《周易》的启发，文中所征引大量的易学文献就是例证。谈及《周易》对班固创作《汉书》的影响，研究者常聚焦于《汉书·五行志》和《律历志》中反映出的汉易象数特色，因而容易忽略班固对《周易》原始哲思的思考与借鉴。故在细读《汉书》引《易》文本的基础上，我们发现班固的史学思想其实很大程度上来源于《周易》"终则有始"的思维，《汉书》的历史叙事充分体现了班固原始察终、见盛观衰的辩证史学观，而这种史学观与《周易》"终则有始"的观念密切关联。班固在《汉书》中更加注重"原始"的作用和价值，在评价人事中更是汲取了《周易》察微知几、见机而作的理念，用于褒贬历史人物、反对权臣干政和论说教育等。

一、《易》"终则有始"的整体观

《彖传》蕴含着丰富的终始观念。如《蛊卦·彖传》："'先甲三日，后甲三日'，终则有始，天行也。"① 《恒卦·彖传》："天地之道，恒久而不已也；'利有攸往'，终则有始也。"② 天地遵照"终则有始"的原则繁育万物，暑往寒来，寒往暑来，寒暑相推，故成四季。四季相推，年岁终成。事物的发展也是遵循终则有始的原理，当事物发展至终末，必将展开新的开始，如此循环往复，不断向前推进。终与始成辩证式的矛盾关系，而非简单的线性平行关系，终中有始，始中含终，所以要辩证对待。程颐说："夫有始则必有终，既终则必有始，天之道也。圣人知终始之道，故能原始而究其所以然，要终而备其将然。"③ 故知终始之道不是目的，最终目的是要学会如何看待掌握终始之道，即原始察终。

《系辞下传》谈六十四卦形成之初就把"原始要终"视为卦体大义："《易》之为书也，原始要终以为质也。六爻相杂，唯其时物也。其初难知，其上易知：本末也。初辞拟之，卒成之终。"④ 实是从卦爻入手进行解释分析，初爻居卦体之初，象征事物发展的初始阶段，由于微而不显，所以难知；而上爻象征事物发展的终成状态，显而著，所以易为人知晓。从《周易》形成的时代背景看"原始要终"的含义，也富有启示意义："《易》之兴也，其当殷之末世，周之盛德邪？当文王与纣之事邪？是故其辞危。危者使

---

① ［魏］王弼、［晋］韩康伯注，［唐］孔颖达疏：《周易正义》（十三经注疏阮刻影印本），北京：中华书局，1980年，第35页。

② ［魏］王弼、［晋］韩康伯注，［唐］孔颖达疏：《周易正义》（十三经注疏阮刻影印本），北京：中华书局，1980年，第47页。

③ ［宋］程颐撰，王孝鱼点校：《周易程氏传》卷二，北京：中华书局，2011年，第103页。

④ ［魏］王弼、［晋］韩康伯注，［唐］孔颖达疏：《周易正义》（十三经注疏阮刻影印本），北京：中华书局，1980年，第90页。

平，易者使倾。其道甚大，百物不废。惧以终始，其要无咎，此之谓《易》之道也。"① 《周易》多危辞，是因为其创作于殷周之世，殷日衰而周日盛，殷之末而周之初，盛衰变革中呈现兴败存亡、"终则有始"的道理，所以多用危辞诫人慎始察终。返于六十四卦，"原始察终""惧以终始"之义毕现，正可印证两处所说无疑。六十四卦虽寓意六十四种事物发展的不同情态，但其初爻所表现出的因居卑位而审慎小心和上爻物极必反而防患之义却是相通的。譬如《坤卦》初六爻："履霜，坚冰至。"② 《大有卦》初九爻："无交害，匪咎，艰则无咎。"③ 《豫卦》初六爻："鸣豫，凶。"④ 《噬嗑卦》上九爻："何校灭耳，凶。"⑤ 《贲卦》上九爻："白贲，无咎。"⑥ 《剥卦》上九爻："硕果不食，君子得舆，小人剥庐。"⑦ 《复卦》上六爻："迷复，凶，有灾眚。"⑧ 其中，"凶""咎""灾眚"皆因为不能原始察终、惧以终始导致。此类卦爻辞还有很多，兹不备举。不过值得深思的是，虽然《周易》主张要惧以终始，六十四卦以《未济卦》收尾，但并未违反终则有始、始则有终的原则。相反，以《未济卦》结束，象征事物的发展永不停止，永不终结，始终保持向前的否定式发展，这也合乎《周易》物极必反的道理。凡事物发展到顶峰，事物发展的对立面便显现出来，《丰卦·象传》

① [魏] 王弼、[晋] 韩康伯注，[唐] 孔颖达疏：《周易正义》（十三经注疏阮刻影印本），北京：中华书局，1980年，第90页。

② [魏] 王弼、[晋] 韩康伯注，[唐] 孔颖达疏：《周易正义》（十三经注疏阮刻影印本），北京：中华书局，1980年，第18页。

③ [魏] 王弼、[晋] 韩康伯注，[唐] 孔颖达疏：《周易正义》（十三经注疏阮刻影印本），北京：中华书局，1980年，第30页。

④ [魏] 王弼、[晋] 韩康伯注，[唐] 孔颖达疏：《周易正义》（十三经注疏阮刻影印本），北京：中华书局，1980年，第32页。

⑤ [魏] 王弼、[晋] 韩康伯注，[唐] 孔颖达疏：《周易正义》（十三经注疏阮刻影印本），北京：中华书局，1980年，第37页。

⑥ [魏] 王弼、[晋] 韩康伯注，[唐] 孔颖达疏：《周易正义》（十三经注疏阮刻影印本），北京：中华书局，1980年，第38页。

⑦ [魏] 王弼、[晋] 韩康伯注，[唐] 孔颖达疏：《周易正义》（十三经注疏阮刻影印本），北京：中华书局，1980年，第38页。

⑧ [魏] 王弼、[晋] 韩康伯注，[唐] 孔颖达疏：《周易正义》（十三经注疏阮刻影印本），北京：中华书局，1980年，第39页。

言："日中则昃，月盈则食；天地盈虚，与时消息。"① 《序卦传》以"未济"完结，正是对物盛必衰、物极必反哲理的总结和深化，显示了《周易》作者诫人慎终的深刻用意。

事物的发展在很长一段时间内都会遵循终则有始、循环往复的整体发展观，而终始发展过程则是由事物的盛衰变化过程构成，所以总体上呈现螺旋式循环前进轨迹。在相对一段时间内，事物发展由微至显，由显而盛，又由盛至衰。将盛衰变化放置于整个人类历史变动大环境中，前段历史的衰落点又可视为下一段历史的起点或转折点，所以便可察往知来。事物开始发展至鼎盛阶段，再由鼎盛期发展至衰靡，上行或下行都离不开事物的渐变累积。渐变是事物发展的必经之路，《周易》中也强调渐变的重要性，一卦六爻，爻位从低到高，从下至上，体现着事物从低到高的渐进发展过程。黄寿祺谈及六爻基本特点时说："初位象征事物发端萌芽，主于潜藏勿用；二位象征事物崭露头角，主于适当进取；三位象征事物功业小成，主于慎行防凶；四位象征事物新进高层，主于警惧审时；五位象征事物圆满成功，主于处盛戒盈；上位象征事物发展终尽，主于穷极必反。"② 当然，事物发展纷繁复杂，仅就爻位排列进行推衍难以窥探一卦全貌，但这种渐变的发展规律客观存在于任何事物的发展进程中。《渐卦》更是专门从鸿鸟飞行至水涯、盘石、小山陆、山木、山陵、大山陆设喻，阐明事物发展过程中应循序渐进的道理。《坤文言》释初六爻辞也提到人事中渐变发挥的作用："积善之家，必有余庆；积不善之家，必有余殃。臣弑其君，子弑其父，非一朝一夕之故，其所由来者渐矣！由辩之不早辩也。"③ "由辩之不早辩"就指出事物发展之初就要慎重对待，察微知几，作事谋始，防微杜渐。《系辞下传》言："几者，动之

---

① ［魏］王弼、［晋］韩康伯注，［唐］孔颖达疏：《周易正义》（十三经注疏阮刻影印本），北京：中华书局，1980年，第67页。

② 黄寿祺、张善文：《周易译注》（后附《读〈易〉要例》），北京：中华书局，2016年，第45页。

③ ［魏］王弼、［晋］韩康伯注，［唐］孔颖达疏：《周易正义》（十三经注疏阮刻影印本），北京：中华书局，1980年，第19页。

微，吉之先见者也。君子见几而作，不俟终日。"① 可见知几利于慎始，慎始决定着事物的发展走向，对于全面认识事物并使其向趋吉避凶的方向发展具有重要意义。

二、《汉书》原始察终、见盛观衰的历史书写

班固在其叙史论事中深受《周易》终则有始、见盛观衰思想的影响。班固《郊祀志》记载："天增授皇帝泰元神策，周而复始。"② 因皇帝到泰山祭祀昊天上帝是在"十一月甲子朔旦冬至日"③，"甲"，即《蛊》卦卦辞"先甲三日，后甲三日"④ 之"甲"，因甲为天干数之首，《程传》云："甲，数之首，事之始也，如辰之甲乙。"⑤ "子"为十二地支之首，所以选择甲子日祭祀昊天上帝正寓有终则有始，终而复始的含义。由此可见班固终则有始的历史发展观。班固在《楚元王传》中大篇幅收录刘向谏议汉成帝力行薄葬、践行节俭的上书奏事，刘向奏疏开篇便引《系辞下传》表达对汉成帝起建皇陵、用度奢侈现状的担忧："臣闻《易》曰：'安不忘危，存不忘亡，是以身安而国家可保也。'故贤圣之君，博观终始，穷极事情，而是非分明。"⑥ 刘向就墓葬一事，"博观终始，穷极事情"，将之放置于前代历史大环境下进行考察，正面近取汉高祖、汉文帝之事，远举黄帝、尧、舜、禹、文王、周公、孔子薄葬之德，反面又列吴王阖闾违礼厚葬导致越国发兵谋反之事等，考之于今，返之于古，知朝代兴盛者，皆以节俭为德；反招祸患者，由奢淫

① ［魏］王弼、［晋］韩康伯注，［唐］孔颖达疏：《周易正义》（十三经注疏阮刻影印本），北京：中华书局，1980年，第88页。

② ［汉］班固撰，［唐］颜师古注：《汉书》卷二十五《郊祀志》，北京：中华书局，1962年，第1244页。

③ ［汉］班固撰，［唐］颜师古注：《汉书》卷二十五《郊祀志》，北京：中华书局，1962年，第1244页。

④ ［魏］王弼、［晋］韩康伯注，［唐］孔颖达疏：《周易正义》（十三经注疏阮刻影印本），北京：中华书局，1980年，第35页。

⑤ ［宋］程颐撰，王孝鱼点校：《周易程氏传》卷二，北京：中华书局，2011年，第102页。

⑥ ［汉］班固撰，［唐］颜师古注：《汉书》卷二十五《郊祀志》，北京：中华书局，1962年，第1950页。

所致。班固借此材料，一方面是对刘向做法的赞赏，另一方面也是对《周易》惧以终始的变相借鉴与应用。又如《眭两夏侯京翼李传》中，班固借记翼奉之言，阐述了《周易》的旨归在于列终始，考得失："《易》有阴阳，《诗》有五际，《春秋》有灾异，皆列终始，推得失，考天心，以言王道之安危。"① 足见班固对《周易》终始之道的推崇。

综上，班固认识到事物发展沿着终则有始的轨迹运行，所以在考察具体的历史事件时，常从整体的观点出发，联系整体研究部分，用《周易》中物极必反、物盛必衰的思想总结、认识历史。如《食货志》载，汉文帝采取晁错的建议，免除百姓的农田租税，至汉武帝时已见成效，仓廪充实，府库富裕，从百姓上至官吏，皆深受其利。班固此处借用了司马迁的史实记述和叙事逻辑，在见其政策成效后，指出其问题所在："人人自爱而重犯法，先行谊而黜愧辱焉。于是罔疏而民富，役财骄溢。或至并兼豪党之徒以武断于乡曲。宗室有土，公卿大夫以下争于奢侈，室庐车服僭上亡限。"② 针对以上问题，班固又借司马迁的观点予以总结："物盛而衰，固其变也。"③ 司马迁见盛观衰，体现了对《周易》物盛而衰哲理的认识，班固征引司马迁的叙述，不仅是史料层面简单的继承，更是对其观点的认同和接受，也可见班固对《周易》物盛必衰思想的体察与应用。

另外，班固以为盛与衰相互联系，盛中含衰，衰中也可预见盛貌。对历史真实的重现，不唯司马迁描写历史盛衰时注意彼此的关系，班固《诸侯王表·序》中说："是以究其终始强弱之变，明监戒焉。"④ 贯穿在历史始末中的是势力强弱的变化联结，他在叙事中也注意呈现这种彼此相互制约的兴衰变动，《外戚传》中这种书写尤为典型。如班固记叙孝昭皇后时，言"昭帝始

① ［汉］班固撰，［唐］颜师古注：《汉书》卷二十五《郊祀志》，北京：中华书局，1962年，第3172页。

② ［汉］班固撰，［唐］颜师古注：《汉书》卷二十五《郊祀志》，北京：中华书局，1962年，第1136页。

③ ［汉］班固撰，［唐］颜师古注：《汉书》卷二十五《郊祀志》，北京：中华书局，1962年，第1136页。

④ ［汉］班固撰，［唐］颜师古注：《汉书》卷二十五《郊祀志》，北京：中华书局，1962年，第396页。

立，年八岁，帝长姊鄂邑盖长公主居禁中，共养帝"①。此时汉昭帝年幼，不能理政，只能内仰长公主，外倚霍光、上官桀扶持。强弱对比已初见分晓，后长公主与上官安因利益勾结日盛，"诏召安女入为倢仔，安为骑都尉。月余，遂立为皇后，年甫六岁"②。上官皇后的册立则代表上官安、长公主一派的强势，而汉昭帝处于听之任之的弱势局面。后上官安"迁车骑将军，日以骄淫"③，上官桀"欲妄官禄外人"④，桀安父子、长公主等外人炙手可热可见一斑。但物极必反，上官桀为与霍光抗衡，便诱使燕王为丁外人求侯来巩固势力，引起昭帝的怀疑。后随着上官父子刺杀霍光、意图造反的阴谋败露，上官氏被灭族，霍光得以独揽大权，此时霍光与昭帝又形成了一个强弱对峙的局面。后《外戚传》中班固于霍光记述道："光欲皇后擅宠有子，帝时体不安，左右及医皆阿意，言宜禁内，虽宫人使令皆为穷绔，多其带，后宫莫有进者。"⑤ 霍光手握权柄，势头日盛，汉昭帝的弱势跃然纸上。

在班固叙述汉宣帝和许皇后故事时，字里行间亦穿插着盛衰变化间的联系。汉宣帝虽系刘汉宗室，但起于民间，即帝位后依赖霍光扶持，力量对比已经明显，其皇后许皇后亦出身不高，因而处于弱势地位。霍光夫人仰仗霍光权势毒害许皇后，使女儿霍成君当上皇后，在霍光权力荫庇下，此事得以掩埋。霍光去世，霍家被汉宣帝以谋反罪灭族。霍光家族盛极致衰，汉宣帝亦得以大权在握，由衰至盛，许皇后一族自然也由衰转兴，"后五年，立皇太子，乃封太子外祖父昌成君广汉为平恩侯，位特进。后四年，复封广汉两

---

① ［汉］班固撰，［唐］颜师古注：《汉书》卷二十五《郊祀志》，北京：中华书局，1962年，第3958页。

② ［汉］班固撰，［唐］颜师古注：《汉书》卷二十五《郊祀志》，北京：中华书局，1962年，第3958页。

③ ［汉］班固撰，［唐］颜师古注：《汉书》卷二十五《郊祀志》，北京：中华书局，1962年，第3958页。

④ ［汉］班固撰，［唐］颜师古注：《汉书》卷二十五《郊祀志》，北京：中华书局，1962年，第3959页。

⑤ ［汉］班固撰，［唐］颜师古注：《汉书》卷二十五《郊祀志》，北京：中华书局，1962年，第3960页。

弟，舜为博望侯，延寿为乐成侯。许氏侯者凡三人"①。汉宣帝和许皇后与霍光呈现盛衰变化的制约关系，班固行文不仅"文赡而事详"②，在叙事结构上亦追求错落有致，尤其在叙述许皇后事时这种对比联系尤为显著，体现了班固对《周易》物盛则衰、盛衰彼此联结关系的深刻理解。其将盛衰联结、见盛观衰的历史思考模式运用在历史排比叙事中，也体现了史家"于序事中寓论断"③的笔法，展现了昭宣时期权力更迭不休、外戚势力此起彼伏的政治环境，深刻揭露了上层统治阶级的内部矛盾。班固对强弱变化的整体把握，正可见《周易》对其历史书写所产生的潜移默化的影响。

三、班固察微知几、见几而作的历史观念

班固推崇《周易》所阐明的事物发展"终则有始"的运行轨迹，重视历史进程终始循环中盛衰转化的客观规律，在对规律的体认和把握中领悟到《周易》中"惧以终始，其要无咎"④的道理，并在《汉书》行文叙事中践履原始察终的思想观念。相较于"察终"，班固似乎更偏重"原始"的作用和价值，注意显微阐幽。班固在历史叙写中常常强调察微知几、作事谋始，首先表现为对具备远见卓识、擅于察微知几之人的褒奖和赞美。这一点在《楚元王传》中记叙楚元王刘交的中大夫——穆生的事迹时表露无遗。楚元王刘交在世之时，因爱慕儒生对穆生极其敬重，穆生不喜欢喝酒，所以刘交常常为他专门准备甘酒款待。后刘交的儿子刘戊继承王位，也为穆生亲置甘酒，但多因疏忽懈怠常忘摆酒。穆生由此推知刘戊不是可事之人，白生、申公以为穆生是埋怨王戊疏怠小礼，穆生说："《易》称'知几其神乎！几者，动之

① [汉]班固撰，[唐]颜师古注：《汉书》卷二十五《郊祀志》，北京：中华书局，1962年，第3967页。

② [南朝宋]范晔撰，[唐]李贤等注：《后汉书》卷四十《班彪列传》，北京：中华书局，1965年，第1386页。

③ [清]顾炎武撰，[清]黄汝成集释，栾保群、吕宗力校点：《日知录集释》卷二十六，上海：上海古籍出版社，2006年，第1429页。

④ [魏]王弼、[晋]韩康伯注，[唐]孔颖达疏：《周易正义》（十三经注疏阮刻影印本），北京：中华书局，1980年，第90页。

微，吉凶之先见者也。君子见几而作，不俟终日'。先王之所以礼吾三人者，为道之存故也；今而忽之，是忘道也。忘道之人，胡可与久处！岂为区区之礼哉?"① 穆生熟知《周易》识微见几之理，由事情的现象看到本质，刘戊不设醴酒事小，但其背后透露出来的是刘戊抛弃了正确的为人处世之道，最终会导致大患。所以穆生以病辞归，独善其身，而申公、白生因缺少识微见几的洞察力，没有听取穆生的话及时脱身。后"王戊稍淫暴，二十年，为薄太后服私奸，削东海、薛郡，乃与吴通谋。二人谏，不听，胥靡之，衣之赭衣，使杵臼雅舂于市"② ，印证了穆生"楚人将钳我于市"的预言。穆生详察《周易》识微见几的道理免遭祸患，相反申公、白生不知"吉凶之先见"，遭受赭衣舂于市之辱。班固叙史中将穆生与白生、申公并置而论，侧面正凸显了对穆生识微见几的赞赏。又如《叙传》收录了班彪《王命论》一文，班固承班彪之见，对陈婴母和王陵母的知几远见予以称道："夫以匹妇之明，尤能推事理之致，探祸福之机，全宗祀于无穷，垂策书于春秋，而况大丈夫之事乎！是故穷达有命，吉凶由人，婴母知废，陵母知兴，审此二者，帝王之分决矣。"③ 陈婴母在众豪杰推举陈婴带头起事之时，出于"世贫贱，卒富贵不祥"④ 的考虑和隐忧等，便劝陈婴接受"不如以兵属人，事成少受其利，不成祸有所归"⑤ 的双全之策，于是陈婴断了称王的念头，投靠了项梁。项梁死后，陈婴又随项籍征战，籍死归汉，受封堂邑侯，平安度过一生，谥号为"安"。而王陵身为汉将，其母被楚劫持，王陵母"见项氏之必

① ［汉］班固撰，［唐］颜师古注：《汉书》卷二十五《郊祀志》，北京：中华书局，1962年，第1923页。

② ［汉］班固撰，［唐］颜师古注：《汉书》卷二十五《郊祀志》，北京：中华书局，1962年，第1924页。

③ ［汉］班固撰，［唐］颜师古注：《汉书》卷二十五《郊祀志》，北京：中华书局，1962年，第4211页。

④ ［汉］班固撰，［唐］颜师古注：《汉书》卷二十五《郊祀志》，北京：中华书局，1962年，第4210页。

⑤ ［汉］班固撰，［唐］颜师古注：《汉书》卷二十五《郊祀志》，北京：中华书局，1962年，第4210页。

亡，而刘氏之将兴"①，便以死告诫王陵要坚定侍奉汉王的决心："汉王长者，必得天下。子谨事之，无有二心。"②王陵受母勉励，后被封侯。陈婴母、王陵母眼光独到，于乱世之中探知求福免祸的先机，正应《系辞》所说"几者，动之微，吉之先见者也"③。

班固深谙《周易》识微见几思想，以及事物发展的渐变规律，所以对西汉后期外戚干政、谗佞当道的现象，极力主张防微杜渐。班固在《蒯伍江息夫传》赞语中阐述道："昔子翚谋桓而鲁隐危，栾书构郤而晋厉弑。竖牛奔仲，叔孙卒；郈伯毁季，昭公逐……江充造蛊，太子杀；息夫作奸，东平诛：皆自小覆大，由疏陷亲，可不惧哉！可不惧哉！"④班固在感叹惊惶"可不惧哉"前，重点揭露其成因在于"自小覆大""由疏陷亲"。小者也可覆大，疏者可以间亲，都是因事情之初不慎造成的。江充因其"为人魁岸，容貌甚壮"⑤，加之汉武帝见其忠厚正直，因而对江充未存防患之心，后汉武帝临终前欲授位太子，江充担心太子即位后对自己不利，便先发制人。汉武帝年老不察江充居心，反被江充利用，导致巫蛊之祸。息夫躬与江充经历相仿，亦赖其容貌出众得到汉哀帝信任，趁汉哀帝病中诬告东平王刘云及其王后与伍宏祝诅之事。对于息夫躬为人，王嘉曾提醒汉哀帝："宠、躬皆倾覆有佞邪材，恐必挠乱国家，不可任用。"⑥无奈汉哀帝不以为然，反而更加重用息夫躬，致其干扰朝政。江充、息夫躬之徒由于君主疏怠失察，若在其居心叵测初显之时引起警惕，就不会出现诬怨惑乱。因此班固言"以小覆大""由

---

① ［汉］班固撰，［唐］颜师古注：《汉书》卷二十五《郊祀志》，北京：中华书局，1962年，第4210页。

② ［汉］班固撰，［唐］颜师古注：《汉书》卷二十五《郊祀志》，北京：中华书局，1962年，第4210页。

③ ［魏］王弼、［晋］韩康伯注，［唐］孔颖达疏：《周易正义》（十三经注疏阮刻影印本），北京：中华书局，1980年，第88页。

④ ［汉］班固撰，［唐］颜师古注：《汉书》卷二十五《郊祀志》，北京：中华书局，1962年，第2189页。

⑤ ［汉］班固撰，［唐］颜师古注：《汉书》卷二十五《郊祀志》，北京：中华书局，1962年，第2176页。

⑥ ［汉］班固撰，［唐］颜师古注：《汉书》卷二十五《郊祀志》，北京：中华书局，1962年，第2180页。

疏陷亲",不仅强调防微的重要性,亦认识到渐变的作用。

　　班固秉承《周易》见几而作的思想,主张对奸佞谗邪要防微杜渐,同时也看到慎始和渐变所发挥的正面作用,即推重贾谊所主张的"起教于微眇"[①]。班固《贾谊传》多取贾谊对政事"多所欲匡建"[②]的言论,不吝笔墨多所收录贾谊谈及太子教育问题的主张:"何三代之君有道之长,而秦无道之暴也?其故可知也?古之王者,太子乃生,固举以礼……故自为赤子而教固已行矣。"[③]贾谊身为梁怀王太傅,认为太子之教重点在早,而早教之时需要贤者授教,"昔者成王幼在襁褓之中,召公为太保,周公为太傅,太公为太师。……故乃孩提有识,三公、三少固明孝仁礼义以道习之,逐去邪人,不使见恶行。于是皆选天下之端士,孝悌博闻有道术者以卫翼之,使与太子居处出入。故太子乃生而见正事,闻正言,行正道,左右前后皆正人也"[④]。可见,贾谊极力凸显环境因素对于太子教育的重要性,认为最佳教育时机是太子还未正式入学以前。《蒙卦·象传》载:"蒙以养正,圣功也。"[⑤]意思是处蒙之时,万物之蒙,人事之蒙,皆因其早未发而蒙稚,故宜以正道培养。贾谊所言,正合《蒙》卦大旨,导之以正道也符合《周易》"慎始"之义。就国家而言,古人认为君主有德与否直接关系到国家的命运走势,所以对皇位继承人的培养至慎。然而皇位继承人"生于深宫之中,长于妇人之手"[⑥],钩心斗角的权势更迭和骄奢淫逸的生活环境极易使他们养成自私自利、淫逸昏惰的恶习,从而无法体察民情,更别说成为一国之主,所

---

　　① [汉]班固撰,[唐]颜师古注:《汉书》卷二十五《郊祀志》,北京:中华书局,1962年,第2252页。

　　② [汉]班固撰,[唐]颜师古注:《汉书》卷二十五《郊祀志》,北京:中华书局,1962年,第2230页。

　　③ [汉]班固撰,[唐]颜师古注:《汉书》卷二十五《郊祀志》,北京:中华书局,1962年,第2248页。

　　④ [汉]班固撰,[唐]颜师古注:《汉书》卷二十五《郊祀志》,北京:中华书局,1962年,第2248页。

　　⑤ [魏]王弼、[晋]韩康伯注,[唐]孔颖达疏:《周易正义》(十三经注疏阮刻影印本),北京:中华书局,1980年,第20页。

　　⑥ [清]王先谦撰,沈啸寰、王星贤点校:《荀子集解》卷二十,北京:中华书局,1988年,第543页。

以复杂多变的成长环境要求太子教育宜早不宜迟。贾谊将国家兴亡与太子教育联系在一起，将其置于历史变幻大局中进行考量，虽有夸大教育之嫌，但也足见贾谊对于早教的深刻认识和慎始的变相应用。贾谊重早教，实则是观已往之事，察今日之诫。班固征引贾谊此类"切于世事者"① 著述入传，可见其对于贾谊观点的认可，侧面亦说明《周易》慎之于始、防微杜渐的思想对班固撰写《汉书》的影响。

作者简介：荣姗姗，1994 年生，曲阜师范大学文学院2017级硕士研究生，研究方向为中国古典文献学。

---

① ［汉］班固撰，［唐］颜师古注：《汉书》卷二十五《郊祀志》，北京：中华书局，1962年，第2265页。

《春秋公羊传注疏》灾异考

朱　琳

　　摘要：在中国古代，日食、月食、水旱灾等自然现象往往被看成是不可捉摸的存在。《春秋》经传记载的灾异共计139次，其中灾59次，异80次。鉴于经传对灾异的记载过于简略、何休的解诂也不够完整的情况，徐彦对一部分公羊经传及解诂进行了补充，他以疏通何休的解诂为主，解释经传为辅，对灾异的注疏共计105次，其中单独解经传5次，单独疏通何休的解诂70次，同时解经传和解诂共计30次。在灾异诠释的总方向上，《春秋》一直将灾异和人事相联系，徐彦遵从这种做法，并针对灾异现象提出了应对之策。

　　关键词：灾异；《公羊传》；注疏

　　在中国古代，日食、月食、水旱灾等自然现象往往被看成是不可捉摸的存在。《春秋》经传将这些自然现象普遍地分为灾和异两种类型，灾是对人民的生产、生活或国家统治产生恶劣影响的现象，异是区别于正常现象或未曾发生过的现象，两者既有不同，又相互联系，共同彰显了古代人民对于灾异的态度。彭智敏指出，"先秦时期的灾害与后世的灾害大致一样，基本上仍然以水灾、旱灾为主，同时还有地震、虫灾、疫灾、风霜雪雹灾害及火灾等"①。也就是说，古往今来，灾异的种类并无二致，只是鉴于认知水平的差异，古人将其与人事相联系。据《春秋》记载，春秋时期的灾异共计139

① 彭智敏：《海晏河清——长江流域的灾异防治》，武汉：长江出版社，2013年，第2页。

次，其中灾59次，异80次。鉴于经传对灾异的记载过于简略、何休的解诂也不够完整的情况，徐彦对一部分公羊经传及解诂进行了补充，他以疏通何休的解诂为主，解释经传为辅，对灾异的注疏共计105次，其中单独解经传5次，单独疏通何休的解诂70次，同时解经传和解诂共计30次。

灾异附会说一直是公羊学区别于谷梁学的重地，公羊学也正是得益于灾异说背后的"天人感应"而被统治者厚爱。徐彦的《春秋公羊疏》继承了这一传统，详细解释了灾异事件，对于研究公羊家思想极具参考价值。并且，徐复观指出，"在两千年前，没有近代科学的成就，可是当时的人，却有要求了解今日科学家作为研究对象的权利，于是当时的儒生，更须担负今日科学家所担负的解释的责任。我们不应以今日的科学知识去绳尺他们，而只能推服他们尽到了历史所课予他们的责任"[①]。所以对于《春秋公羊疏》中的灾异思想，笔者做了客观研究。徐彦所疏的灾分为两种，即自然灾象、人祸灾象；异也分为两种，即致损异象、无损异象。在对灾异的解释中，徐彦基本认同何休的看法，但对于何休未解释或释义不清的灾异现象，徐彦做了新的补充说明。在灾异诠释的总方向上，《春秋》一直将灾异和人事相联系，徐彦遵从这种做法，并针对灾异现象提出了应对之策。

第一节　灾异体例

何为"灾异"？《说文解字》解释说："灾，害也。"[②] "异，分也。"[③]"分，别也。"[④] 许慎将灾、异看成两件事情，二者并不一致。徐彦进一步指出，"灾者，有害于人物，随事而至者"[⑤]。"异者，非常可怪，先事而至

---

① 徐复观：《中国经学史的基础》，北京：九州出版社，2014年，第203页。
② ［汉］许慎：《说文解字》，北京：中华书局，2013年，第239页。
③ ［汉］许慎：《说文解字》，北京：中华书局，2013年，第54页。
④ ［汉］许慎：《说文解字》，北京：中华书局，2013年，第22页。
⑤ ［汉］何休解诂，［唐］徐彦疏：《春秋公羊传注疏》，上海：上海古籍出版社，2017年，第90页。

者。"① 徐彦认为，"灾"就是对人和物有害处并且跟随某一事件而来的，而"异"则是特殊的征兆或异象，是可能致灾的预警，二者既有不同，也有联系。

"灾""异"是如何产生的？灾异现象与人事是如何互动的？如何消弭灾异？历朝历代，灾异诠释作为一个政治导向始终占据着政权合法与政局稳定的一席之地。但随着时代和学术的发展，其立足点皆有不同，侧重点亦有区别，即使是一门学说也有着其发展过程。公羊学一脉在发展的过程中，灾异诠释理论日趋完善。董仲舒创立并发扬天人感应学说，灾异的诠释成为天人感应学说在现实生活中的反映，这种将自然现象和人类祸福相联系的思维方式，不但深刻影响了当代学者、政治家，而且对后世产生了深远影响。徐彦的《春秋公羊疏》对《解诂》诠释的灾异进行了更为全面的解释和补充说明。在灾异诠释方面，《春秋公羊疏》有成熟的体例和理论支撑，但《春秋》中记载的灾异频发，数目众多，若不进行梳理，难以透过繁杂的灾异现象来看清作者的意图。本章基于灾异记录和诠释的规律，辨别灾异事件的判定标准，进而透过灾异诠释寻找徐彦标榜灾异观的目的，力求为《春秋公羊疏》灾异观的研究提供借鉴。

一、灾异的写法

（一）《春秋》经文体例——"某年，某季节，某月，某日，灾异内容"

在众多天象和自然现象中，并不是所有的现象都被归结为灾异现象，例如在解释"日食"的33次中，有5次无解释内容，即鲁成公十七年1次、鲁襄公二十一年2次、鲁襄公二十三年1次、鲁昭公十七年1次，而在其余的"日食"现象中，均与家国大事相关联。例如，鲁隐公"三年，春，王二月，

---

① ［汉］何休解诂，［唐］徐彦疏：《春秋公羊传注疏》，上海：上海古籍出版社，2017年，第57页。

己巳，日有食之"①。对本次异类天象，传的解释是"是后卫州吁弑其君完，诸侯初僭，鲁隐系获，公子翬进诡谋"②。由此可知，上天降下"日食"的异象，是为了提醒统治者国家将有大事发生，而在古代太阳又恰好是君主的象征，太阳残损便意味着有君主将被残害，国家将遭受大灾难。传中类似这样的记录还有很多，其形式基本上是"某年，某季节，某月，某日，灾异内容"，但年份、季节、月份、日期在一条记录中不一定同时出现。例如鲁庄公七年经："夏，四月，辛卯，夜，恒星不见。……秋，大水。无麦苗。"③ 这是因为《春秋》经文规定了"凡灾异一日者日，历日者月，历月者时，历时者加自文为异"④。也就是说，灾异如果持续一天则在记述时加具体日期，如果持续一月则在记述时加月份，如果持续几个月则在记述时加季节，如果超过了一个季节则用文饰以表不同。例如鲁隐公九年疏"历日者月，即桓八年'冬，十月，雨雪'之属是也"⑤。这里所写的"雨雪"通过前面的"十月"二字可知，雨雪天气持续了不到一个月。透过"日""月""时"足以窥见灾异的具体信息，这就是灾异记录的巧妙之处。

（二）《公羊传》传文体例——"'某某'者何？某某也"

《公羊传》是解释《春秋》的，传文紧随经文作解，对经文的部分内容做出解释。其形式一般是"'某某'者何？某某也"或"'某某'何以书？某某也"。一问一答，娓娓道来，虽有冗杂之嫌，但解释清晰有条理。传文体例的独特之处在于只用问答句式。例如对于齐国发生的大灾，经文仅有寥寥几

① ［汉］何休解诂，［唐］徐彦疏：《春秋公羊传注疏》，上海：上海古籍出版社，2017年，第57页。

② ［汉］何休解诂，［唐］徐彦疏：《春秋公羊传注疏》，上海：上海古籍出版社，2017年，第58页。

③ ［汉］何休解诂，［唐］徐彦疏：《春秋公羊传注疏》，上海：上海古籍出版社，2017年，第237页。

④ ［汉］何休解诂，［唐］徐彦疏：《春秋公羊传注疏》，上海：上海古籍出版社，2017年，第105页。

⑤ ［汉］何休解诂，［唐］徐彦疏：《春秋公羊传注疏》，上海：上海古籍出版社，2017年，第105页。

字"夏，齐大灾"①。传文是十分经典和典型的案例："大灾者何？大瘠也。大瘠者何？痫也。何以书？记灾也。外灾不书，此何以书？及我也。"② 这里不仅逐条解释了"大灾""大瘠"的意思，也解释了春秋不书外灾而此处书写的原因。

（三）何休解诂体例——"先是""是时""所致""所生""是后""象"

何休解诂对灾异的解释中，一般以"先是""是时""所致""所生""是后""象"等字眼做开头或结尾，表明原因和警示，将灾异现象和现实事件相联系。例如鲁隐公九年注："螟。先是有狐壤之战，中丘之役，又受郿田，烦扰之应。"③ 鲁僖公二十一年注："夏，大旱。何以书？记灾也。新作南门之所生。"④ 鲁文公九年注："地震者何……天动地静者，常也。地动者，象阴为阳行。是时鲁文公制于公子遂，齐、晋失道，四方叛德，星孛之萌，自此而作，故下与北斗之变所感同也。"⑤ 从以上几例中皆可看出，解诂直接将灾异发生前后的事件进行整理，并附以理论作为支撑，形成了何休的灾异解释体系。另外，何休还常常用"据""以"等解字、词，并对经传涉及的古代礼节及纲常进行解释，例如鲁庄公二十七年注"大归者，废弃来归也"⑥，解释了女子七弃、五不娶、三不去的礼制。

（四）徐彦疏文体例——"疏'某某'。解云：……"或"疏注'某某'。解云：……"

从内容上来看，徐彦的疏文最为完备，其对经、传和解诂的费解之处都

---

① ［汉］何休解诂，［唐］徐彦疏：《春秋公羊传注疏》，上海：上海古籍出版社，2017年，第294页。

② ［汉］何休解诂，［唐］徐彦疏：《春秋公羊传注疏》，上海：上海古籍出版社，2017年，第294页。

③ ［汉］何休解诂，［唐］徐彦疏：《春秋公羊传注疏》，上海：上海古籍出版社，2017年，第104页。

④ ［汉］何休解诂，［唐］徐彦疏：《春秋公羊传注疏》，上海：上海古籍出版社，2017年，第450页。

⑤ ［汉］何休解诂，［唐］徐彦疏：《春秋公羊传注疏》，上海：上海古籍出版社，2017年，第550页。

⑥ ［汉］何休解诂，［唐］徐彦疏：《春秋公羊传注疏》，上海：上海古籍出版社，2017年，第321页。

进行了解释，但对经传与解诂的解释体例略有不同，前者是"疏'某某'。解云：……"，例如鲁成公五年："疏'梁山者何'。解云：欲言晋山，文不系晋；欲言鲁物，见在晋竟，故执不知问。"[1] 后者是"疏注'某某'解云：……"，二者以"注"字加以区分。例如鲁僖公五年："疏注'楚遂背叛'。解云：即下六年'秋，楚人围许'之属是也。注'狄伐晋灭温'。解云：即下八年'夏，狄伐晋'；十年春，'狄灭温'之属是也。注'晋里克比弑其二君'。解云：即下九年'晋里克弑其君之子奚齐'；十年春，'晋里克弑其君卓子'是也。"[2]

二、灾异的种类

在现代社会，科技的发展已经让人类认识到，自然现象是星球运行的正常表现。在《中国古代自然灾异动态分析》一书中，作者更是将古代灾异分为了天象、地象、气象、水象、生物象、人体象等六大类[3]，在古代，由于人们没有高水平和全方位的科学技术，无法解释众多自然现象，所以一个现象是否有利和是否常见，成为人们判断其是否为"灾异"的重要标准，正如《春秋公羊疏》中所说的"有害于人物"和"非常可怪"。而灾异的定义绝不是轻易判定的，古人的判定标准自成体系，正如《春秋公羊疏》中对于灾异的分类标准不同，并且具体到"灾"和"异"又是不同的，只有先分清灾异的种类，才能为后续研究做理论支撑。

《春秋》经传共记录灾异139次，其中记录灾59次，异80次。无解释内容的共计5次，在徐彦做出解释的134次灾异情况中，经过统计，灾异种类繁多，其中"日食"33次、大雩21次、大水9次、不雨5次、地震5次、大雨雹3次，以及"宋灾、梁山崩、新宫灾、大旱"等诸多单次灾异事件。其中大雩

---

① ［汉］何休解诂，［唐］徐彦疏：《春秋公羊传注疏》，上海：上海古籍出版社，2017年，第721页。

② ［汉］何休解诂，［唐］徐彦疏：《春秋公羊传注疏》，上海：上海古籍出版社，2017年，第401页。

③ 宋正海：《中国古代自然灾异动态分析》，合肥：安徽教育出版社，2002年，第4页。

一般意义上指用来求雨的祭礼，但《春秋公羊疏》指出，"言雩，则旱见。言旱，则雩不见。……必见雩者，善其能戒惧天灾，应变求雨，忧民之急也"①。所以这里的雩指旱灾。

（一）"灾"的种类

自然现象并非全是灾象，只有造成一定损失的现象才归为灾害。鲁庄公七年，"无麦苗"被定义为灾，原因是"一灾不书，待无麦，然后书无苗。明君子不以一过责人。水、旱、螽，皆以伤二谷乃书"②。在以上的例子中，即使是田地发生了天灾，若是只对一种谷物造成减产，也不计在"灾"的范围内，可见《春秋公羊疏》灾异归类的严谨。从灾害的本体来看，一般有天灾和人祸两种，不论哪种都会给国家和人民造成巨大损失。一般来说，天灾即自然灾象，人祸即人祸灾象，所以《春秋公羊疏》中灾有两种主要的类型，即自然灾象、人祸灾象。

灾象共计59次，包括44次自然灾象，15次人祸灾象。自然灾象主要指自然不可抗力下的灾害，包括水灾、旱灾。例如鲁桓公元年经"秋，大水"③，鲁定公七年经"九月，大雩"④。人祸灾象主要指由于人为的疏忽或者不尊礼而导致的灾害，包括祭祀免牛、火灾等。鲁成公七年经"王正月，鼷鼠食郊牛角，改卜牛，鼷鼠又食其角，乃免牛"⑤。由于君主在祭祀时不注重礼节，导致灾害的发生。鲁襄公"九年，春，宋火"⑥。由于防火措施不到位，导致众多火灾的发生。

---

① ［汉］何休解诂，［唐］徐彦疏：《春秋公羊传注疏》，上海：上海古籍出版社，2017年，第147页。

② ［汉］何休解诂，［唐］徐彦疏：《春秋公羊传注疏》，上海：上海古籍出版社，2017年，第237页。

③ ［汉］何休解诂，［唐］徐彦疏：《春秋公羊传注疏》，上海：上海古籍出版社，2017年，第122页。

④ ［汉］何休解诂，［唐］徐彦疏：《春秋公羊传注疏》，上海：上海古籍出版社，2017年，第1100页。

⑤ ［汉］何休解诂，［唐］徐彦疏：《春秋公羊传注疏》，上海：上海古籍出版社，2017年，第726页。

⑥ ［汉］何休解诂，［唐］徐彦疏：《春秋公羊传注疏》，上海：上海古籍出版社，2017年，第813页。

（二）"异"的种类

异象共计 80 次，由于次数较多，笔者先将其分为两种表现形式，即"无中生有"和"由少变多"。"无中生有"的第一层含义是指从未发生过的事件；第二层含义是指本国没有发生过的事件；第三层含义是指事件发生的时间不符合常规，以往时间段内并未发生过的事件。鲁桓公八年："冬，十月，雨雪。何以书？记异也。何异尔？不时也。"① 何休将雨雪时间的不正常与兵象相联系，预示了后面的郎师、龙门之战。鲁庄公十八年："秋，有蜮。何以书？记异也。蜮之犹言惑也。其毒害伤人，形体不可见，象鲁为郑瞻所惑，其毒害伤人，将以大乱而不能见也。言有者，以有为异也。"② 这里的"蜮"便是古往今来未曾出现的，在春秋时代被看作是"异象"。鲁庄公二十九年："秋，有蜚。何以书？记异也。蜚者，臭恶之虫也，象夫人有臭恶之行。言有者，南越盛暑所生，非中国之所有。"③ 这一条中"蜚"虽存在，但不为中国所有，也被作者列为"异象"。"由少变多"的含义是指天象数量的变化。鲁庄公十七年："冬，多麋。何以书？记异也。麋之为言，犹迷也。象鲁为郑瞻所迷惑也。言多者，以多为异也。"④ 在这一条中，作者将"麋"和"迷"相联系，因此"多麋"被解释为"鲁为郑瞻所迷惑"，警示君主不能为小人左右。

在这些异象中，异象本体共分为两类，即致损异象 7 次，无损异象 73 次。其中致损异象即程度较重的异象，造成一定损失，包括不雨、大水。鲁文公二年："自十有二月不雨，至于秋七月。"⑤ 无损异象即程度较轻的异

---

① ［汉］何休解诂，［唐］徐彦疏：《春秋公羊传注疏》，上海：上海古籍出版社，2017 年，第 165 页。

② ［汉］何休解诂，［唐］徐彦疏：《春秋公羊传注疏》，上海：上海古籍出版社，2017 年，第 290 页。

③ ［汉］何休解诂，［唐］徐彦疏：《春秋公羊传注疏》，上海：上海古籍出版社，2017 年，第 332 页。

④ ［汉］何休解诂，［唐］徐彦疏：《春秋公羊传注疏》，上海：上海古籍出版社，2017 年，第 283 页。

⑤ ［汉］何休解诂，［唐］徐彦疏：《春秋公羊传注疏》，上海：上海古籍出版社，2017 年，第 523 页。

象，虽然是异象但是并未造成损失，包括日食、震电、雨雪、多麋、霣霜不杀草、地震、星运不规律。如鲁文公九年"九月，癸酉，地震"①。仅仅记录了这一异象，并未产生严重后果。

除此之外，还有"灾异一体"的情况，《春秋公羊疏》中灾象和异象既相互联系又相互区别。一种现象有时候被划分为灾，有时候被划分为异。《春秋公羊疏》中并没有绝对的灾异类型划分标准，仅仅是根据事件的性质综合评价而已，这就是"灾异一体"的情况。鲁文公二年，对于"自十有二月不雨，至于秋七月"这一现象，何休做了详解，"大旱以灾书，此亦旱也，曷为以异书？大旱之日短而云灾，故以灾书。此不雨之日长而无灾，故以异书也"②。所以辨别是否为灾的标准之一便是"有无致灾"，如果不致灾便定义为"异"。正如前例所示，在鲁文公二年不下雨这件事从十二月持续到了七月，按理说这本应算作灾害，但这个旱期并未给人民造成损失，所以被归为异象的行列。因此，我们不能单一古板地依据天象的名称来划分灾异，要综合考究徐彦对于灾异诠释的严谨和周全。

第二节　灾异原因

在《春秋公羊疏》中，徐彦是如何将灾异和现实相联系的呢？结合当前的研究现状，王承略先生指出，"所谓对灾异的公式化阐释，是指针对不同的自然现象做出对应或匹配的诠释，而这种诠释往往比较固定，个会因为时间、空间的变化导致对灾异的解读发生根本性的变化"③。在这样的隐形规律下，笔者根据《春秋公羊疏》对灾异的详解，虽然灾异种类繁多，但是这些原因观点明确，全部集中于与政治统治密切相关的人事，其中也可以明确分为几类。笔者从人事的涉及对象上将其分为统治者、被统治者两类，具体

① ［汉］何休解诂，［唐］徐彦疏：《春秋公羊传注疏》，上海：上海古籍出版社，2017年，第550页。

② ［汉］何休解诂，［唐］徐彦疏：《春秋公羊传注疏》，上海：上海古籍出版社，2017年，第523页。

③ 鲍有为、王承略：《汉代京氏易学与何休公羊灾异论》，《周易研究》2015年第5期，第53页。

又分为君权更迭、政治不端、女德不正、国家战争四类，下面便围绕这四类来分析灾异是如何与人事挂钩的。

一、君权更迭

春秋时期政权更迭频繁，弑君、僭越时常发生，《春秋公羊疏》将其与灾异相联系。鲁隐公三年："己巳，日有食之。何以书。……记异也。异者，非常可怪。先事而至者，是后卫州吁弑其君完，诸侯初僭，鲁隐系获，公子翚进谄谋。"[1] 鲁文公十五年："六月，辛丑，朔，日有食之。鼓用牲于社。是后楚人灭庸，宋人弑其君杵臼，齐人弑其君商人，宣公弑子赤，莒弑其君庶其。"[2] 古代太阳本就是君王的象征，太阳的残损代表了君主权力和生命的残损，"日食"便成为后来"弑君、僭越、谄谋"的警示。

二、政治不端

徐彦将部分灾异归咎于君主为政不端，为政不端则灾异降临，以此警戒君主。鲁桓公五年，"言雩，则旱见。言旱，则雩不见。……何以书？记灾也。旱者，政教不施之应。先是桓公无王行，比为天子所聘，得志益骄，去国远狩，大城祝丘，故致此旱"[3]。旱灾本是正常的自然现象，但是在这里徐彦将其与桓公没有君主气度、骄纵的现状相联系，以此来警示桓公。另外，《公羊传》重视民生，将政治不端与民怨相联系，在诸多灾异中，有大量的灾异与百姓意愿相联系，例如鲁庄公七年发生的"无麦苗"之灾，作者将其解释为"民怨之所生"，而归根到底，民怨的根源也是政治的不和谐。

---

① ［汉］何休解诂，［唐］徐彦疏：《春秋公羊传注疏》，上海：上海古籍出版社，2017年，第57页。

② ［汉］何休解诂，［唐］徐彦疏：《春秋公羊传注疏》，上海：上海古籍出版社，2017年，第689页。

③ ［汉］何休解诂，［唐］徐彦疏：《春秋公羊传注疏》，上海：上海古籍出版社，2017年，第146页。

三、女德不正

徐彦将灾异中的部分现象与阴阳说相联系，当然这并非徐彦首创，在这之前，董仲舒和京房将阴阳五行与灾异相联系，将阴阳失衡附会到灾异现象中，包括在纬书《春秋说题辞》中提到"盛阳之气，温暖为雨，阴气薄而胁之，则合而为雹。盛阴之气，凝滞为雪，阳气薄而胁之，则散而为霰"①，可见阴阳灾异说有史可查。后来徐彦在《春秋公羊疏》中将阴阳失衡附会于女德不正，即"阴气"超过"阳气"时上天便降灾异，以警示或惩罚。鲁桓公十四年："无冰。何以书？记异也。……此夫人淫泆，阴而阳行之所致。"② 此处徐彦将"无冰"与"女德"联系的原因正是阴阳失衡。鲁僖公十年经："冬，大雨雹。"③ 疏："蔽障楚女而专取君爱，故生此雹灾。"④此处徐彦将"大雨雹"与"女德"联系的原因正是阴阳失衡。

四、国家战争

《公羊传》将灾异与兵象相联系。鲁桓公八年："冬，十月，雨雪。何以书？记异也。……此阴气大盛，兵象也。是后有郎师、龙门之战。"⑤ 鲁成公十六年："春，王正月，雨木冰。……木者，少阳，幼君大臣之象。冰者，

① ［清］赵在翰辑，钟肇鹏、萧文郁点校：《七纬》（附论语谶），北京：中华书局，2018年，第628页。

② ［汉］何休解诂，［唐］徐彦疏：《春秋公羊传注疏》，上海：上海古籍出版社，2017年，第183页。

③ ［汉］何休解诂，［唐］徐彦疏：《春秋公羊传注疏》，上海：上海古籍出版社，2017年，第424页。

④ ［汉］何休解诂，［唐］徐彦疏：《春秋公羊传注疏》，上海：上海古籍出版社，2017年，第424页。

⑤ ［汉］何休解诂，［唐］徐彦疏：《春秋公羊传注疏》，上海：上海古籍出版社，2017年，第165页。

凝阴，兵之类也。冰胁木者，君臣将执于兵之征也。"[1] 两次异象均与战争相关联。

在以上的四种解释内容中，诸多灾异不再一一赘述。除了灾异解释一一对应的情况，《春秋公羊疏》还存在多种解释共存的情况，即"一异多解"或"一灾多解"。鲁庄公十八年："春，王三月，日有食之。是后戎犯中国，鲁蔽郑瞻，夫人如莒，淫泆不制所致。"[2] 本就只有"日食"这一异象，但此条异象的解释却包含了君权更迭、政治不端和女德不正三个方面的原因。另外，与这四种解释内容相统一的，何休在形式上延续了董仲舒的"阴阳说"和"气逆说"，又独创了"相像说"，以增加灾异学说的说服性，徐彦也顺承了这一说法。如对于鲁隐公九年的"大雨震电"，何休解释为："此阳气大失其节，犹隐公久居位不反于桓，失其宜也。"[3] 徐彦在疏文中为何休的解释做了体例上的支撑，即"一日者日，即此文是。历日者月，即桓八年'冬，十月，雨雪'之属是也"[4]。鲁桓公八年的"雨雪"，何休解释为："周之十月，夏之八月，未当雨雪，此阴气大盛，兵象也。"[5] 鲁庄公十七年，对"多麋"这一异象的解释是："麋之为言，犹迷也。象鲁为郑瞻所迷惑也。言多者，以多为异也。"[6] 鲁僖公十五年对于"五石六鹢"这一异象的解释便是："石者，阴德之专者也；鹢者，鸟中之耿介者，皆有似宋襄公之行。襄欲行霸事，不纳公子目夷之谋，事事耿介自用，卒以五年见执，六年终败，如

---

① ［汉］何休解诂，［唐］徐彦疏：《春秋公羊传注疏》，上海：上海古籍出版社，2017年，第763页。

② ［汉］何休解诂，［唐］徐彦疏：《春秋公羊传注疏》，上海：上海古籍出版社，2017年，第289页。

③ ［汉］何休解诂，［唐］徐彦疏：《春秋公羊传注疏》，上海：上海古籍出版社，2017年，第105页。

④ ［汉］何休解诂，［唐］徐彦疏：《春秋公羊传注疏》，上海：上海古籍出版社，2017年，第105页。

⑤ ［汉］何休解诂，［唐］徐彦疏：《春秋公羊传注疏》，上海：上海古籍出版社，2017年，第165页。

⑥ ［汉］何休解诂，［唐］徐彦疏：《春秋公羊传注疏》，上海：上海古籍出版社，2017年，第283页。

五石六鹢之数。"①   在这类解释中，诸如"似""犹"等字使用了这一说法。

第三节　灾异应对措施

在春秋灾异学说的研究中，笔者发现董仲舒、京房和刘向等学者的解释各有特色、各有侧重。董仲舒将灾异的解释附会于阴阳说，认为阳与阴的不平衡发展导致了众多灾异的发生，阴与阳的失衡又主要归咎于君主不力。刘向主要归咎于外戚干政和宦官专权，而在徐彦的眼中，春秋灾异频发的原因，主要在于上文叙述的几个方面：君权更迭、政治不端、女德不正、国家战争。当然，这些诠释随时代发展而变化的原因，是不同的政治局面造成的，国家衰败虽结果一致，但个中缘由则需具体朝代具体分析，这从另一角度反映了灾异学说与时俱进的特点。灾异学家的最终目的不是释义，而是通过原因来找寻灾异的应对措施。卫崇文指出，"灾异救助中积极措施和巫术同时并举，但所起作用不同，特别是随着时代的发展，巫术仪式的作用主要变成了一种政治行为，起到了稳定社会心理的作用"②   。《春秋公羊疏》中积极措施与巫术并举，通过祭祀祷告、君主自省等来应对灾异。

一、祭祀祷告

天人感应讲求天与人的相互性，人们透过灾异学说了解了致灾致异的原因，那么做出的改变又如何能告知上苍，祭祀、祷告便成为最佳媒介。该行为的有效性在《春秋公羊疏》中也得到了侧面论证。鲁僖公三年："太平一月不雨即书，《春秋》乱世一月不雨，未害物，未足为异，当满一时乃书。一月

---

①　［汉］何休解诂，［唐］徐彦疏：《春秋公羊传注疏》，上海：上海古籍出版社，2017年，第437页。

②　卫崇文：《先秦时期应对灾异方式中的非理性因素研究》，博士学位论文，陕西师范大学，第86页。

书者，时僖公得立，欣喜不恤庶众，比致三年，即能退辟正殿，饬过求已，循省百官，放佞臣郭都等，理冤狱四百余人，精诚感天，不雩而得澍雨，故一月即书，善其应变改政。旱不从上发传者，着人事之备积于是。"[①] 这段话的意思是由于僖公在政治上深得民心，把国家治理得井井有条，他治理国家的精诚之心感动了上天，所以不用举行雩礼也天降甘霖。从侧面体现了在古人的逻辑中，降雨是对君主改变后的奖励，雩礼和降雨之间也存在着必然的联系。只有举行雩礼才能降雨，但此时未举行雩礼便降雨，则体现了天与人的"良性交流"。基于这种只要诚心祈祷便能感动上苍的"真理"，雩礼这一行为，更是多年来应对"不雨"的主要措施，在方式上则是"君亲之南郊，以六事谢过，自责曰：政不一与？民失职与？宫室荣与？妇谒盛与？苞苴行与？谗夫倡与？使童男女各八人，舞而呼雩，故谓之雩"[②]。其规模之大，用心之诚，足以见统治者的重视程度。《春秋公羊疏》共记录行"雩礼"21 次。例如鲁僖公十三年"秋，九月，大雩"[③]，鲁襄公五年"秋，大雩"[④]。另外，"鼓用牲于社"的方式是应对日食和大水灾的措施，即"日食独不省文者，与大水同礼"[⑤]。其方式是"以朱丝营社，或曰胁之，或曰为暗，恐人犯之，故营之"[⑥]，依据是"《公羊》之义，救日食而有牲者，以臣子之道接之故也"[⑦]。例如，"六月，辛丑，朔，日有食之。鼓用牲于社。是后楚人灭庸，宋人弑其君杵臼，齐人弑其君商人，宣公弑子赤，莒弑其君

---

① ［汉］何休解诂，［唐］徐彦疏：《春秋公羊传注疏》，上海：上海古籍出版社，2017年，第386页。

② ［汉］何休解诂，［唐］徐彦疏：《春秋公羊传注疏》，上海：上海古籍出版社，2017年，第146页。

③ ［汉］何休解诂，［唐］徐彦疏：《春秋公羊传注疏》，上海：上海古籍出版社，2017年，第426页。

④ ［汉］何休解诂，［唐］徐彦疏：《春秋公羊传注疏》，上海：上海古籍出版社，2017年，第802页。

⑤ ［汉］何休解诂，［唐］徐彦疏：《春秋公羊传注疏》，上海：上海古籍出版社，2017年，第147页。

⑥ ［汉］何休解诂，［唐］徐彦疏：《春秋公羊传注疏》，上海：上海古籍出版社，2017年，第313页。

⑦ ［汉］何休解诂，［唐］徐彦疏：《春秋公羊传注疏》，上海：上海古籍出版社，2017年，第314页。

庶其"①。此外，"戒社"是警戒诸侯，防止僭越的措施，"《公羊》解以为蒲者，古国之名，天子灭之，以封伯禽，取其社以戒诸侯"②。以此可知，其目的是"先王所以威示教戒诸侯，使事上也"③。由此可见，祭祀祷告是应对灾异的措施之一。

二、君主自省

罪己诏作为历代君主自省的重要形式，虽然初见于汉朝，但君主内省早已存在，《春秋公羊疏》中便陈述了这种方式。君主通过自省，及时找寻当前统治的"短板"，既消解人民的怨气，也为下一步实际行动做铺垫，所谓亡羊补牢为时不晚，最终实现规避灾异的目的。例如鲁庄公二十有二年"春，王正月，肆大省。……大省者何？灾省也。……常若闻灾自省，故曰灾省也"④。由此可见，君主自省是应对灾异的措施之一。

三、实际措施

《春秋公羊疏》也记载了一些更加实际的措施，如鲁宣公十年："饥。何以书？以重书也。……明当自省减，开仓库，赡振之。"⑤ 面对这次饥荒，虽提出了开仓赈济的办法，但是由于政府一直不作为，导致了后期灾异的多次发生。所以三年后又发生了灾害，鲁宣公十三年："秋，螽。先是新饥，而

---

① ［汉］何休解诂，［唐］徐彦疏：《春秋公羊传注疏》，上海：上海古籍出版社，2017年，第689页。

② ［汉］何休解诂，［唐］徐彦疏：《春秋公羊传注疏》，上海：上海古籍出版社，2017年，第1160页。

③ ［汉］何休解诂，［唐］徐彦疏：《春秋公羊传注疏》，上海：上海古籍出版社，2017年，第1159页。

④ ［汉］何休解诂，［唐］徐彦疏：《春秋公羊传注疏》，上海：上海古籍出版社，2017年，第297页。

⑤ ［汉］何休解诂，［唐］徐彦疏：《春秋公羊传注疏》，上海：上海古籍出版社，2017年，第660页。

使归父会齐人伐莒，赋敛不足，国家遂虚，下求不已之应。"① 显然这次也没有引起重视，两年后鲁宣公十五年："秋，蝝。从十三年之后，上求未已，而又归父比年再出会，内计税亩，百姓动扰之应。"② 直到这年冬天"冬，蝝生。……其诸则宜于此焉变矣。言宣公于此天灾饥后，能受过变寤，明年复古行中，冬大有年，其功美过于无灾，故君子深为喜而侥幸之"③ 。也就是说，直到君主做出改变之后，上天才停止了惩罚。这次记载既反映了古代消除灾异的办法，也反映了如果君主面对灾异不作为，那么上天就会持续降下灾异以示惩罚和警诫的现象。

第四节　徐彦灾异说的价值

一、学术性价值

前文中笔者已经提到《春秋公羊疏》是对以往公羊灾异研究的一大补充，既然都是对灾异的诠释，为何《春秋公羊疏》成为不可忽略的一笔。下面围绕徐彦《春秋公羊疏》中对灾异诠释的五个方面，分析其学术意义。

第一，说明灾异的出处，增加灾异诠释的说服力。鲁桓公三年疏："注'上僭称王'解云：《春秋说》云'桓三年秋，七月，壬辰，朔，日有食之，既，其后楚僭号称王，灭穀、邓，政教陵迟'是也。"④ 类似这种解释经、传、注中灾异出处的例子不胜枚举，不仅增强了文章的完整性，还有据可查。第二，对前文的省略说法进行展开说明，解决读者困惑。鲁僖公二年

---

① [汉] 何休解诂，[唐] 徐彦疏：《春秋公羊传注疏》，上海：上海古籍出版社，2017年，第673页。

② [汉] 何休解诂，[唐] 徐彦疏：《春秋公羊传注疏》，上海：上海古籍出版社，2017年，第681页。

③ [汉] 何休解诂，[唐] 徐彦疏：《春秋公羊传注疏》，上海：上海古籍出版社，2017年，第685页。

④ [汉] 何休解诂，[唐] 徐彦疏：《春秋公羊传注疏》，上海：上海古籍出版社，2017年，第135页。

经："冬，十月，不雨。何以书？记异也。"传："说与前同。"① 徐彦紧接着
对其做了详解，"今此亦是僖公喜于得立，委任陪臣，不恤政事，故有此罚
耳，故言'说与前同'"②。鲁宣公十年经："夏，四月，丙辰，日有食之。
与甲子既同，事重，故累食。"疏："解云：即上八年'秋，七月，甲子，日
有食之，既'，彼注云'是后楚庄王围宋，析骸易子，伐郑胜晋，郑伯肉袒，
晋师大败于邲，中国精夺，屈服强楚之应'。今此与彼同占，故曰与甲子既同
也。"③ 《春秋》经传经常省略一些解释，但是鉴于古代书籍流传的难度，
徐彦将其进行展开叙述，解决了读者困惑。第三，《春秋》中常存在解释同一
件事情经文的语言却不一致的现象，徐彦对传文和注文模糊的部分补充说
明，确保灾异记录的统一性。例如火和灾的区别，鲁襄公九年疏："解云：灾
者，害物之名，故可以见其大于火也。然则何氏以为《春秋》之义不记人
火，火者皆是天害也。但害于大物则言灾，害于小物则言火，且不如《左
氏》'人火曰火'，故如此注。所以然者，正以《春秋》之义，重于天道，略
于人事，人火之难，何足记也。"④ 解释了《春秋》的"大者曰灾，小者曰
火"⑤ 的理论。再如饥和大饥二词，鲁襄公二十四年疏："注'有死伤曰大
饥'。解云：正以诸经直言饥，此加大故也。"⑥ 解释了饥和大饥的区别。虽
然仅仅是一字之差，但是却讲通了其中的微妙之处，体现了徐彦学术研究的
谨慎态度。

---

① ［汉］何休解诂，［唐］徐彦疏：《春秋公羊传注疏》，上海：上海古籍出版社，2017年，第
385页。

② ［汉］何休解诂，［唐］徐彦疏：《春秋公羊传注疏》，上海：上海古籍出版社，2017年，第
385页。

③ ［汉］何休解诂，［唐］徐彦疏：《春秋公羊传注疏》，上海：上海古籍出版社，2017年，第
656页。

④ ［汉］何休解诂，［唐］徐彦疏：《春秋公羊传注疏》，上海：上海古籍出版社，2017年，第
813页。

⑤ ［汉］何休解诂，［唐］徐彦疏：《春秋公羊传注疏》，上海：上海古籍出版社，2017年，第
813页。

⑥ ［汉］何休解诂，［唐］徐彦疏：《春秋公羊传注疏》，上海：上海古籍出版社，2017年，第
866页。

二、政治性意义

自董仲舒宣传"天人感应"以来，利用天空异象、自然变化等"灾异"与国家管理相联系的说法愈加盛行。在何休之前，董仲舒、刘向、京房在论说灾异的时候，往往比较注重灾异的现实意义，即较为关注道德、政治与灾异的密切关系，而这也正是汉代灾异学说的共同点。董仲舒主要以阴阳说灾异，并附以占星学。而夏侯胜、刘向等说灾异则是依据《洪范五行传》文本，从五行、阴阳的角度做一番诠释。"刘向的灾异学说是融合《公羊》学与《尚书》学灾异理论的综合体。"① 徐彦对于灾异的进一步诠释所彰示的目的很明确，就是为政治服务，这不是其独创，是由灾异目的诠释的历史延续性决定的，是建立在以往历史基础上的一种诠释，即董仲舒在西汉初期建立起来的完备的"天人感应学说"，奠定了灾异学说的理论基础。加之京房基于五行和阴阳所做的灾异解释，为后世学者所借鉴，尤其是刘向、刘歆父子更是对灾异进行了完备的整理和解释。并且，随着西汉王朝由盛转衰的不争事实，外戚干政和宦官专权使得刘氏政权摇摇欲坠，此时的刘向更求诸灾异学说。赵楠楠指出，"灾异经过汉儒的学术诠释成为一种可被儒家把握的政治语言，对中国古代政治产生了实际影响"② 。所以灾异学说越发明显的政治性目的不言而喻。

那么灾异是如何为政治服务的呢？作为天人感应系统的一个分支，灾异诠释则更像是控制君权的枷锁。学者为防止君权膨胀，纷纷壮大灾异解释的理论基础。《春秋》对待灾异的态度是不同的，有所偏向。《春秋公羊疏》指出"重异不重灾"，至于设立此标准的原因，便是先事而至和随事而至的区别。对于政治家来说，先事而至代表着统治者和人民可以透过上天的指示提早做出反省，进而规避灾难，这无疑是有益于国家稳定、百姓安居乐业的；而随事而至则意味着上天降下了惩罚，统治者和人民束手无策，只能"兵来将挡，水来土掩"了。因此《春秋》在记录时，更注重"异"。鲁昭公十八

---

① 鲍有为、王承略：《汉代京氏易学与何休公羊灾异论》，《周易研究》2015年第5期，第48页。

② 赵楠楠：《论汉儒灾异说的建构及政治得失》，《江汉论坛》2019年第7期，第80页。

年，将比较常见的"宋、卫、陈、郑灾"定义为"异"，但大火在一般情况下都被划分为"灾"，何休为其做出的说明是："此灾菽也，曷为以异书？据无麦苗以灾书。异大乎灾也。异者，所以为人戒也。重异不重灾，君子所以贵教化而贱刑罚也。"①结合当时的鲁国政治状况，此异是警戒"定公喜于得位，而不念父黜逐之耻，反为淫祀立炀宫，故天示以当早诛季氏"②，的确是"重异"的表现。下面将从形式与内容上分析灾异能够作为政治导向之一的原因。

形式上，一是依靠灾异记录的"及时性"，即王承略先生指出的"对《春秋》经灾异诠释时，每一灾异的发生必须与该时段下的物事相联系，出因某种情况而导致灾异或因灾异而导致某种未来情况的发生，这是公羊学诠释灾异的传统，也是汉代灾异诠释的一种固定模式"③。在这样的模式下，灾异一旦发生，其诠释内容必然采取就近原则，以实现及时警醒并改正的最佳效果。就《春秋公羊疏》中的解释内容来看，都是最近发生的事情，这也正好与《春秋公羊疏》灾异的"随事而至"和"先事而至"相对应。二是依靠灾异记录的"高频性"，笔者前文所述《春秋公羊疏》解释的 139 次灾异情况中，经过统计，灾异种类繁多，其中"日食"33 次、大水 9 次，这种高频发生的灾异持续强调着顺从天意的重要性，同样警醒着上层阶级。三是依靠灾异记录的"稳定性"，灾异的诠释贯穿于整个春秋时期，它不是某个君王在位期间的产物，而是覆盖了鲁隐公至鲁哀公 242 年间的历史，所以这种历史延续性提供了较强的说服力。也就是说，即使君主不认同，但高频率发生的自然灾害又做何解释？灾害发生后被学者附会的这些接连发生的事件又做何解释？君主面对像"日食"这样的关系到自己生命和王权稳定的事情，又怎能坐得住？受限于当时的科技水平，君主也逐渐认同了这样的说法。

内容上，通常情况下，一灾一异便昭示了当时政治导向。但当一件事未

---

① ［汉］何休解诂，［唐］徐彦疏：《春秋公羊传注疏》，上海：上海古籍出版社，2017 年，第977 页。

② ［汉］何休解诂，［唐］徐彦疏：《春秋公羊传注疏》，上海：上海古籍出版社，2017 年，第977 页。

③ 鲍有为、王承略：《汉代京氏易学与何休公羊灾异论》，《周易研究》2015 年第 5 期，第 52 页。

能引起统治者足够重视时，灾异中还以"一事多异"或"一事多灾"的形式来强调这一"征兆"，以达到劝诫和警告统治者的目的。鲁庄公二十六年疏："冬，十有二月，癸亥，朔，日有食之。异与上日食略同。"①便是"一事二异"。鲁僖公三十三年疏："霣霜不杀草，李梅实。……此禄去公室，政在公子遂之应也。"②鲁文公二年疏："自十有二月不雨，至于秋七月。……此禄去公室，政在公子遂之所致也。"③鲁文公九年疏："何以书？记异也。天动地静者，常也。地动者，象阴为阳行。是时鲁文公制于公子遂。"④鲁文公十年疏："自正月不雨，至于秋七月。公子遂之所招。"⑤由此看来，仅仅是公子遂一事，便"一事四异"。所谓"事不过三"，当一件事被警示多次后，不得不引起统治者的注意和改变。

三、社会性意义

徐彦的灾异思想不仅是公羊学思想的成果，也给人类社会以启示，有助于人们认识古代灾异现象，了解灾异缘由。中国人民在与灾害的抗争中积攒了大量的经验，古代人民利用天人感应系统中的灾异说，规劝君主，制约权力的膨胀，使之不断反思自我，拯救自我。现代人则利用发达的科技研究灾异的客观原因，以规避损失。时代更迭，人类对抗自然灾害的脚步从未停下。地动仪的发明、水利工程的建设都显示了古人的智慧。但细究共同原因，自人类社会形成以来，天灾总与人祸相连。就水灾来说，刘继刚指出，

---

① [汉]何休解诂，[唐]徐彦疏：《春秋公羊传注疏》，上海：上海古籍出版社，2017年，第317页。

② [汉]何休解诂，[唐]徐彦疏：《春秋公羊传注疏》，上海：上海古籍出版社，2017年，第507页。

③ [汉]何休解诂，[唐]徐彦疏：《春秋公羊传注疏》，上海：上海古籍出版社，2017年，第523页。

④ [汉]何休解诂，[唐]徐彦疏：《春秋公羊传注疏》，上海：上海古籍出版社，2017年，第550页。

⑤ [汉]何休解诂，[唐]徐彦疏：《春秋公羊传注疏》，上海：上海古籍出版社，2017年，第559页。

"初时的水灾本为季节性的河流泛滥和平原内久雨内涝，到了春秋时期，已不纯粹是河流泛滥或久雨成灾，越来越多的人为成分掺杂其中。东周时期34次水灾中，人为灾害达10次之多。尤其是战国时期，以水为兵的战例越来越多"①。也就是说，自春秋时期起，水灾就有了人为的因素。随着人类活动范围的不断拓展，行为的不断丰富，我们对自然环境的未知逐渐走向可知，从灾害的种类到特点，不断刷新着人类的认知。徐彦虽未阐明灾害的本质原因，但他的灾异思想成为臣子规谏君主行为的正当理由，应对灾害采取的实际措施也为后世的避害方式提供了借鉴。当今全球变暖、雾霾遍布、疫情肆虐，既是天灾，也是人祸。笔者认为人类应当正视其在灾害认知过程中曾付出的惨重代价，吸取经验教训，防患于未然。这也是徐彦灾异思想对后世的启示。

总之，徐彦《春秋公羊疏》对灾异的研究，从细微之处入手，为后人解释了灾异和常事之区别，解释了灾与异之区别。其既借鉴了前人解释灾异的经验，又在此基础上做了详细的解释，使得灾异论的说服力大大提高。灾异诠释费解之处的减少使得公羊灾异研究更加完善，从此灾异诠释成为规劝君主的一大利器，其关于规避灾异的应对方式也为后代提供了借鉴意义。徐彦对灾异的细致诠释也体现了徐彦本人对灾异观的推崇和认可，可以说徐彦对公羊灾异学说的贡献不容小觑。

作者简介：朱琳，1996年生，曲阜师范大学文学院2017级硕士研究生，研究方向为中国古典文献学。

---

① 袁祖亮主编，刘继刚著：《中国灾害通史·先秦卷》，郑州：郑州大学出版社，2008年，第23页。

从《论语》看孔子的君子之道

张晓雯

摘要："君子"作为儒家思想体系的一个重要的文化符号，寄予着孔子对理想人格的追求。我们可从"君子"的处世、德行修养、学识等方面，结合"君子"与小人的对比，了解到一个较为鲜活的"君子"形象。孔子将仁、义、礼这样的道德准则赋予"君子"，并指明了一条"君子"所行之道。孔子思想以人道为主，所以孔子之道实质是在讲人之道。在孔子眼中，"道"是可以被认知的，"君子"通过学从而趋向于实现大道，并对"道"进行吸纳、运用，对社会做出贡献。"君子之道"形成虽然距今已经有两千五百年之久，但仍葆有历久弥新的价值。对当代人们正确价值观的形成、社会风气的导向都有着重要作用。

关键词：君子；道；《论语》

由"君子"在《论语》中出现的频率，我们可以看出"君子"在孔子学说中的重要地位。它不仅是《论语》中的一个重要概念，而且还是整个儒家学说中不可替代的一个存在。两千多年来，"君子"的理想人格对中华民族心性的养成影响深远。人们从中不断汲取营养，提升自己的人格境界。研究"君子"不仅可以正确把握孔子思想的精髓，而且还可以对整个儒学乃至中国传统文化有个正确的认识。

由于孔子的儒家学说在中国传统文化中的重要地位，所以对孔子思想研究的著述比比皆是，其中，对君子的文化品格的研究也占有一定比例。胡适在《中国哲学史大纲》中说，"君子，乃是人格高尚的人，乃是有道德，至少能尽一部分人道的人"，"君子是一种模范的人格"，"人生品行的标准"。[①]梁启超在《孔子与儒家哲学》中提出，将"学"视为"教人养成人格"的途径，"仁"是人格抽象的名，而"君子"是人格具体的名。他也将"君子"概述为孔子的理想人格，"礼""乐""性命""正名"等观念作为"利器"。[②]除了专著以外，还有很多论文也涉及孔子的"君子"学说，如程碧英的《论君子文化的时代内涵》一文，结合历史语境与现代语义，分析君子文化的语义生成，探求君子文化所蕴含的家国情怀、道德遵循、人格力量三方面，进一步明确君子的文化价值，实现君子文化的创造性转化和创新性发展。[③] 而在《孔子"君子之道"的人文精神意蕴》一文中，赵馥洁从"文质彬彬"的道德结构、"义以为上"的道德原则、"学道致道"的道德理想、"行义安民"的道德使命、"言必可行"的道德实践等几个层面概括了"君子"人格的特征。[④] 唐代兴、程碧英在《试论孔子的君子学说》中认为"君子"修为的内容是"仁、礼、乐"，用"以仁入礼达乐"展开逻辑，由此开辟"修仁—循礼—达乐"路径和"学而"方法。[⑤] 总之，现有的研究成果主要集中在对君子人格内涵的分析上，而对君子与道关系的阐述较少。鉴于此，本文拟从"君子之道"为切入点，对《论语》中孔子的"君子""道"进行提炼、概括，通过对"君子"所行"道"、"道"的实现路径以及"君子"对"道"吸纳和运用的分析，探究"君子"与"道"的内在关系。

一、《论语》之君子

何为君子？"君子"一词，在《尚书·无逸》中就已出现："周公曰：'呜

① 胡适：《中国哲学史大纲》，上海：商务印书馆，1932年，第114—115页。

② 梁启超：《孔子与儒家哲学》，北京：中华书局，2016年，第19—37页。

③ 程碧英：《论君子文化的时代内涵》，《成都大学学报（社会科学版）》2018年第5期。

④ 赵馥洁：《孔子"君子之道"的人文精神意蕴》，《华夏文化》2018年第3期。

⑤ 唐代兴、程碧英：《试论孔子的君子学说》，《中国社会科学院研究生院学报》2018年第2期。

呼！君子所，其无逸。先知稼穑之艰难，乃逸，则知小人之依。'"① 此处的"君子"和"小人"，分别指的是统治者和民众。这一时期的"君子"是贵族身份地位的象征，如《周易》中的"天行健，君子以自强不息"②，"君子终日乾乾，夕惕若，厉，无咎"③；《诗经·淇奥》中的"有匪君子，如切如磋，如琢如磨"④，《诗经·鼓钟》中的"淑人君子、怀允不忘"⑤……这里的"君子"，均为道德层面上有超出常人品行的，自强不息、德才皆备之人。从西周初期到春秋中叶，这一概念从政治意味向道德品质逐渐过渡，到春秋晚期，"君子"逐渐被赋予了道德品质的含义。《论语》中，"君子"一词出现的次数较多，其延续、发展了《周易》《诗经》以来的"君子"含义，使得君子的内涵趋于丰富与完善。

孔子对"君子"是十分重视的，在礼崩乐坏的时代乱局中，希望能够通过"君子"这一人格典范重建社会秩序，使社会安定和谐。"君子"一词在《论语》中出现频率达一百多次，除了"君子"，"圣人""仁者"也作为《论语》中的理想人格时常出现，然而，它们在《论语》中出现的频率却远远少于"君子"。在孔子眼中，"圣人"的境界是一般人难以企及的，孔子本人也不敢说自己拥有"圣人"的德行。比较而言，"君子"的"道"，更容易被常人学习和践行。如，子曰："圣人，吾不得而见之矣；得见君子者，斯可矣。"⑥（《论语·述而》）在《论语·子张》中，孔子也认为只有"圣人"能做到传授学问有始有终。如，子游曰："子夏之门人小子，当洒扫、应对、进退，则可矣。抑末也，本之则无。如之何？"子夏闻之曰："噫！言游过矣！君子之道，孰先传焉？孰后倦焉？譬诸草木，区以别矣。君子之道，焉可诬也？有始有卒者，其惟圣人乎！"⑦ 又如《论语·述而》中，子曰："若

---

① 王世舜、王翠叶译注：《尚书》，北京：中华书局，2018年，第254页。

② 黄寿祺、张善文：《周易译注》，上海：上海古籍出版社，2007年，第5页。

③ 黄寿祺、张善文：《周易译注》，上海：上海古籍出版社，2007年，第9页。

④ 程俊英译注：《诗经译注》，上海：上海古籍出版社，2012年，第57页。

⑤ 程俊英译注：《诗经译注》，上海：上海古籍出版社，2012年，第230页。

⑥ 杨伯峻译注：《论语译注》，北京：中华书局，2009年，第72页。

⑦ 杨伯峻译注：《论语译注》，北京：中华书局，2009年，第199页。

圣与仁，则吾岂敢？抑为之不厌，诲人不倦，则可谓云尔已矣。"公西华曰："正唯弟子不能学也。"① 孔子那句话的意思是说："如果说到圣人和仁人，我岂敢当？不过，永不满足地提高修养，不厌其烦地教育学生。则可以这么说。"在孔子眼中，实现"君子"之道有其现实可能性，因此孔子鼓励人立志行道，从而达到理想境界。总而言之，《论语》中的"君子"主要指道德修养高的人。

二、《论语》之"道"

目前释读的甲骨文中没有"道"字，其出现最早可以追溯至西周早期的金文中，原义为"道路"。许慎的《说文解字》对"道"是这样解释的："所行道也。从辵，从首，一达谓之道。"② 由此可见，"道"最初是作为一个名词出现在人们的视野中的。在经历了社会的不断更替后，"道"的本义也随着人们的实践活动而延伸发展，特别是在春秋战国时期，"道"逐渐上升到哲学范畴。由于各家学说主张不同，对"道"的解读也不尽相同，"道"字的含义也更加丰富。而《论语》之"道"基本都是围绕着探索人立身行事而展开的，即以人道为主，所以《论语》之道实质是在讲人之道，既指社会生活中人与人交往应当遵循的准则，又包含对自身的道德修养的规范，不仅有社会领域中的"道"，也有人道意义上的"道"，涉及广义的社会理想、文化理想、政治理想、道德理想，等等。

《论语》中一些篇章将"道"视为伦理规则、礼仪规范、政治准则。如《八佾》中的"射不主皮，为力不同科，古之道也"。③ 此"道"，是古时射击的原则。"子谓子产：'有君子之道四焉：其行己也恭，其事上也敬，其养民也惠，其使民也义。'"④ 《论语·公冶长》"君子之道四"指四个方面符

---

① 杨伯峻译注：《论语译注》，北京：中华书局，2009年，第65页。
② [东汉]许慎：《说文解字》，汤可敬译注，北京：中华书局，2018年，第388页。
③ 杨伯峻译注：《论语译注》，北京：中华书局，2009年，第29页。
④ 杨伯峻译注：《论语译注》，北京：中华书局，2009年，第46页。

合"君子"的标准。又子张问善人之道。子曰："不践迹，亦不入于室。"①此处，"道"为行事方法或规则。子曰："君子易事而难说也。说之不以道，不说也。及其使人也，器之。小人难事而易说也。说之虽不以道，说也。及其使人也，求备焉。"② 亦有方式、方法之义。

但《论语》中也有一些"道"，不同于凡俗的伦理规则。"君子"以学"大道"为本，比如，对仁道的践行，对真理的追求。"朝闻道，夕死可矣。"③"人能弘道，非道弘人。"④ "子曰：'参乎！吾道一以贯之。'曾子曰：'唯。'子出，门人问曰：'何谓也？'曾子曰：'夫子之道，忠恕而已矣。'"⑤ 忠恕之道在孔子的思想体系中占据着重要地位，是孔子提倡用一生去践行的，行忠恕之道就是行仁道。人必须通过学习提高自身修养，才能把道发扬光大；而不能用道来装点门面，标榜自己。又如，对道义的坚守。"君子之仕也，行其义也。道之不行，已知之矣。"⑥ 意思是"君子"出来做官，是为了实行君臣之义，政治主张行不通，早已知晓。

三、"君子"之"道"

君子作为一种人格典范，其行为处事必定符合某种"大道"，君子心中也始终以某些规矩、法度作为言行举止的标准，君子遵循的"大道"究竟是什么？从《论语》关于"君子"品质的章节可以看出，"君子"所履行的"大道"在一定程度上与"君子"所坚守的道德品质是一致的。因此，我们可以从"仁""义""礼"三个角度去探讨"君子"的大道。《论语》论及"仁"的篇目很多，我们可从"君子"的处世、德行修养、学识等方面，并结合"君子"与小人的对比，对《论语》中的"君子"形象有个直观的了解。子曰：

① 杨伯峻译注：《论语译注》，北京：中华书局，2009年，第115页。
② 杨伯峻译注：《论语译注》，北京：中华书局，2009年，第141页。
③ 杨伯峻译注：《论语译注》，北京：中华书局，2009年，第36页。
④ 杨伯峻译注：《论语译注》，北京：中华书局，2009年，第166页。
⑤ 杨伯峻译注：《论语译注》，北京：中华书局，2009年，第38页。
⑥ 杨伯峻译注：《论语译注》，北京：中华书局，2009年，第194页。

"质胜文则野，文胜质则史。文质彬彬，然后君子。"① "人不知而不愠，不亦君子乎？""君子不忧不惧。"② "君子敬而无失，与人恭而有礼，四海之内皆兄弟也。君子何患乎无兄弟也？"③ 等。《论语》中关于"君子"的章节不胜枚举，透过这些特质，一个谦和有礼、从容不迫的"君子"形象便逐渐浮现出来了。

（一）君子行于仁道

孔子认为，"仁"之本在于"孝"，践行孝道是实现"仁道"的必要条件。有子曰："其为人也孝弟，而好犯上者，鲜矣。不好犯上，而好作乱者，未之有也。君子务本，本立而道生。孝弟也者，其为仁之本与！"④ "君子务本，本立而道生"，这里的"本"便是孝悌，是"仁"的核心。子曰："三年无改于父之道，可谓孝矣。"⑤ 提供了行"孝"的一种方法，做子女的也要懂得择善而从之，其不善者而改之，这才是真正的孝。"君子"作为大道的施行者，理应以身作则，遵行"仁"的精神。"仁"作为"道"的具体表现形式之一，需要"君子"格外珍视。就家庭而言，孝于父母，顺于兄长，就是践行了孝道。"君子"专心致志于基础工作，基础确立了，"道"就会产生，从而为君子提供行动指南。

孔子提出仁、智、勇三条作为"君子"的标准，对自我进行严格要求，并从"仁者不忧，知者不惑，勇者不惧"⑥ 三方面强调了君子必备的特质。"仁"是孔子思想的核心内容，对"仁"的关照贯彻整部论语的始终，孔子认为，"君子"不仅要具备"仁"的精神，还应将其作为终生奋斗的目标。子曰："人而不仁，如礼何？人而不仁，如乐何？"意思是做了人，却不仁，怎样来对待礼仪制度呢？做了人，却不仁，怎样来对待音乐呢？⑦ 因此，孔子

---

① 杨伯峻译注：《论语译注》，北京：中华书局，2009年，第60页。
② 杨伯峻译注：《论语译注》，北京：中华书局，2009年，第122页。
③ 杨伯峻译注：《论语译注》，北京：中华书局，2009年，第123页。
④ 杨伯峻译注：《论语译注》，北京：中华书局，2009年，第2页。
⑤ 杨伯峻译注：《论语译注》，北京：中华书局，2009年，第39页。
⑥ 杨伯峻译注：《论语译注》，北京：中华书局，2009年，第153页。
⑦ 杨伯峻译注：《论语译注》，北京：中华书局，2009年，第24页。

高度重视"仁"在人格养成、人际交往中的重要作用，"志于道，据于德，依于仁，游于艺"，① 即要以道为志向，以德为根据，以仁为依靠，而游憩于礼、乐、射、御、书、数六艺之中，即"君子"应以"仁"为依靠，不断提高自己的道德修养，并从反面说明了离开仁的"君子"的后果："富与贵，是人之所欲也，不以其道得之，不处也。贫与贱，是人之所恶也，不以其道得之，不去也。君子去仁，恶乎成名？君子无终食之间违仁，造次必于是，颠沛必于是。"② 此"道"是仁义之道，是君子安身立命的基础。无论是富贵还是贫贱，无论是在仓促之间还是在颠沛流离之时，都不能违背这个原则。

孔子以"仁"来教人、育人，他对"仁"的强调，也影响到他的学生。他们也尤为重视对"仁"的思考，有不少学生向他请教"仁"的含义，对于孔子提出的新命题"仁"，大家都试图得到一个概念化的答案，然而，孔子对"仁"的回答，却会因为提问者的不同，各有所异。比如：孔子对颜渊说"克己复礼"，"非礼勿视，非礼勿听，非礼勿言，非礼勿动"为仁；而对仲弓说"己所不欲，勿施于人。在邦无怨，在家无怨"；对司马牛说"仁者，其言也讱"；又对樊迟说"居处恭，执事敬，与人忠，虽之夷狄，不可弃也"。虽然说法不尽相同，囊括的范围也较广，但关于"仁"的主旨，我们还是可以从这些章句中大致提炼出来的。这是一种对德行的规范，对自我的克制、要求，是一种待人有礼、温和谦恭的人格，孔子也一直以其为一种范式，指导、修正自己。

另外，孔子还推崇推己及人之仁。子曰："君子成人之美，不成人之恶。小人反是。"③孔子认为，君子成全别人的好事，而不促成别人的坏事，小人却正好相反。孔颖达正义曰："此章言君子之于人，嘉善而矜不能，又复仁恕。"此处"君子"的"仁"，是帮助他人实现善良美好的愿望，从而给人以心灵的关怀和慰藉，这是"君子"拥有的不同于小人的情怀，其体现的是儒家"推己及人"的仁德品质，是所谓"君子成人之美"。然而，"仁道"并不

---

① 杨伯峻译注：《论语译注》，北京：中华书局，2009年，第66页。

② 杨伯峻译注：《论语译注》，北京：中华书局，2009年，第35页。

③ 杨伯峻译注：《论语译注》，北京：中华书局，2009年，第127页。

是容易达到的，"君子"若不努力追求也将难以企及。子曰："君子而不仁者有矣夫，未有小人而仁者也。"① （《论语·宪问》）在孔子看来，"仁"的境界是十分高远的，即使是德行高于一般人的"君子"，也未必完全具备。除了"仁"这一内在品德之外，"礼"和"义"也是"君子"的重要表现。其中，"礼"与"仁"，一外一内，相辅相成，对人格修养的形成发挥了重要作用。

（二）君子步于礼道

"君子"的养成离不开"礼"的约束。子曰："君子博学于文，约之以礼，亦可以弗畔矣夫！"② "君子"广泛地学习文化知识，再用"礼"来加以约束，这样也就不会离经叛道了。君子用"仁"从内在层面修治自我，用"礼"从外在层面规范自己行为，使之一举一动不至于失范，保持"君子"的端方与矜重。子曰："先进于礼乐，野人也；后进于礼乐，君子也。如用之，则吾从先进。"③ 《先进》篇讲述了孔子选择任用出身于下层却学好礼乐的人。孔子认为，这样的"野人"，虽然面临着困难的生活和艰苦的条件，却能坚持修身养性、学习礼仪，足见其志向远大、情操高洁，有着救世济民的情怀。他们在乱世中仍不忘对礼乐精神和仁爱之道的坚守，是以百姓谋幸福、社会安定繁荣作为自己的使命的，必将成为深得民心的当政者。由此可见，知"礼"、敬"礼"者，孔子重之。子曰："恭而无礼则劳，慎而无礼则葸，勇而无礼则乱，直而无礼则绞。君子笃于亲，则民兴于仁；故旧不遗，则民不偷。"④注重容貌态度的端正，却不知礼，就未免劳倦；只知谨慎，却不知礼，就流于畏惧懦弱；专凭敢作敢为的胆量，却不知礼，就会盲动闯祸；心直口快，却不知礼，就会尖刻刺人。在上位的人能用深厚感情对待亲族，那老百姓就会走向仁德；在上位的人不遗弃他的老同事、老朋友，那老百姓就不致对人冷淡无情。⑤点明了"礼"的重要性，在中国儒家传统"中庸"思想的引领下，凡事应当遵循适度原则。过犹不及，"礼"之道有效纠正了过度

---

① 杨伯峻译注：《论语译注》，北京：中华书局，2009年，第145页。
② 杨伯峻译注：《论语译注》，北京：中华书局，2009年，第62页。
③ 杨伯峻译注：《论语译注》，北京：中华书局，2009年，第108页。
④ 杨伯峻译注：《论语译注》，北京：中华书局，2009年，第77页。
⑤ 杨伯峻译注：《论语译注》，北京：中华书局，2009年，第78页。

带来的行为不恰，成为衡量"君子"所行的重要尺度。通过"礼"对人们做外在行为的适度规范、约束，有效维持了社会稳定，"君子"以"礼"行事，既有个人安全的立身之本，也有利于对民众产生潜移默化的影响。

（三）君子重于义道

孔子主张，"君子"应具备重"义"的品质，采取重义轻利的态度。"义"的最初意义为适宜、恰当，如《里仁》中的"君子之于天下也，无适也，无莫也，义之与比"①。这里的"义"便解释为合理、妥当。后来，"义"指人类社会应当遵循的最高原则和应当追求的最高道德。孔子《论语》中的"义"，是追求杀身成仁、舍生取义的"义"。子曰："君子义以为质，礼以行之，孙以出之，信以成之。君子哉！"②君子把义作为本，依照礼来实行，用谦逊的言语来表述，用诚信的态度来完成它。孔子要求"君子"将"义"作为修身的内在品质，依礼节实行它，并用谦逊的言语说出它，用诚实的态度完成它。③孔子提出了"义以为上"的主张。子路曰："君子尚勇乎？"子曰："君子义以为上。君子有勇而无义为乱，小人有勇而无义为盗。"④孔子并不是轻视"勇"，而是强调"勇"要受到"义"的约束。孔子生逢乱世，社会动荡，礼崩乐坏，孔子反对不义的战争，因此希望"勇"在"义"的约束下不会成为莽勇。《里仁》中，子曰："君子喻于义，小人喻于利。"⑤君子绝不会贪图小利而舍弃正义，通过君子与小人的对比，分别突出了君子不尚勇而尚义、重义轻利的高尚品质。《季氏》中，子曰："见善如不及，见不善如探汤。吾见其人矣，吾闻其语矣。隐居以求其志，行义以达其道。吾闻其语矣，未见其人也。"⑥依循"义"的原则行事，保全自己的志向，以贯彻自己心中的正道。而仁人义士，可遇不可求，就连孔子也说其珍贵罕有。

---

① 杨伯峻译注：《论语译注》，北京：中华书局，2009年，第36页。
② 杨伯峻译注：《论语译注》，北京：中华书局，2009年，第164页。
③ 杨伯峻译注：《论语译注》，北京：中华书局，2009年，第164页。
④ 杨伯峻译注：《论语译注》，北京：中华书局，2009年，第188页。
⑤ 杨伯峻译注：《论语译注》，北京：中华书局，2009年，第38页。
⑥ 杨伯峻译注：《论语译注》，北京：中华书局，2009年，第175页。

《论语》中通过将君子与小人进行对比，然后凸显君子品格的章节不胜枚举。我们也可以从不同角度了解到一个儒家君子的形象。子曰："君子坦荡荡，小人长戚戚。"[①]（《论语·述而》）子曰："君子周而不比，小人比而不周。"[②]（《论语·为政》）子曰："君子泰而不骄，小人骄而不泰。"[③]《论语·子路》君子胸怀坦荡宽广，团结群众，不骄狂，将仁、义、礼看作本来要务，勤学上进，明辨笃行，亲身践行仁德，成就不凡的人格。

四、道是可以被认知的

"君子"人格的形成是可行的，"道"也是可以被人知晓的。《论语·里仁》中，"朝闻道，夕死可矣"[④]，"有君子之道四焉：其行己也恭，其事上也敬，其养民也惠，其使民也义"，[⑤] 体现了"君子"对于真理之道的追求与向往，对实现和谐、稳定社会的期盼与决心。刘宝楠《论语正义》有言："闻道者，古先圣王君子之道，已得闻知之也，闻道而不遽死，则循习讽诵，将为德性之助；若不幸而朝闻夕死，是虽中道而废，其贤于无闻也远甚，故曰'可矣'。"[⑥] 在这里，刘宝楠将"道"解释为"古先圣王君子之道"，他强调闻道为"已得闻知之也"，"君子"便是这个"闻知之"的主体，闻"道"是其主动的作为，因此，"道"是可以被认知的，决定于"君子"的主观能动性。

五、君子学以致其道——道的实现路径

"道"需要通过学习才可求得，"道"是"君子"学习的对象，"道"之于

---

① 杨伯峻译注：《论语译注》，北京：中华书局，2009年，第76页。
② 杨伯峻译注：《论语译注》，北京：中华书局，2009年，第17页。
③ 杨伯峻译注：《论语译注》，北京：中华书局，2009年，第141页。
④ 杨伯峻译注：《论语译注》，北京：中华书局，2009年，第36页。
⑤ 杨伯峻译注：《论语译注》，北京：中华书局，2009年，第36页。
⑥ ［清］刘宝楠：《论语正义》，北京：中华书局，2009年，第146页。

"君子"，是具有使命感的存在，"道"之路成了"君子"的必由之路。这也是君子区别于普通民众的地方。

（一）勤学以求道

子曰："君子谋道不谋食。耕也，馁在其中矣。学也，禄在其中矣。君子忧道不忧贫。"① 这句话的意思是说，君子用心力于学术，不用心力于衣食。耕田，也常常饿着肚皮；学习，常常得到俸禄。君子只担忧得不到道，不担忧得不到财。正义曰："此章亦劝人学也。"郑笺与刘宝楠都将此章看作对学习的勉励。注疏言："人非道不立，故必先谋于道，道高则禄来，故不假谋于食。""君子"学"道"的过程是需要心无旁骛的，以至于"发愤忘食，乐以忘忧，不知老之将至云尔"，"君子"将这样的精神投入到学习中，子曰："君子食无求饱，居无求安，敏于事而慎于言，就有道而正焉，可谓好学也已。"② 只有勤学、好学，才可"就有道而正焉"。

（二）择大道而行之

《子路》中樊迟在向孔子虚心求教"学稼""学为圃"时，孔子却评价他为"小人哉，樊须也"③，其实这不是对劳动者的轻视，也不是在道德层面对樊迟进行责难，而是点明了应专注于"君子"之学，将眼光放在长远之处。子夏曰："虽小道，必有可观者焉；致远恐泥，是以君子不为也。"④ "小道"虽有可取之处，但会有妨碍远大事业的风险，因此君子不谋求"小道"。这里的"小道"，注疏将其解释为"异端"。学习小技艺，固然有它的可取之处，但一味执着钻研这些小技艺，恐怕会妨碍成就远大的事业，所以君子不应沉溺于这些雕虫小技。所以孔子认为，"君子"应当只关注与德有关的"大道"，像"学稼""学为圃"此类事应由"小人"关注。通过"君子"与"小人"的对比，可以看出某种分工倾向。子之武城，闻弦歌之声。夫子莞尔而笑，曰："割鸡焉用牛刀？"（言治小何须用大道）子游对曰："昔者，偃也

---

① 杨伯峻译注：《论语译注》，北京：中华书局，2009年，第166页。
② 杨伯峻译注：《论语译注》，北京：中华书局，2009年，第9页。
③ 杨伯峻译注：《论语译注》，北京：中华书局，2009年，第133页。
④ 杨伯峻译注：《论语译注》，北京：中华书局，2009年，第198页。

闻诸夫子曰：'君子学道则爱人，小人学道则易使也。'"子曰："二三子（谓
从行者）！偃之言是也。前言戏之耳。"① "君子"学习了"道"就会爱人，
而老百姓学习了"道"就容易使唤。"君子"学道是学"大道"，即治民之
道，意欲以礼乐化导于民，故弦歌。而"小人"学道的境界就不比"君子"
了。所谓"君子不可小知而可大受也；小人不可大受，而可小知也"②，也
是这个意思。"君子"不可以用小事来察知，却可以接受重任；小人不可以承
担重任，却可以用小事来察知。比起"小人"，"君子"应承担更多的责任。
孔子认为，"君子"不应把自己降到工具性的器具的地位上，不应把自己的人
生限定在工具价值的获取方面，学与技艺在价值上是在两个层次上的，不应
拘泥于眼前小利。又如在《论语·子张》中，子夏曰："百工居肆以成其事，
君子学以致其道。"③ 子夏说，工人在工厂中生产商品，"君子"在学习中掌
握道义。在孔子眼中，工人与"君子"的分工是不同的。对于"君子"来
说，"大道"才是值得去勤勉学习的，"君子"通过学"道"逐步达到终极目
标——求得"道"。

六、"君子"对"道"的吸纳、运用

作为立志笃行大道的主体，有时"君子"必然要担负起匡时救世的大
任，充分发挥个人的主观能动性。"笃信好学，守死善道。危邦不入，乱邦不
居。天下有道则见，无道则隐。邦有道，贫且贱焉，耻也；邦无道，富且贵
焉，耻也。"④（《论语·泰伯》）在国家政治清明太平的时候，就应积极地
入仕，为民众的美好幸福生活贡献自己的智慧和力量。若此时处于贫困低贱
之中，那是非常可耻的一件事；而如果在国家无道、政治混乱的时候，趁乱
谋取富贵，也是可耻的行为。子曰："邦有道，危言危行；邦无道，危行言

① 杨伯峻译注：《论语译注》，北京：中华书局，2009年，第180页。
② 杨伯峻译注：《论语译注》，北京：中华书局，2009年，第167页。
③ 杨伯峻译注：《论语译注》，北京：中华书局，2009年，第198页。
④ 杨伯峻译注：《论语译注》，北京：中华书局，2009年，第81页。

孙。"① （《论语·宪问》）"君子"依时而动，该章节将"道"与治国理政必不可少的条件——贤才，联系起来，增强了"道"的具象性，使其理解起来也更加直观。人是能动的、积极的，在顺应时势的前提下，"君子"发挥自己的才能和作用，对国家的发展与繁荣也会起到很大的推动作用。当然，"君子"心里也应当有一个丈量的标准，不能仅仅与世浮沉，要坚持自己的"道"，"不可则止"，有所为，有所不为。"仪封人请见。曰：'君子之至于斯也，吾未尝不得见也。'从者见之。出曰：'二三子，何患于丧乎？天下之无道也久矣，天将以夫子为木铎。'"② （《论语·八佾》）便体现了在无道已久的乱世中，"君子"的出现，所显现的匡时救世的能力。孔子时常鼓励自己的学生志存高远，超越自我，着眼于"大道"，从而利于个人的"道"对整体性的"道"的吸纳、运用。

当然，通往"大道"的路，并不是坦途。成为"君子"并不一定能达到"大道"。孔子将理想人格划分为"士、君子、仁者、圣人"四个层面，四者层层递进，达到至圣境界，成就"大道"，这一过程，还需要主体在践行"道"的过程中，不断进行内在超越。"圣人，吾不得而见之；得见君子者，斯可矣！"③ （《论语·述而》）在孔子看来，"君子"作为现实人格，是可以实现的。而圣人，就连孔子也未曾见过。在《论语》中，孔子虽然经常表达出对圣人之道的向往与追求，但他还是以"君子"的人格作为标杆来教育自己的学生，使之逐渐地向着成圣之路趋近。因此，"君子"之于"道"，也只能是一个趋近的过程。

结　语

综上，先秦时期，"道"作为各家学说的重要意象，被赋予了非常丰富的意蕴。《论语》中，"道"与"君子"，出现频率均较高，"君子"是一种人格

---

① 杨伯峻译注：《论语译注》，北京：中华书局，2009年，第144页。
② 杨伯峻译注：《论语译注》，北京：中华书局，2009年，第32页。
③ 杨伯峻译注：《论语译注》，北京：中华书局，2009年，第72页。

的典范，其行为处事自有一份具有鲜明儒家特色的气度、风范。在"君子"身上，体现了行"大道"应当遵循的标准。我们通过对孔子眼中的"君子"人格特质的分析，通过对"道"的理解，结合"君子"所行的仁道、义道、礼道，明确了"道"的实现路径。由此不仅要对成为"君子"的标准有所了解，还要对孔子的"道"，对"道"与"君子"的关系有一定了解。"道"是需要学才可求得，"道"是"学"的对象，"道"之于"君子"，是具有使命感的存在，而学"道"更是"君子"的本分所在，这也是君子区别于普通民众的地方。"道"是否可以实现，是需要"君子"发挥主观能动性去吸纳、运用的。"君子"行动的终极目标是大道，"君子"以学习"大道"为本务，以实际行动践行"道"的要求，以仁为本，循礼而行，担负起弘"道"的重任，便给予了"道"无限生机。

作者简介：张晓雯，1996年生，曲阜师范大学文学院2019级硕士研究生，研究方向为儒学文献整理与文学研究。

论孔子"孝"的伦理建构

——以《论语》为中心

张文泽

摘要："孝"是孔子话语体系中的重要命题。《论语》中孔子以"孝"为本位，将"孝"观念从伦理层面进行规范及提升，使"孝"观念具有了独特的伦理价值和政治功用。在孔子的阐述中，"孝"观念不仅成为个体德行修养的重要纲目，也成为社会体系中维系家庭和睦与政治和谐的内在伦理道德要求。本文追溯孔子时代的社会境况及其入世愿景，还原当时的语境，对有关章目进行分析整合，从孝之层级、孝之功用两个角度来阐述《论语》中"孝"的原本样貌。

关键词：孝；孔子；论语；敬；伦理

"孝"字在《论语》中共出现了19次，分布于14个章中，分别是《论语·学而》第2章、第6章、第11章；《论语·为政》第5章、第6章、第7章、第8章、第20章、第21章；《论语·里仁》第20章；《论语·泰伯》第21章；《论语·先进》第5章；《论语·子路》第20章；《论语·子张》第18章。其中，12个章中的"孝"字为孔子所述，在其余两个章中的"孝"字为孔子的两名弟子有子和曾子所述。还有7个章中虽并未提及"孝"字，但论述主题为"孝"，分别是《论语·里仁》第18章、第19章、第21章；《论语·子路》第18章；《论语·宪问》第40章、第43章；《论语·阳货》第21章。

"孝"文化作为中华传统文化的重要组成部分，深刻地影响了中国人的思维方式以及国家的运行方式。《论语》中孔子对"孝道"思想的阐释，系统地构建了中华传统孝文化的伦理结构理论体系。很多学者对《论语》中"孝"的思想做了诸多研究，取得了可喜的成果，如韩传强在《慎终追远，何以民德归厚——从〈论语〉一则探析儒家对孝忠关系的理解》中单取《论语·学而》第9章进行多维解析，认为"慎终追远"不限于丧葬礼仪，"民德归厚"亦不仅仅是上行下效的教化方式。"慎终追远""民德归厚"分别与"孝""忠"有着紧密的关涉，"慎终追远"是"民德归厚"的基础，"民德归厚"是"慎终追远"的要求和结果。凌红在《〈论语〉"孝"之多元价值解读》中阐述了《论语》中"孝"所蕴含的个体德行、家庭伦理及社会政治伦理等多元价值内涵。宋振锟在《儒家"孝"文化溯源》中，对孝的基本意义，以及孝与仁和礼、亲族社会、忠君的关系进行了较为全面的讨论。这些优秀的研究成果为我们提供了有益的借鉴。

一、孝之层级

《论语》中孔子所论述的"孝"本身包含不同的层级。《论语》是对孔子及其弟子言论的记录，既是言论，就存在特定的情境、特定的问题，且孔子历来注重因材施教，因此，孔子的思想理论就在不同的情境中、与不同品格的弟子的交谈中得以阐述，逐渐建构起独特完整的理论框架。在孔子与其弟子对"孝"的讨论中，我们可以窥见孔子对"孝"的理解，以及他对"孝"内容层级的自觉建构。孔子所建构的"孝"始终离不开一个"敬"字，以"敬"为内核支撑，贯穿上下。

（一）养且敬

孔子并不认为传统的赡养父母便可称为"孝"。子游问孝。子曰："今之孝者，是谓能养。至于犬马，皆能有养；不敬，何以别乎?"[1]（《论语·为

---

① 杨伯峻译注：《论语译注》，北京：中华书局，2006年，第15页。

政》第7章）赡养父母，是行孝最基本的要求。父母养育子女，子女赡养父母，此乃人之常情，天经地义，符合人伦规范。孔子认为，仅仅养活爹娘不足以称之为孝，连狗、马这样的牲畜都能得到饲养，如果不诚心严肃地孝顺父母，那养活爹娘和饲养狗、马这样的牲畜又有什么分别呢？在这一章中，孔子提出了"孝""养""敬"三者之间的关系问题，提出行孝要敬养父母的观念。饲养牲畜和赡养父母，同样是"能养"，但如果没有心存敬意，那么饲养狗、马和赡养父母将没有差别。行孝重在用心，敬父母之心。子曰："父母之年，不可不知也，一则以喜，一则以惧。"[1]（《论语·里仁》第21章）这里强调的是子女在对待父母时要有发自内心的"爱敬"，父母的年纪日益增长，孝子一方面会因为父母的高寿而喜悦，另一方面会因为父母的年迈而恐惧。在"礼崩乐坏"的时代，孔子提出了比"养身"更高一层的概念——"敬心"。行孝是心存深爱地敬养。孔子所构建的"孝"，便是要求子女在侍奉父母时要怀有发自内心的"爱敬之心"，是由内而外的情感抒发，并非简单冰冷的"养身"，而是"养且敬"。

（二）敬顺父母之心

前文提到，孔子对"孝"提出了立于"养身"基础之上更高的要求，认为行孝并不只是给父母提供优越的物质条件，还要发自内心地对父母心存敬意。子夏问孝。子曰："色难。有事，弟子服其劳；有酒食；先生馔，曾是以为孝乎？"[2]（《论语·为政》第8章）有事的时候，年轻人去帮忙，有好吃的，让年长的人先食用，这些相对容易做到，因为赡养父母是行孝的基本要求。真正困难的是，子女在父母面前赡养父母之身，但是却没有始终和颜悦色地对待父母，使父母感到内心愉悦。敬顺父母之心，是高于物质供养的精神供养。孟武伯问孝。子曰："父母唯其疾之忧。"[3]（《论语·为政》第6章）孟武伯向孔子请教孝道，孔子回答："做爹娘的只是为孝子的疾病发愁。"子女身患疾病，最痛心操劳的是父母，"父母唯其疾之忧"，故子女对于

---

[1] 杨伯峻译注：《论语译注》，北京：中华书局，2006年，第44页。

[2] 杨伯峻译注：《论语译注》，北京：中华书局，2006年，第16页。

[3] 杨伯峻译注：《论语译注》，北京：中华书局，2006年，第14页。

自己的身体、行为不可有丝毫懈怠。疾病是自己无法控制的，但除此之外，不能再有任何事情让父母为子女操心和忧愁了。朱熹注引范氏曰："身体犹不可亏也，况亏其行以辱，受之父母，不敢毁伤，孝之始也。"① 子曰："父母在，不远游，游必有方。"② （《论语·里仁》第19章）父母在世的时候，子女离开自己太远，父母必会劳心挂怀，如果不得已要离开父母远游他乡，一定要把所要去的地方告诉家人，免得父母为自己日夜牵挂。朱熹注引范氏曰："子能以父母之心为心则孝矣。"③

（三）敬谏父母之过

在《论语》中，"孝"要求内心做到"敬"，在躬行实践上要做到"恭"。"事父母几谏，见志不从，又敬不违，劳而不怨。"④（《论语·里仁》第18章）孔子认为，父母如果有做得不对的地方，做子女的应该轻微婉转地加以劝止，如果父母没有听从自己的劝止，仍然要恭敬地不触犯他们，虽然忧愁，但不怨恨。朱熹注"几谏"为"微谏"，即"下气怡色，柔声以谏"⑤。敬顺父母之心，也并非顺从父母所有的心意，赞成父母所有的作为。当父母有过失的时候，即便过失很细小，子女也应该立即劝谏，不致使小错酿成大祸。如果父母坚持己见，不听劝谏，子女也不能轻看父母，更不能讥讽、嘲笑父母，要保持劝谏的初心，寻找合适的机会再继续进谏。

（四）敬承父母之道

要顺从父母的心意，不仅仅要在父母在世时怀有恭敬之心，在父母去世后依然要怀有恭敬之心，故而有"父在，观其志；父没，观其行；三年无改于父之道，可谓孝矣"⑥（《论语·学而》第11章）。当他父亲活着的时候要观察他的志向，当他父亲去世后要考察他的行为，若是他对他父亲的合理部分，长期不加改变，可以说他做到孝了。继承父母之道，主要指父母的善

---

① ［宋］朱熹注：《四书集注》，南京：凤凰出版社，2008年，第100页。

② 杨伯峻译注：《论语译注》，北京：中华书局，2006年，第43页。

③ ［宋］朱熹注：《四书集注》，南京：凤凰出版社，2008年，第70页。

④ 杨伯峻译注：《论语译注》，北京：中华书局，2006年，第43页。

⑤ ［宋］朱熹注：《四书集注》，南京：凤凰出版社，2008年，第70页。

⑥ 杨伯峻译注：《论语译注》，北京：中华书局，2006年，第8页。

行。杨伯峻译注"道"为"一般意义的名词，无论好坏、善恶都可以叫作道，但更多时候是积极意义的名词，表示善的、好的东西，这里应该这样看，所以译为'合理部分'"[①]。无论父母是否健在，"敬承父母之道"是孝行的最高层次，但并非不加选择地全部传承，对父母的行为要有所区分，好的志向要学习并且继承，而对不好的行为要从萌发阶段就开始采用父母能够接受的方式恭敬地劝谏他们，直到父母改变为止。曾子曰："吾闻诸夫子：孟庄子之孝也，其他可能也；其不改父之臣与父之政，是难能也。"[②]（《论语·子张》第18章）这与"三年无改于父之道"相一致。孟庄子的孝，最难得的就是他留用他父亲的僚属，保持他父亲的政治措施。俗话说"一朝天子一朝臣"，但是孟庄子当政后不仅没有改换父亲所用之臣，而且还继续沿用父亲所行之政，这便是孔子所倡导的"承道"之孝。

二、孝之功用

《论语》中的"孝"不只流于言语和文字，更体现在躬行实践中。孔子的儒家伦理思想不仅强调了"孝"在家庭伦理中的地位，而且还突显了"孝"在社会伦理中的地位。正因为伦理思想的建构是以血缘宗法为基础的，中国伦理才具有了由家及国的特殊社会价值取向。

（一）学习之始

子曰："弟子，入则孝，出则悌，谨而信，泛爱众，而亲仁。行有余力，则以学文。"[③]（《论语·学而》第6章）"弟子，入则孝，出则悌"是说一个人，不论在家庭内外，都要孝顺自己的父母、敬爱自己的兄长，这里涉及的是家庭教育，倡导要在内心孝敬父母，对年长者或长辈恭敬、友爱。"谨而信，泛爱众，而亲仁"说的是在社会中与人交往、行事要寡言少语，诚实可信，博爱大众，谨慎选择并亲近有仁德的人。这涉及的就是社会教育，倡导

---

① 杨伯峻译注：《论语译注》，北京：中华书局，2006年，第8页。

② 杨伯峻译注：《论语译注》，北京：中华书局，2006年，第228页。

③ 杨伯峻译注：《论语译注》，北京：中华书局，2006年，第5页。

要在社会交往中拥有良好的德行。"行有余力，则以学文"是指在躬行实践"孝、悌、谨、信、泛爱众、亲仁"这些美好的德行之后，有剩余的力量，就再去学文献，这就涉及了学校教育，指诗书六艺之学习。今天所理解的"学"，只是狭义上的学校教育，而广义上的"学"则包含了家庭教育、社会教育、学校教育等一切可以塑造个体人格的教育。由此可见，在孔子的观念中，"孝、悌、谨、信、泛爱众、亲仁、学文"七科之中，"孝"为学习之始，家庭教育为一切教育之首，孝为家庭教育之首，故而"孝"是一切教育的开端。能行孝悌之义，与人交往做到言而有信、博爱仁德，是个体在接受学校教育之前所必须做到的基础德行培养，而"孝"就排在第一位。

（二）仁德之本

"仁"是孔子儒家思想体系的核心，是孔子提出的一种最高的道德名称。《论语》提出："孝"是为"仁"的基础。有子曰："其为人也孝弟，而好犯上者，鲜矣；不好犯上，而好作乱者，未之有也。君子务本，本立而道生。孝弟也者，其为仁之本与！"[1]（《论语·学而》第2章）孝顺爹娘、敬爱兄长，却喜欢触犯上级，这种人是很少的；不喜欢触犯上级，却喜欢造反，这种人从来没有过。君子专心致志于基础工作，基础树立了，"道"就会产生。孝顺爹娘，敬爱兄长，这就是"仁"的基础吧。善事父母为孝，善事兄长为悌，有孝悌仁心的人，就很少有对上级或长辈的冒犯之心，这样的人也基本不可能出现悖逆之心，也即"一家仁，一国兴仁"。因此，在当时的封建社会，"孝悌"是维持当时社会制度、社会秩序的一种基本道德力量。仁者"爱人"，孔子把"爱人"追根溯源到了"孝"上，"爱人"首先要爱自己的父母。"弟子，入则孝，出则悌"，"入"是指家庭内部的场域，"出"是指家庭以外的社会场域，在家庭中知孝、行孝，自然到了外面便知道博爱大众、推行公德，从而实现个体人格、家庭和社会的和谐。

孔子仁德伦理思想要求由内至外、内外兼修，"孝"与"仁"是孔子仁德伦理体系中的重要纲目。对于个人来说，修身立德必须抓住根本，而孝悌是

---

[1] 杨伯峻译注：《论语译注》，北京：中华书局，2006年，第2页。

为仁之本，也是立德之本，能够做到孝悌者，仁德便自然而生。"孝"是个体在家庭中的人伦道德自觉和道德实践，体现了个体至善向"仁"的价值取向。子曰："孝哉闵子骞！人不间于其父母昆弟之言。"① （《论语·先进》第5章）继母对闵子骞百般虐待，让自己的孩子穿着厚实保暖的棉衣，而让闵子骞穿着用芦花填充的衣服冒充棉衣，当父亲知道真相并打算休妻时，闵子骞说："母在一子寒，母去三子单。"闵子骞替兄弟着想，替继母求情，真诚的孝心感动了父亲，也让继母改变了原来的行径，以真诚之心待之。他行孝至仁，以仁爱之心对待万物。正是闵子骞的孝行，使得外人对于他的父母兄弟称赞他的话并无异议，真正做到了修身、齐家。子贡问曰："何如斯可谓之士矣？"子曰："行己有耻，使于四方，不辱君命，可谓士矣。"曰："敢问其次。"曰："宗族称孝焉，乡党称弟焉。"曰："敢问其次。"曰："言必信，行必果，硁硁然小人哉！抑亦可以为次矣。"曰："今之从政者何如？"子曰："噫！斗筲之人，何足算也！"② （《论语·子路》第20章）孔子认为孝顺父母、恭敬尊长是"士"所必须具备的第二大品质。"士"的概念在不同的时代有着不同的解释，而《论语·论语》中孔子对"士"形象的建构，成为历代志士仁人所追求的文化影射。孔子所建构的"士"，是具有良好道德修养的人物形象，也是孔子"仁德"精神的一种延伸。在回答子贡什么是"士"的问题中，孔子强调了"孝悌"的德行，从侧面体现了"孝"为"仁德之本"。宰我（姓宰，名予，字子我，也称宰我，孔子弟子）问："三年之丧，期已久矣！君子三年不为礼，礼必坏；三年不为乐，乐必崩。旧谷既没，新谷既升，钻燧改火，期可已矣。"子曰："食夫稻，衣夫锦，于女安乎？"曰："安！""女安，则为之！夫君子之居丧，食旨不甘，闻乐不乐，居处不安，故不为也。今女安，则为之！"宰我出。子曰："予之不仁也！子生三年，然后免于父母之怀。夫三年之丧，天下之通丧也，予也有三年之爱于其父母乎！"③ （《论语·阳货》第21章）儿女生下来，三年以后才能完全脱离父

---

① 杨伯峻译注：《论语译注》，北京：中华书局，2006年，第126页。
② 杨伯峻译注：《论语译注》，北京：中华书局，2006年，第157页。
③ 杨伯峻译注：《论语译注》，北京：中华书局，2006年，第212页。

母的怀抱，宰我却不能替父母守孝三年，孔子依此认为宰我"不仁"。此处对"不仁"的判定，是认为宰我违背了"孝"的人伦道德规范。"孝"是子女对父母养育之恩的报答，一个人如果连做到"孝"尚且不能保证，何以奢望他能有"仁德"呢。"孝"是一切德行的前提，是良好修养的一种最佳体现，是为仁之本。

（三）礼之内核

"孝行"外化于"礼"，所以"孝"的行为规范主要体现在礼上。《论语》所强调的"孝礼"更强调发自内心的敬重。礼并非隆重的仪式，而是孝子诚敬心的自然体现，没有了诚敬心，隆重的仪式便失去了意义。"生，事之以礼；死，葬之以礼，祭之以礼。"①（《论语·为政》第5章）概括出了孝行的所有规范。不仅在父母生前尽孝是所谓的"孝"，生养死葬皆为孝，死后的守孝、祭奠，也属孝的一部分。孔子认为"无违"，即不要违背礼节，便是行孝道，这是精神层面的追思在礼节上的表现。父母在世时，以礼侍奉父母；父母去世后，以礼埋葬和祭祀，时刻对父母怀有恭敬之心。宰我认为父母去世后三年的守丧时间太长，对父母服丧一年也就足够了。孔子问宰我，父母去世不到三年，你便开始吃稻米、穿锦衣，开始追求享受，你能安心吗？孔子认为，对于君子来说，居丧期间会时刻思念父母，而无心来享受生活。宰我出去之后，孔子对其他弟子说，宰我真不仁啊，为人子者，自出生到三岁都离不开父母的怀抱，即使长大成人之后，父母都会一直牵挂想念子女。所以，三年之丧，为天下通丧，三年期间，常悲咽，居处变，酒肉绝，表达的是对父母的恭敬和追思，而从守丧之礼中体现出来的，是对行孝道的行为要求。子曰："居上不宽，为礼不敬，临丧不哀，吾何以观之哉？"②（《论语·八佾》第26章）丧礼都不以诚敬之心去对待，那这个人怎么能说尽了孝道呢？孔子始终以恢复周礼为一生志向，他对礼的看法是："人而不仁，如礼何？人而不仁，如乐何？"③（《论语·八佾》第3章）做了人，却不仁，怎

---

① 杨伯峻译注：《论语译注》，北京：中华书局，2006年，第14页。

② 杨伯峻译注：《论语译注》，北京：中华书局，2006年，第36页。

③ 杨伯峻译注：《论语译注》，北京：中华书局，2006年，第25页。

样来对待礼仪制度呢？做了人，却不仁，怎样来对待礼乐呢？"孝"是"仁"的根基，"仁"是"礼"的根基，故而"孝"也是"礼"的根基，同时"孝"与"礼"互为表里，"孝"是"礼"的内核。

（四）治国之基

自汉武帝"罢黜百家，独尊儒术"后，"孝治天下"成为古代封建社会常见的治国策略，"忠臣孝子"成为朝廷文人所追求的人格典型。而赋予"孝"这种政治意义的便是孔子。《论语》中的"孝"指向了两个方面：从家庭层面来看，"孝"体现为对父母的敬爱孝养；从国家层面来看，"孝"体现了对统治者的忠诚和服从，同时"孝"也是统治者治理国家的伦理道德基础。《论语》中的"孝"蕴含了个体德行、家庭伦理及社会政治伦理等多元价值内涵，进而在家国同构中产生了巨大的作用。

子曰："出则事公卿，入则事父兄，丧事不敢不勉，不为酒困，何有于我哉？"①（《论语·子罕》第16章）事父母为孝，事公卿为忠，在家里要孝顺父母，在外做事要忠诚。《论语》中的"孝"，在于强调个体在遵行孝道时由内及外地实现个人价值及社会价值，由"孝"入"忠"，其实就是儒家所信奉的亲族社会能发挥出巨大的社会功用，存在于家庭伦理层面的"孝"，可以延伸为国家层面的"忠"，从而实现父慈子孝、兄友弟恭、君惠臣忠，达到人伦的和谐与社会的和谐。"其为人也孝弟，而好犯上者，鲜矣。"② 为人孝顺爹娘，敬爱兄长，却喜欢触犯上级的人很少。朱熹注引程子曰："孝弟，顺德也，故不好犯上，岂复有逆理乱常之事？"③ 知孝悌之礼的人，必然懂得上下、长幼之差别，知道对社会秩序的维护，自然不会违背伦常之理。或谓孔子曰："子奚不为政？"子曰："《书》云：'孝乎惟孝，友于兄弟，施于有政。'是亦为政，奚其为为政？"④（《论语·为政》第21章）有人问孔子不为政的原因，孔子回答，《尚书》里提到孝的时候，指出孝顺父母、友爱兄

---

① 杨伯峻译注：《论语译注》，北京：中华书局，2006年，第105页。

② 杨伯峻译注：《论语译注》，北京：中华书局，2006年，第2页。

③ ［宋］朱熹注：《四书集注》，南京：凤凰出版社，2008年，第70页。

④ 杨伯峻译注：《论语译注》，北京：中华书局，2006年，第21页。

弟，把这种风气影响到政治上去，这也就是参与政治了呀。孔子阐发了"孝悌"与"为政""齐家"与"治国"的内在关联。可以看出，《论语》中的"孝"不仅是讲"孝"本身，还将"孝"与"忠"紧密地联系起来。孔子认为，"孝"与"忠"是一体的，由"孝"入"忠"，"孝"是家国同构的重要枢纽，"孝悌"本身就是治国理政的基石。

"行孝"是围绕亲族的宗法制的道德内容，它以血缘关系为基础，依循人伦道德原则，由近及远展开。行孝，一方面是对血缘宗法制的继承，另一方面是对以宗法制为核心的封建社会制度的维护。有子曰："信近于义，言可复也；恭近于礼，远耻辱也；因不失其亲，亦可宗也。"①（《论语·学而》第13章）"因不失其亲"就是亲族社会的体现。既然以亲族关系为社会建立的根本，那么无兄弟就无亲族，势单力薄；父子之间的孝慈也就大于一切了，在当时的社会中，亲族的力量大于一切，可见，"孝悌"是亲族社会的基础。司马牛忧曰："人皆有兄弟，我独亡。"子夏曰："商闻之矣：死生有命，富贵在天。君子敬而无失，与人恭而有礼，四海之内，皆兄弟也——君子何患乎无兄弟也？"②（《论语·颜渊》第5章）司马牛因为自己没有亲兄弟而忧愁，在如今的人们看来，没有亲兄弟，有什么好忧愁的呢？可见在当时以血缘宗法制为核心的亲族社会中，自己的父兄才是最可靠的、关系最深的人。正是一个个小家庭内部的和睦团结，才使得当时的社会制度能够合理地运行下去，由此看来，司马牛的忧愁也就不足为奇了。

此外，孔子还提到贵族阶层之"孝"可以感化大卜，从而更好地统治国家，这就是后代"孝治天下"的理论雏形。曾子曰："慎终追远，民德归厚矣。"③（《论语·学而》第9章）上层统治者谨慎地对待父母的死亡，追念远代祖先，营造崇"孝"的社会氛围，自然会使得老百姓归于忠厚老实。正所谓"道之以政，齐之以刑，民免而无耻；道之以德，齐之以礼，有耻且

---

① 杨伯峻译注：《论语译注》，北京：中华书局，2006年，第9页。

② 杨伯峻译注：《论语译注》，北京：中华书局，2006年，第140页。

③ 杨伯峻译注：《论语译注》，北京：中华书局，2006年，第6页。

格"① （《论语·为政》第3章）。上层统治者能够坚守孝道，在自己的国家推崇孝行，用道德来诱惑民众，使用礼教来整顿民众，自然会使人心归服，社会自是一派和谐。季康子问："使民敬、忠以劝，如之何？"子曰："临之以庄，则敬；孝慈，则忠；举善而教不能，则劝。"② （《论语·为政》第20章）鲁国三家专权，民心不服，季康子问孔子："如何才能使民众对上恭敬、尽忠，并且使百姓听从劝勉而为善。"孔子回答："你对待人民的事情严肃认真，他们对待你的政令也会严肃认真；你孝顺父母，慈爱幼小，他们也就会对你尽心竭力了；你提拔好人，教育能力弱的人，他们也就会自勉了。"可见，《论语》在强调"臣忠子孝"的同时也强调"君仁父慈"。孔子认为，在位者能以恭庄严肃临下，民众方能敬其上、忠其上。在位者能自己率先做到"孝慈"，营造社会良好风尚，民众也会以美好的德行来回报。"君子笃于亲，则民兴于仁。"③ （《论语·泰伯》第2章）在上位的人能用深厚的感情对待亲族，那老百姓就会走向仁德。这种"贵族之孝"能够以上化下，使百姓皆能重孝行孝，这种上位者以"孝"化下的理念，在《孝经》中亦有体现，如《孝经·天子章第二》云："爱敬尽于事亲，而德教加于百姓，刑于四海。盖天子之孝也。《甫刑》云：'一人有庆，兆民赖之。'"④ 又如《孝经·庶人章第六》云："故自天子至于庶人，孝无终始，而患不及者，未之有也。"⑤ 俱是此理。无论是"臣忠子孝"还是"君仁父慈"，体现的都是"孝"的政治功用，可见孝是治国之基。

结　语

《论语》中的"孝"是孔子仁德伦理思想的重要纲目，孔子对原始"孝"意识进行道德自觉建构，完成了对"孝"的内容层级建构与社会伦理建构。

---

① 杨伯峻译注：《论语译注》，北京：中华书局，2006年，第12页。
② 杨伯峻译注：《论语译注》，北京：中华书局，2006年，第21页。
③ 杨伯峻译注：《论语译注》，北京：中华书局，2006年，第90页。
④ 胡平生译注：《孝经译注》，北京：中华书局，2009年，第4页。
⑤ 胡平生译注：《孝经译注》，北京：中华书局，2009年，第11页。

孔子所建构的"孝"在内容上以"敬"为核心，分为"养且敬""敬顺父母之心""敬谏父母之过""敬承父母之道"四个层次，赋予了"孝"观念更为深刻的内涵，使个体更好地回归家庭、宗族伦理实体。在社会伦理建构上，使"孝"具有"学习之始""仁德之本""礼之内核""治国之基"四个价值内涵，使"孝"在与伦理政治的结合中，帮助构建国家、社会，形成稳固的伦理政治秩序。由此，中国传统伦理通过"孝"把血缘、宗法、政治有机地融合在一起，形成富有中华特色的伦理精神。

作者简介：张文泽，1996年生，曲阜师范大学文学院2019级硕士研究生，研究方向为儒学文献整理与文学研究。

新中国70年汉语国际教育研究
回顾与展望

王 聪

摘要： 从新中国成立到2019年，学界围绕汉语国际教育开展了广泛而深入的研究。本文将这70年来的汉语国际教育研究划分为三个阶段，即奠基期（1949—1977年）、发展期（1978—1999年）、繁荣期（2000—2019年），讨论各阶段所取得的成就与不足，并在此基础上对今后的研究提出建议。回顾这70年来汉语国际教育研究的历史与演进，总结研究经验，展望汉语国际教育研究的未来，对汉语国际教育的发展和学科建设，都具有重要意义。

关键词： 汉语国际教育；研究述评；学科建设

一、引言

把汉语作为目的语进行学习和教育有着悠久的历史，汉语的对外教育始终是我国历朝历代的国家政策。新中国的汉语国际教育[①] 肇始于1949年。

---

① 由于学界对于学科名称和学科基础尚存争议，本文采用2012年教育部颁布的《普通高等学校本科专业目录（2012）》中"汉语国际教育"这一标准术语，来统指对来华留学生进行的汉语教学和在海外把汉语作为外语的教学。其曾用名称和近似名称有："对外汉语""对外汉语教育""世界汉语教育""汉语作为第二语言的教学""汉语作为外语的教学""华文教育""国际汉语教育"，等等。本文以"汉语国际教育"统称上述各名称。在论文检索时，凡提及"汉语国际教育"均统指以上各名称。

1950年，清华大学成立"东欧交换生中国语文专修班"，拉开了新中国汉语国际教育实践与研究的大幕。改革开放标志着汉语国际教育研究的国际化、全面化、系统化。汉语国际教育实践的发展、学科的建设、理论的研究与中国快速发展同步而行，并服务于国家的对外开放。进入21世纪，汉语国际教育研究更是走上了专业化、精细化、国别化、多元化、交叉化的发展之路。

本文聚焦汉语国际教育研究的脉络，将新中国70年划分为三个阶段，即奠基期（1949—1977年）、发展期（1978—1999年）、繁荣期（2000—2019年），着眼各阶段关键性、代表性、标志性的研究加以述评，以展示各阶段汉语国际教育研究的主要成就与不足，并在此基础上提出对今后研究的建议。本文重在厘清汉语国际教育研究的核心成果、发展脉络、发展规律，以期扼其要，明其势，查其失，鉴未来。

二、1949—1977年：汉语国际教育研究的奠基期

从1949年中华人民共和国成立至1978年改革开放之前，新中国的汉语国际教育研究在探索对外汉语独特的教学规律方面取得了里程碑式的成就，奠定了学科发展的基石，是谓汉语国际教育研究的奠基期。这一时期的主要研究成果体现在新中国首批汉语国际教育学术论文的发表和第一套对外汉语教材的出版上。

新中国的汉语国际教育事业和研究起步于20世纪50年代初。1950年6月，周恩来亲自召开会议，决定与捷克斯洛伐克、波兰、罗马尼亚、匈牙利、保加利亚、朝鲜等国交换留学生。同年7月，在清华大学专门成立了"东欧交换生中国语文专修班"，这是新中国成立后第一个专门从事来华留学生汉语教学的专门机构，也标志着汉语国际教育实践与研究的滥觞。

20世纪50年代，汉语国际教育这项崭新的教育工作迫切需要关于其教学定位和教学特点的研究。著名语言学家、汉语国际教育的先驱者周祖谟先生，在《中国语文》杂志上发表了新中国成立以来第一篇专门探讨汉语国际教育的论文《教非汉族学生学习汉语的一些问题》，开启了汉语国际教育研究

的破冰之旅。该文指出应该区分汉语教学和汉字教学，认为学习汉语绝不仅仅是要认识汉字，从而避免走入将汉语教学和汉字教学混为一谈的误区。

这一时期汉语国际教育研究的显著成就是新中国首部对外汉语教材的出版。1958年，以已经开展多年的教学实践为基础，以结构主义语法为指导理论，新中国正式出版了国内第一部对外汉语教材——《汉语教科书》。这套教材的组织方式、内容安排、教学顺序、对汉语语法知识的取舍和教学内容的设置等，都吸取了当时汉语国际教育研究的最新理论成果，具有创新意义，为其后的教材编写提供了参考和范本。而从20世纪50年代开启对外汉语教学科研活动之初，学界便开始了以解决教学问题为主的学术研究取向，如周祖谟先生的《教非汉族学生学习汉语的一些问题》、邓懿先生的《教外国留学生学习汉语遇到的困难问题》、王学作和柯炳生先生的《试论对留学生讲授汉语的几个基本问题》等，这些学术成果指导和促进了汉语国际教育的发展。虽然此时学界尚未形成明确的学科意识，但首批汉语国际教育论文的发表和首套对外汉语教材的出版无疑是具有里程碑意义、"奠基石"作用的开创性研究成果，为今后汉语国际教育的研究打下了坚实的基础。

20世纪60至70年代，汉语国际教育在当时环境下仍艰难维系并且曲折发展。主要体现在汉语国际教育规模有所扩大，教学实践、教学经验日益丰富，教学理论也得到了一定的发展，汉语国际教育研究也形成了以教学原则研究为主导的局面，确立了科研的实践导向、应用导向。实践导向原则的研究在20世纪60年代受到学界的高度重视，研究强调只有通过反复、有效的操练才能学会、掌握汉语，并主张将实践导向原则贯穿于教学各阶段、各方面。20世纪70年代，进一步发展和深化了对实践导向原则的认识与研究，吕必松先生就曾深刻指出实践原则："不但包括教学方法，而且包括教学内容和教学组织形式；不但体现在教学过程中，而且体现在教材中。"对实践性原则研究的深化，就是教育目的、特点、方法和教学规律认识与研究的深化。这种实践导向原则在客观上加深和拓宽了汉语国际教育研究的深度和广度。

但遗憾的是，由于特殊的历史条件限制，该阶段的研究论文产出较少，也没有新的代表性的教材问世，这种局面直至20世纪70年代末才得以改观。

在汉语教学和研究逐步恢复的背景下，1977年，吕叔湘先生在北京语言学院发表了题为《通过对比研究语法》的著名演讲，指出"要认识汉语的特点，就要跟非汉语比较；要认识现代汉语的特点，就要跟古代汉语比较；要认识普通话的特点，就要跟方言比较"。这种对比研究方法的提出，不仅使学界掀起了前所未有的汉外对比研究高潮，也直接引导了对汉语语法的深入研究。随着对外汉语教学的不断发展，学科问题业已受到学界的重视。回顾步履维艰的20世纪六七十年代，汉语国际教育经历了艰难困苦的曲折发展时期。虽然该时期里程碑式的论文与教材不多，但对外汉语教学实践的发展和关于教学原则的研究为接下来的汉语国际教育研究的发展奠定了坚实的基础。

三、1978—1999年：汉语国际教育研究的发展期

1978年中国开始实行改革开放政策，经济发展驶入"快车道"，同时汉语国际教育发展也迎来了春天。汉语国际教育不仅承担了语言教育的任务，更成为对外开放的前沿窗口，被提升到"国家和民族事业"的高度，受到学界广泛重视。这样，汉语国际教育研究在学术论文、教材编写、办学规模、教学体制、学科建设等方面都获得了极大的发展，随着对学科认识的不断加深，教学的研究面也得以不断拓展。

1978年，吕必松先生在语言学科规划座谈会上明确指出，要把对外国人的汉语教学作为一个专门的学科来研究，应成立专门的机构，培养专门的人才。该提议得到了与会专家的普遍支持，并逐步成为学界的共识，成为标志性的国际汉语教学发展的纲领性的理论。这一理论成果不但对汉语国际教育工作进行了整体的宏观规划，而且为该学科的理论体系建设奠定了基础，为汉语国际教育研究指明了发展方向，从而引领了汉语国际教育研究大发展时期的到来。

根据笔者对CNKI数据库的检索，1978年至1999年，汉语国际教育研究学术论文的发文总量约为2 400篇，并呈现出逐年稳步递增的趋势。其中，1985年、1987年、1990年、1993年这四年，由于第一届至第四届国际汉语教

学讨论会的召开及其论文选的出版，汉语国际教育研究学术论文的发文数量呈现出爆发式的增长。这些学术论文涵盖了汉语本体研究、汉语教学与学习研究、汉语国际教育的学科建设等方方面面。

而1979年创刊的《语言教学与研究》和1987年创刊的《世界汉语教学》，更是成为汉语国际教育教研的重要阵地。汉语国际教育界以此为阵地，发表了大量有关长短期教学的课程设置、教材编写、课堂教学、大纲研制、水平测试以及面向教学的汉语本体研究成果，使汉语国际教育研究逐步走向常态化、专业化。不少成果不仅对学科建设和发展有着深远的影响，对整个学术界和社会大众了解汉语国际教育的学科特点也具有重要意义。

除了关于语音教学、词汇教学、语法教学、汉字教学及各种教学法的研究外，发展时期的汉语国际教育研究涉猎了更为广泛的领域，如：关于汉语国际教育学科发展和建设、中介语和偏误、汉语国际教育中文化因素、对外汉语教学原则、对外汉语教材、汉语国际教育定位等方面的研究。

20世纪80至90年代，汉语国际教育研究取得了广泛的、多样性的成就，显示出多元化、纵深化的发展态势，不少成果有助于学科的长远发展和规范发展。80年代"汉语水平考试"（HSK）的成功研制与推广，满足了全球不同水平学习者的汉语水平测试需求，通过系统化、科学化的测试，汉语考试具有了更高的信度和效度，对汉语走向世界产生了深远影响。这一时期，一些高水平的对外汉语教材的编写，又将最新的理论研究成果转化为实用、好用的汉语教材，如：《实用汉语课本》《初级汉语课本》《现代汉语教程》等。而诸如《汉语水平等级标准和等级大纲》《汉语水平词汇与汉字等级大纲》《高等学校外国留学生汉语言专业教学大纲》《高等学校外国留学生汉语教学大纲（长期进修）》《高等学校外国留学生汉语教学大纲（短期强化）》等教学标准与大纲的制订，也标志着对外汉语教学走上了科学化和规范化的发展道路。

四、2000 —2019年：汉语国际教育研究的繁荣期

进入21世纪，汉语国际教育研究呈现出快速发展、全面繁荣的研究格

局。仅CNKI数据库就收录有46 847篇论文①。从论文发表数量上看，进入21世纪，汉语国际教育的研究论文数量呈现出爆发式的增长。这些论文涉及对汉语国际教育的总体性研究、知识体系研究、汉语本体研究、教学与教法研究、教材研究、教师研究、学习者与学习过程研究、偏误分析、汉语水平测试研究、孔子学院、学科建设、学术话语权等诸多方面。研究领域之广、研究程度之深、研究热度之高，较之于奠基期和发展期已经不可同日而语。可见，汉语国际教育研究的繁荣期已经到来。

同时，关于汉语国际教育研究繁荣期的相关文献述评也较为丰富。如：周艳芳的《高校汉语国际教育专业硕士人才培养模式研究述评》（2014）、耿直的《"汉语国际教育"十年来对外汉语教材编写研究综述》（2017）、曾丽娟的《面向汉语国际教育的标点符号研究述评》（2017）、尚笑可的《近十年来汉语国际教育研究的热点主题与研究前沿——基于2008—2017年CNKI数据库的文献计量与内容分析》（2018）、董灏的《汉语国际教育中古诗词教学研究综述》（2018）、李宝贵等的《我国汉语国际教育研究现状分析（2008—2018）——基于文献计量学视角》（2019）。由于篇幅所限，本文对繁荣期的研究述评从略。拟从繁荣期的研究背景的新变化和繁荣期研究成果的新特点两个方面加以概述，以期从一个新的视角对繁荣期的汉语国际教育研究进行综述。

值得特别关注的是，汉语国际教育繁荣期的研究背景已经发生了深刻变化。随着中国和平崛起，进入21世纪，在全球范围内出现了较为显著的"汉语热"现象。这就为汉语国际教育研究提供了宏大的事业和学科发展背景，海量的汉语国际教育实践为其研究提供了丰富的研究材料。而世界汉语大会的成功召开不仅促进了世界各国汉语教学与研究的沟通与交流，更推动了汉语国际教育研究新成果的大量涌现。国家汉语国际推广领导小组办公室进而提出汉语国际教育的六大转变：发展战略从汉语国际教育向全方位的汉语国际推广转变；工作重心从将外国人"请进来"学习汉语向汉语加快"走出

---

① 该结果采用了中图分类号：H195（汉语国际教育），且发表时间：2000年1月1日至2019年12月31日为条件进行检索。共计检索得46 847篇汉语国际教育的相关论文。

去"转变；推广理念从专业汉语教学向大众化、普及型、应用型转变；推广机制从在教育系统内推进向在系统内外、政府民间、国内国外共同推进转变；推广模式从以政府行政主导为主向以政府推动的市场运作转变；教学方法从纸制教材面授为主向充分利用现代信息技术、多媒体网络教学为主转变。国家汉办工作重点的转变深刻地影响了繁荣期的汉语国际教育研究，六大转变大大地拓宽了汉语国际教育研究的领域，为汉语国际教育提供了更为广阔的国际舞台。

世界汉语大会的召开及国家汉办工作重点的转变带来的重要变化：海外的汉语教学与研究开始受到学界的广泛关注。学界提出"大华语"的概念并做了相关研究。国别化的汉语国际教育研究方兴未艾，面向海外汉语教学的教师、教材、教法的研究成为新的研究热点。遍布世界各地的孔子学院及其教学和评估研究占据了重要的研究位置。进入21世纪以来，随着上述国内、国外背景和相关条件的出现，汉语国际教育研究出现了空前的发展，在学术论文、系列教材、系列丛书、学术期刊、科研课题等方面均取得了新的成就。

五、对汉语国际教育研究的展望

回顾是为了展望。新中国成立70年来，汉语国际教育研究取得了丰硕的成果。其中，奠基期在探索适合汉语、汉字特点及其教学规律方面有重要贡献，发展期在借鉴海外第二语言教学理论和方法方面较为突出。相对而言，在探索适合汉语、汉字特点及其教学规律方面意识不强、着力不够。而进入21世纪，汉语国际教育研究也迎来了繁荣期，呈现出百花齐放、百家争鸣的喜人态势。

展望未来，汉语国际教育研究应该更加重视以下几个方面：

1. 加强汉语国际教育的学科理论研究。汉语国际教育作为一门具有显著交叉性的新兴学科，学科理论的研究还相对薄弱。需要进一步研究汉语作为第二语言的教学内涵、汉语国际教育自身的特有教学规律、文化教学的特定内涵和功能，特别是其作为语言教学属性的研究，同时适当兼顾汉语教学的文化传播功能。

2. 加强汉语国际教育服务国家建设和发展需要的研究。汉语国际教育不仅在国内开展，同时还有巨大的海外教学需求。国内的汉语教学与海外的汉语教学应互为补充、相互借鉴。在重视国内的汉语国际教育研究的同时，一定要更加注重海外汉语教学及其研究，这样才能更好地为中国的和平发展做出应有的贡献。汉语国际教育研究需要进一步探索更加适合汉语、汉字特点的汉语教学法，为世界汉语教学提供更多中国经验和中国方案。这样，海内外的汉语教学研究便可和谐同步发展。这是 21 世纪汉语国际教育研究的重要平台，更是汉语国际教育在 21 世纪的使命担当。

3. 加强汉语国际教育在信息化、数据化、网络化的大时代背景下新的理论与实践研究。进入 21 世纪，信息化、大数据、互联网已经深刻地改变了世界的面貌，在这百年未有之大变革背景下，包括汉语在内的各种语言的使用、教学、研究已经发生了巨大的变化。汉语国际教育研究必须与时俱进，不断更新研究观念，创新研究视角，不断探索汉语教学的新范式、新理念、新模式和新方法。

4. 加强具有中国气派、中国特色的汉语国际教育研究。国际上关于第二语言教学研究已经相对成熟，这对汉语国际教育研究具有重要的借鉴意义，因为汉语国际教育在本质上属于第二语言教学。但汉语教学有其自身的特点，不仅要充分吸收和借鉴，更要在此基础上构建具有中国气派、中国特色的汉语国际教育研究体系。汉语国际教育研究必须从汉语本身的实际和特点出发，不能生搬硬套其他第二语言教学研究的经验和做法。这个研究体系是由汉语、汉字的特点以及二者之间的关系不同于其他语言和文字及其之间的关系所决定的。

5. 加强汉语国际教育的学术发展和顶层设计研究。进入 21 世纪以来，国内汉语国际教育研究快速发展，但仍然存在缺乏规范而权威的学术组织、学术指导和顶层设计的问题，相关研究大多处于零散、自发、盲目状态。应该加强关于汉语国际教育研究顶层设计和学术组织方面的研究，大力推进系统化、科学化的科研活动，以便更好地推动汉语国际教育学科发展。

6. 加强汉语国际教育的实践导向研究。实践导向研究应该更加聚焦汉语教学和教育本身。广大一线教师对于教学资料、素材、工具书等的迫切需求表明，应该尽快将最新研究成果转化为服务于教学一线的各种资源。基于汉语国际教育实践和学术研究，为从教者提供更多可选择的关于汉语汉字教学的理念和理论、原则和策略、标准和资源、大纲和教材、模式和方法，加强具有中国特色代表性研究及其成果输出工作，是汉语国际化赋予国内汉语国际教育研究的新使命。

作者简介：王聪，男，江苏师范大学外国语学院讲师，曲阜师范大学文学院博士研究生，研究方向为汉语国际教育、语言教学与文化研究。

"似乎"的语义分析及语义标示功能对比

——以《现代汉语词典》《现代汉语虚词词典》《现代汉语虚词例释》的释义为例

李伽伟

摘要："似乎"作为高频评注性副词，常出现在书面语中，但在《现代汉语词典》《现代汉语虚词词典》《现代汉语虚词例释》中对其的解释却不尽相同，而且还存在一定的局限性，没有考虑到非典型语境的情况。另外"似乎"还有一个重要的用法即缓和语气，尝试让对方接受自己的做法或看法。同时，基于前贤对"似乎""好像""仿佛"等相近评注性副词的分析，三者均具备一定的语义标示功能且存在一定差异。

关键词：似乎；非典型语境；语义标示功能

作为世界上最古老的语言之一，现代汉语拥有庞大复杂的词类集合，有着极大的发掘和研究价值。在大众化普及的词类划分系统中，副词是虚词中的第一大类。副词的存在为简单的句法结构赋予了更深层且更复杂的意味。作为评注性副词的"似乎"，日常使用频率较高，巴丹指出：《现代汉语常用词表》（2008）显示，"似乎"的频序排 620 位，在揣测副词中居第 3 位，是揣测副词中的高频词。[①] 但前贤对其研究并不多，且研究多限于与拥有近似

---

① 巴丹：《评注性副词"似乎"的肯定与否定》，《华文教学与研究》2017年第2期，第89—95页。

语义的"好像""仿佛"在语义层面在对比，忽略对其在语用、结构等层面的分析。

一、"似乎"的语法意义及对比分析

"似乎"一词在《现代汉语词典》（第六版）中的解释如下：

【似乎】 副 仿佛；好像。

《现代汉语虚词例释》对"似乎"的解释是：

①表示对某种推测或判断不十分肯定。例如：

穿的虽然是长衫，可是又脏又破，似乎十多年没有补，也没有洗。

②表示某一件事，有些人看来是如此，但说话人觉得并非如此。例如：

直到现在，还有不少的人，把马克思列宁主义书本上的某些个别字句看作现成的灵丹妙药，似乎只要得了它，就可以不费气力地包医百病。

《现代汉语虚词词典》对"似乎"的解释是：

副词 （1）有"仿佛""好像"的意思，表示推断或者感觉不十分确定。例：

❶这幅画似乎在什么地方见过，一时想不起来了。❷看他的样子，似乎很为难。❸爱好什么似乎是件生活小事，有时候也可以反映一个人的个性。❹天气很闷热，似乎要下大雨。

（2）表示商量的口气。例：

❶时候不早了，我们似乎该走了。❷关于第二季度的生产计划，似乎需要再讨论一次。❸这份总结发言很好，似乎可以印出来给大家学习。

由于《现代汉语词典》属于大众普及性工具书，因而对于"似乎"的解释以其最普遍用法为准即可，所以将其解释为"仿佛""好像"，无须多言。

而《现代汉语虚词例释》和《现代汉语虚词词典》作为专业性工具书，其严肃性和正确性更无须多言，因此对于"似乎"的解释应该是更加谨慎和深入的。

　　将以上两种专业性解释进行对比可知："似乎"具有普遍的揣测义,即将说话人基于某种依据将对于某事某物的深层主观性揣测进行表层陈述,推动话题表层的客观直陈义向主观猜测义过渡。这种认知基于大量的语言环境,具有一定的正确性,但解释"表示对某种推测或判断不十分肯定""表示推断或者感觉不十分确定",均是基于其典型语义环境,即信大于疑得出的。实际上,"似乎"所表示的揣测义由于受到说话人所言的主观性和灵活性的影响,其赋予语篇的揣测程度也是各不相同的。也就是说,以上两种解释在表述第一种时不够全面,没有对其可能出现的语境做全面分析。前贤已对说话人对其所述的确信程度做了以下划分,如图:

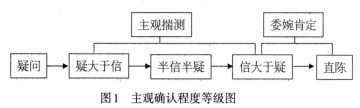

图1　主观确认程度等级图

　　另外,根据上图,从CCL语料库中随机抽取含有"似乎"的500条随机语料进行语义分析,得出下表:

	疑问	疑大于信	半信半疑	信大于疑	直陈
似乎	27	28	14	408	23

（语料来自CCL语料库）

　　从上表可知,"似乎"在五种揣测程度义语境中均有出现,其中"信大于疑"的出现频率最高,可知"信大于疑"是似乎的典型语境,而其他四种均为非典型语境。典型语境中的"似乎"表示真性推测,但是在非典型语义环境中,尤其是在"疑大于信"语境中,"似乎"偏于"假性推测",有更多的讨论空间。

　　当"似乎"出现在"疑大于信"语境中,此时的"似乎"赋予了整个表述深层的转折义,即"似乎"的主观揣测义在该语境中赋予了所在单句或复句"欲否先肯"的功能属性。当"似乎"表示疑问以及疑大于信时,既可以与表示转折的"但是""可是"等词共现,共同表示转折义,也可以在具体语境中作为高层谓语对整个话题进行预设否定。当句子或句群的前部分出现"似乎"时，赋予整个话题以表层的转折逻辑关系，使得低层句法单位能够迅速建立起逻辑关系，为听者提供心理预期，从而减少听者的信息加工时间，降低听者的信息加工压力。

综上所述，"似乎"的典型语境义是"信大于疑"，但其表示的主观揣测义具有较高的弹性，同时也能适配于多种程度主观揣测义语境。由此可知，"似乎"所表示的揣测程度并非完全由其内部语义决定，而是由其内部语义与言者确信角度共同决定的。

另外，对于《现代汉语虚词词典》中"似乎"的第二种解释，笔者也存在疑问。"似乎"解释为"表示商量的口气"，但是后面的例句并无法佐证这一观点。将"似乎"有无情况进行对比：

时候不早了，我们该走了。→时候不早了，我们似乎该走了。

关于第二季度的生产计划，需要再讨论一次。→关于第二季度的生产计划，似乎需要再讨论一次。

这份总结发言很好，可以印出来给大家学习。→这份总结发言很好，似乎可以印出来给大家学习。

通过对比可以明显感觉到："似乎"的出现使得整个表述趋于缓和，这种缓和的出现是基于说话人的主观考量所决定的，说话人对自己的观点表示出了较为肯定的态度，同时也蕴含了听话人能够接受自己的观点或立场的期望，但同时又不想太过强硬刻板地传递给对方，因此，"似乎"的出现就很好地解决了这种矛盾。同时，笔者认为该情况还可能受到中国人"中庸""温良恭俭让"的心理表征的影响，即凡事不说太死，虽依据充分，态度明确，但仍寻求一定的"退让"，既能委婉温和地表述自己的观点，以缓和对立双方的矛盾，同时也预设了后续存在的"凡事都有例外"的情况，为言者划定了一个安全范围，以寻求退路。

所谓"商量"，是指交换意见。是指对话双方各有立场和观点，对某事某物寻求共识，类似于各退一步，而不是让对方完全接受自己的观点和看法，跟上文中例句体现出来的通过缓和语气来试图让对方接受自己的看法或做法存在本质上的不同。因此笔者认为《现代汉语虚词词典》中对"似乎"的第二条解释需要进行修改，应改为"缓和语气，尝试让听话者接受自己的看法或做法"更为合适。

二、"似乎"与"仿佛""好像"语义标示功能对比分析

虽然上述三种解释各有不同，但是都将"似乎"与"仿佛""好像"画等，但实际上并非如此，前贤也早就发现这类问题并对此做过大量研究。例如颜刚曾将"好像"与"似乎"进行比较研究后指出："好像"偏爱在口语中出现，具有交互主观性，虚化程度高，已经具有话语标记的用法；"似乎"偏爱在书面语体中出现，具有主观性。当两者都表达或然性推断时，"好像"一般是由果溯因，表现出一种必然性，主观确定值低；"似乎"一般是由因推果，表现出一种充分性，主观确定值高。[①]

徐式婧将"语义标示"功能定义为：汉语偏正复句关联标记位于句首时为整个句子设定特定的语义框架，使听话者一开始就对全句的逻辑关系表达有一个良好的预期，从而降低听话者的信息加工压力。作为含有主观倾向义的"似乎""好像""仿佛"实际上也具备该类功能。[②]

（一）"似乎"与"好像""仿佛"的结构凝固性对比

在具体使用中，"似乎""好像""仿佛"常常作为一个整体即高层谓语呈现说话人的态度，"似乎""仿佛"均在句法结构中充当一个词，无法再切分，但"好像"除了作为一个词使用外，同时也具备短语的性质，在部分语境中以状中短语"好+像"的结构呈现。例如：

①科学的知识与非科学的知识比赛，好像汽车与洋车的比赛。

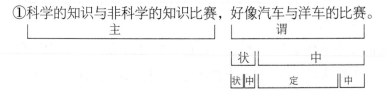

---

① 颜刚：《情态副词"好像"与"似乎"的比较研究》，《绥化学院学报》第38卷第8期，第82—86页。

② 徐式婧：《汉语偏正复句关联标记的功能连续统》，《汉语学习》2020年第1期，第22—37页。

②他好像不在家。

主	谓
	状 中
	状 中
	动 宾

①句中的"好像"作为一个状中短语，在表达主观揣测义的同时也赋予了这种揣测义"高量"程度的意味。其中，"像"承担了主观猜测义，而"好"赋予了主观猜测义以"高量"或"增量"程度义，使得这种揣测的语义更倾向于"信大于疑"。②句中的"好像"表示仅主观揣测义时，其作为一个整体赋予语篇以不确定性，此时"好像" = "仿佛" = "似乎"，此时三者之间可进行平行替换。

综上可知，就凝固性来看，"似乎"与"仿佛"的凝固性强于"好像"，这就使得"好像"属于半凝固式，其结构具有一定的灵活性，可以"两解"。这种灵活性使得在语义层面，"似乎"的适用范围等于"仿佛"且大于"好像"；而在语用层面，"似乎"的丰富语义使其适用范围又大于"好像""仿佛"。

（二）"似乎"与"好像""仿佛"的语义多功能性对比

"似乎"和"好像""仿佛"的语义对比如下表：

	比喻义	主观揣测义	句内转折义
似乎	√	√	√
好像（词）	√	√	×
仿佛	√	√	×

从上表可以看出：

就语义的多功能性来看，"似乎"具备三种语义功能，"好像"和"仿佛"具备两种语义功能。由于语义丰富性与语义标示功能成反比，所以"似乎"的语义标示功能弱于"好像""仿佛"。也就是说，"似乎"的适切语境比"好像""仿佛"更丰富，但是其意义需要依据具体语境判定，而"好像"

（词）"仿佛"的内部语义不受语境影响，语义标示功能更强。

综上可知，"似乎""好像"（词）和"仿佛"三者的语义标示功能序列为：仿佛 > 好像（词） > 似乎。

因为"好像"作为状中短语时已不具备词的性质，与"似乎""仿佛"不具有平行性特征，因此暂不表述。

三、结语

本文提出的对于"似乎"解释的修改建议，一方面旨在通过对"似乎"的三种解释的对比，将这种对比思考周遍到其他词或者书籍的研究当中；另一方面旨在加强对跨层面分析的重视。"似乎""仿佛"和"好像"的对比分析可以跳脱出单平面平行对比，进行跨层面分析，因为句法、语义和语用三个层面是相互作用、相互制约的整体，单层面的变动带来的是整个体系的升级或分化，牵一发而动全身，因此在分析三者的语义标示功能时并未仅仅局限于语义层面，而是综合考虑语义、语用的相互影响而得出的功能序列。

作者简介：李伽伟，1996 年生，曲阜师范大学文学院 2019 级硕士研究生，研究方向为汉语国际教育。

基于HSK语料库俄罗斯学生汉语词汇偏误分析

王亚楠

摘要： 就目前的对外汉语教学现状来看，学生在汉语写作这方面还是存在一些问题的，其中尤以词汇偏误最为突出。以俄罗斯留学生为研究对象，选取HSK动态作文语料库中34篇俄罗斯学生的作文，通过分析这些作文中出现的词汇偏误类型、偏误原因以及教师针对偏误所采取的策略，对教师批改作文和学生写作来说具有一定的现实意义，对俄罗斯学生词汇教学具有一定的指导意义，同时，对于俄罗斯学生来说，也起到尽量减少在作文中因词汇而产生偏误的作用。

关键词： 二语习得；俄罗斯；偏误分析；词汇教学

据俄罗斯卫星通讯社报道，俄罗斯国立研究大学高等经济学院东方学学院院长阿列克谢·马斯洛夫表示："汉语是国际交流语言，各领域专业人员都应学习汉语，俄罗斯已经是世界上学习汉语人数最多的国家。"[①] 有8万俄罗斯人掌握了汉语，大约有5000人正在初中学习汉语。在针对俄罗斯学生的汉语教学过程中，我们发现，对于俄罗斯学生来说，"听说读写"四项技能中最难掌握的就是"写"。因为"写"不仅仅是书写汉字，而且还包括对词法、

[①] 白波：《俄专家：俄罗斯已是世界上学习汉语人数最多的国家》，《北京日报》2019年9月20日第12版。

句法、语篇的综合考查，是考查学生汉语综合知识输出的一个重要手段。由此可见，俄罗斯学生在汉语写作这方面还是存在一些问题的。针对俄罗斯学生汉语写作方面偏误的研究成果不多，对于俄罗斯学生汉语写作中出现词汇偏误的专门研究更是少之又少，因此笔者以俄罗斯留学生为研究对象，选取HSK动态作文语料库中34篇俄罗斯学生的作文，对作文中出现的词汇偏误现象进行分析。

一、俄罗斯学生汉语词汇偏误类型

笔者选取了HSK动态作文语料库中作文等级为B、C的，国家限定为俄罗斯的6+28篇作文，进行词汇偏误统计，这34篇作文中一共有181次偏误。偏误类型大致有以下几种：

（一）含相同语素近义词的误用

在汉语词汇当中，有相当一部分词汇的语素义直接反映了词义，这为近义词的辨析提供了方便可靠的方法。在含有相同语素的近义词当中，相同的语素可以让我们感知到两个词的基本的语义范围，而不同的语素则显示了词语描写的精确性，同时也表现了词语之间的差异。然而留学生往往注意不到这些词语之间的细微差异，从而导致偏误。

1. 可以避免【促进】更多人买烟。（应改为"促使"）
2. 当然也不要【痛爱】孩子。（应改为"溺爱"）
3. 【改善】自己的错误。（应改为"改正"）
4. 【观察】运动比赛。（应改为"观看"）
5. 【得到】某种成就。（应改为"获得"）
6. 【利用】毛主席的话。（应改为"引用"）
7. 把孩子当成一个有【权力】的家庭成员。（应改为"权利"）

（二）无相同语素的近义词误用

这类偏误是指该用词A却用了词B，该用词和偏误词之间没用共同的语素，但是词义相近。而且经统计分析，这类的词汇偏误一般词性使用都是正确的，这表明学生已经掌握了词汇的语法意义，但是语义模糊，同时也没有关注到语用方面，从而导致了此类偏误的出现。

1. 可是如果【症】不能治好的话。（应改为"病"）

2. 有很多父母觉得打孩子是一种非常【自然】的方法。我觉得这种【态度】是绝对不能接受的。（应改为"普遍"和"想法"）

3. 父母应该树立自己做一个好人的【例子】。（应改为"榜样"）

4. 我【又】不是很爱听流行歌曲，也不是蔑视它。（应改为"既"）

5. 那时候我【当】日语翻译工作。（应改为"从事"）

6. 和外国人交往时很【喜悦】。（应改为"兴奋"）

7. 并【不】指出做事的时候……（应改为"没有"）

下面具体分析一下例句2。本句中的偏误词为"自然"和"态度"。显然，在这句话中学生采用了形容词的用法，词性使用正确，但是词义使用不当，此处应该修改为"普遍"或者"常见"。"态度"的基本释义是：人的举止神情；对于事情的看法和采取的行动。而该句是说"有很多父母觉得"，"态度"在此处与语境不符，应修改为"想法"或"观念"。

导致这类偏误的其中一个原因，就是俄罗斯学生在学习汉语时，一般情况下都是借助母语辅助进行理解，在输出过程中，很自然地先想到的就是母语的表达方式和方法，然而汉语中的一些不同的词汇在俄语中却是用同一个词表达的，这样就容易产生偏误。比如：周末，在图书馆我【见面】了我的同学。该句可以理解为离合词使用偏误，但笔者经分析发现，此处出现偏误的原因，很大程度上是因为在俄语当中"见面"和"遇见"对应为一个词"видеться"。所以此处偏误应归为"不同语素近义词使用"偏误，此处的"见面"应修改为"遇见"。

还有"困难—费劲—трудный""想—要—хотеть""知道—了解—认识—认出—понимать""答应—同意—согласиться"等词语，本身的理性意义有相似之处，在俄语中又被译为同一个词，导致词汇偏误。

（三）语音拼读错误导致的词汇偏误

俄罗斯学生在学习汉语的过程中，由于刚开始学习的拼音和俄语字母在读音、书写方面相差很大，对汉语拼音掌握得不好，就容易导致在拼读词汇的时候出现偏误。这类偏误中尤以含鼻辅音"n"和"ng"的词汇产生的偏误最为明显。汉语中"ban""bang"只是相差一个字母"g"，对照到俄语中，就变成了"бань""бан"，从字母组成数量上看，跟汉语拼音正好相反，这也是导致俄罗斯学生在学习这一类词汇时出现偏误的一个主要原因。

1. 父母能【真确】教孩子什么是好。

2. 我们把他们叫作烈士或【圣仙】。

3. 我们学汉语明确地知道将来【可定】是有用的。

经分析，"真确"应该改为"正确"，"圣仙"应该改为"神仙"，"可定"应该改为"肯定"。通过对比我们可以看出，每一对偏误词和该用词之间相差的那个字只是因为拼音中少了字母"n"，拼音的拼读错误从而导致了词语的偏误。这类偏误笔者在统计分析的时候想着归入"生造词"一类，但是又发现跟"生造词"偏误产生的原因不太一样，而且还有一定的规律，因此专门列为一类进行说明。

（四）生造词现象

当学生想要表达某种意义或者想法的时候，他自己掌握的词汇量不能够满足需要，或者是他对词汇的掌握不够扎实，此时，他就会自己生造出一个不存在的词，或者是根据已有的词类推出一个偏误词。

1. 出生于北京海淀区【在职员】的家庭中。

2. 母亲目前【无工】。

3.【从此而】启发别人。

4. 面对挫折时我是不愿【跑出】它。

例句1中的"在职员"应改为"在职员工"。例句2中的"无工"应改为"无工作"。例句3中的"从此而"应改为"从而"。例句4中的"跑出"应改为"逃避"。俄罗斯学生的生造词现象并非无中生有，偏误词和该用词之间有一定的语义联系，只是学生对词语掌握的不扎实，只记住了大概的意思，利用已学过的构词知识，自己生造出一些不符合规范的词语。如例句4中的"跑出"，学生知道他能够面对挫折，不会逃跑，大概表达的意思存在，但是却忘记了"逃避"这个词，从而导致偏误。

（五）不了解词语的文化附加义而引起的偏误

文化词语是语言所表达出来的最富于民族性的东西，因此它们与带有色彩的词语一样，因其深藏的内涵难以挖掘而成为学习的难点。在跨文化交际中，正确理解和领会文化词语，是正确表达的关键。词语的文化附加义是在词语指称义的基础上产生的人们的主观认识和思想感情，具有鲜明的民族性。所以在第二语言学习者的汉语词汇学习中，由于不了解汉语词汇的文化附加义而引起的偏误非常多。

1. 但是考试的时候得了【"鸭子蛋"】。

2. 一年以前跟一个美国【小姐】结了婚。

"鸭蛋"在中国是一个很有文化特色的词。它除了指鸭子产的卵之外，还有一个意思就是比喻零，没有成绩，记作"0"，状如鸭蛋，因此"鸭蛋"一词才有了成绩为零的意思。但我们不说"鸭子蛋"，"鸭子蛋"只是指鸭子产的卵，并没有成绩为零这一层意思。所以例句1中的偏误词"鸭子蛋"应该改为"鸭蛋"。"小姐"一词在中国随着文化生活的慢慢发展，逐渐有了贬义这一感情色彩，指利用青春及肉体从事色情行业的女性。例句2中的"小姐"一词改为"姑娘"更为合适。由此可见，学生在对一些词的文化意义掌握得不彻底的时候，就容易出现词汇偏误。

二、俄罗斯学生汉语词汇偏误产生的原因

俄罗斯学生在学习汉语时产生词汇偏误的原因，主要可以归结为以下四点：母语负迁移、学习策略的影响、学习环境的影响以及目的语知识的影响。

（一）母语负迁移：留学生在学习第二语言的过程中，或多或少都会受到自己母语特征和规则的影响，这种影响有消极的一面，也有积极的一面。由于母语知识的固化，留学生在遇到自己不会的汉语词汇时，常常会将母语的词汇知识运用到汉语词汇中去，从而导致词汇偏误的发生。

（二）学习策略的影响：学习策略指的是语言学习者为有效掌握语言规则

系统、发展言语技能和语言交际能力、解决学习过程中的问题而采取的各种调节措施，主要有"有效记忆策略"和"回避策略"。有效记忆要求必须把信息保存在长时记忆库中。由于汉语词汇丰富，留学生大多先进行短时记忆，因此容易将词义相近的词汇混淆，从而导致偏误的产生。"回避策略"指的是由于担心犯错误，在词汇使用中会采取回避较难词汇，用自己相对熟悉的词汇进行词汇替换的策略，这也是词汇偏误产生的原因之一。

（三）学习环境的影响：主要指学习的外部环境条件的影响，包括教师教学的偏差以及教材本身词义不准确等给学生带来的不利影响。

（四）目的语知识的影响：指的是学生运用所学的有限知识对目的语的规则进行过度泛化而产生的影响。

三、针对俄罗斯学生汉语词汇偏误所采取的教学策略

（一）加深语素教学意识

在汉语中语素是最小的语音、语义结合单位，它具有自由性，可以独立成词又具有活动性，可以构成新的词。比如"吃"，它可以单独使用，也可以构成"吃饭""吃东西"等词组。在汉语词汇教学过程中，教师要引导学生把词语分解到每个语素以及语素与语素之间的关系上进行识记和积累。把语素作为词汇教学的基础，有助于调动学生主动学习的积极性，有助于类推词语，扩大词汇量，培养学生对汉语的语感。所以在教学中我们应该突出语素教学，把语素作为词汇教学的基础。比如学生出现的"自己自杀"这种偏误，完全可以运用语素拆分教学法进行纠正："自杀"即"自己杀害自己"，这个词里面本身就包含着"自己"这个层面的意思，不需要在"自杀"前再添加一个"自己"了。

（二）加强词语搭配教学

在对外汉语词汇教学中，加强词语搭配教学也可以减少词语偏误的产生。杨惠元指出："在词语教学中，老师不仅仅要讲清楚词语的音、形、义，更主要的是讲清楚词语的用法，即词与词的搭配以及搭配时应该注意的

问题，课堂上首先要讲明固定搭配的使用。"[1] 在词汇教学中，对外汉语教师要帮助学生建立词语搭配板块，当词语搭配为固定搭配时，必须要求学生牢记；当词语搭配不是固定搭配时，要在课堂上讲清楚应注意的问题。举个例子："弹古筝"和"拉大提琴"，教学时首先要将它们的使用条件及固定范围区分开来。"拉"的对象是小提琴、大提琴、二胡等弦乐器；"弹"的对象是钢琴、风琴等键盘乐器或琵琶、古筝等弹拨乐器。然后让学生通过具体例证来掌握词语的正确搭配。最后，将学生作文中出现较多的搭配偏误进行归类，深入讲解词语的搭配条件与使用范围，这样学生就能从本质上了解它们的用法。

（三）重视文化词汇的讲解

文化词汇是语言所表达出来的最富民族性的东西，因此它与带有色彩的词语一样，因其深藏的内涵难以挖掘而成为学习的难点。词语的文化附加义是在词语指称义的基础上产生的人们的主观认识和思想感情，具有鲜明的民族性。所以在第二语言学习者的汉语词汇学习中，我们要注重词汇文化附加义的讲解。含有中国文化特色的词汇，怎么由来，随着社会的发展，文化附加义怎样改变等都需要向学生做出解释。

结　语

本文以偏误分析理论为依托，对动态作文语料库中，俄罗斯留学生汉语写作中的词汇偏误进行了分析，找到了他们出现偏误的原因，并由此提出了解决的办法，提出了几个词汇教学的策略。当然，这种从本体的角度对词语进行的分析不是绝对的，有一定的相对性和局限性。因为对词义的客观分析并不能完全涵盖所有的主观错误产生的原因，也不能完全消除第二语言学习者词语使用偏误的产生。但是，我们相信，通过对留学生词汇习得偏误的分析，找到他们出现偏误的原因，并由此找到相应的解决办法，是不断改进教

---

[1] 杨惠元：《强化词语教学，淡化句法教学》，《语言教学与研究》2003 年第 1 期。

学，提高教学质量的一条可行之道。

作者简介：王亚楠，1995 年生，曲阜师范大学文学院 2019 级硕士研究生，研究方向为汉语国际教育。